O GERENTE
EQUALIZADOR

BIANOR SCELZA CAVALCANTI

O GERENTE EQUALIZADOR

Estratégias de gestão no setor público

ISBN 85-225-0512-8

Copyright © Bianor Scelza Cavalcanti

Direitos desta edição reservados à
EDITORA FGV
Rua Jornalista Orlando Dantas, 37
22231-010 — Rio de Janeiro, RJ — Brasil
Tels.: 0800-21-7777 — 21-2559-4427
Fax: 21-2559-4430
e-mail: editora@fgv.br — pedidoseditora@fgv.br
web site: www.editora.fgv.br

Impresso no Brasil / *Printed in Brazil*

Todos os direitos reservados. A reprodução não autorizada desta publicação, no todo ou em parte, constitui violação do copyright (Lei nº 9.610/98).

Os conceitos emitidos neste livro são de inteira responsabilidade do autor.

1ª edição —2005
1ª e 2ª reimpressões — 2007
3ª reimpressão — 2008
4ª reimpressão — 2011

Revisão de originais: Claudia Martinelli Gama

Revisão: Aleidis de Beltran e Andréa Campos Bivar

Capa: aspecto:design

Foto de capa: Detalhe da escultura Módulo Rio, de Ascanio MMM, no Centro Empresarial Rio (Rio de Janeiro, RJ).

Ficha catalográfica elaborada pela Biblioteca
Mario Henrique Simonsen/FGV

Cavalcanti, Bianor Scelza
  O gerente equalizador: estratégias de gestão no setor público / Bianor Scelza Cavalcanti. Rio de Janeiro : Editora FGV, 2005.
  280p.

  Inclui bibliografia.

  1. Administração pública — Brasil. I. Fundação Getulio Vargas. II. Título.

CDD — 353

A Regina, minha mulher.

Se ponía la máscara, se transformaba en jaguar y así conseguía percibir las cosas de otro modo, del modo como las ve el jaguar.

Mitologia pré-colombiana kogui

Sumário

Agradecimentos   9

Prefácio   13

Apresentação   19

Introdução   23

1. Da modelagem à improvisação: reinterpretando a modelagem organizacional   27

Aproximando a teoria à prática   27

O quadro de referência conceitual para modelagem organizacional   29

Desafiando os fundamentos da modelagem organizacional: do *design* (modelagem) para o *designing* e do *designing* para o *improvising* (improvisando)   38

Implicações para o estudo da modelagem no setor público   45

Inferências conclusivas   48

2. As reformas administrativas no Brasil na ótica da modelagem organizacional   51

O setor público como organização   52

Concessões à "diferenciação"   62

O renascer da centralização   73

A reforma administrativa gerencial: o retorno da "diferenciação"   74

Causas da incongruência na administração pública brasileira   80

3. **Os gerentes e seus depoimentos** 87
Entrevistas de histórias de vida administrativa 88
Esboços biográficos 94
Depoimentos e interpretações 103
   Compartilhar quadros de referência 103
   Explorar os limites da formalidade 115
   Fazer o jogo da burocracia 120
   Induzir o envolvimento dos outros 127
   Promover a coesão interna 137
   Criar escudos contra as transgressões 153
   Superar restrições internas 168
   Deixar as estruturas "florescerem" 177

4. **Estrutura e ação nas organizações públicas: a estratégia de gestão dos dirigentes** 187
Estrutura e ação 189
Em busca de um conceito pelos caminhos da metáfora 203
A metáfora da equalização 206
Da modelagem (*design*) ao modelando (*designing*) e do improvisando (*improvising*) para o equalizando (*equalizing*) 229

Referências bibliográficas 241

Anexo 1 — Procedimentos metodológicos: processamento e edição das entrevistas 249

Anexo 2 — Roteiro das entrevistas 255

Anexo 3 — Informações históricas 257

Anexo 4 — Breve biografia de algumas pessoas públicas 261

Anexo 5 — Perfis institucionais 271

Agradecimentos

Foram muitos os que contribuíram, direta ou indiretamente, para a elaboração deste livro, originado de minha tese de doutoramento. A todos sou imensamente agradecido, isentando-os de quaisquer falhas e limitações, que só a mim podem ser atribuídas. Cabe, no entanto, nomear algumas instituições e pessoas que agregaram valor inestimável ao trabalho e às condições que o fizeram possível.

Como sofreu descontinuidade marcante no tempo, o trabalho foi desenvolvido em duas grandes etapas, a partir do projeto original: a de pesquisa de campo e a de análises e redação.

A pesquisa de campo contou com o estímulo e os recursos financeiros das seguintes instituições: Centro Latino-Americano de Administração para o Desenvolvimento (Clad), Agência Espanhola de Cooperação Internacional e Instituto Nacional de Administração Pública (Aeci-Inap) e Projeto Regional das Nações Unidas de Modernização da Organização e Gestão do Estado/Pnud.

Ângela Maria C. de Carvalho foi dedicada assistente de pesquisa. Interlocutora importante na escolha dos depoentes e companheira de entrevistas, desempenhou papel fundamental na articulação dos procedimentos metodológicos, bem como no registro e sistematização das informações. A digitação das entrevistas coube a André Martins Soares.

A equipe do Setor de História Oral do Centro de Pesquisa e Documentação de História Contemporânea do Brasil (Cpdoc), da Fundação Getulio Vargas, orientou-nos sobre procedimentos metodológicos importantes para a realização das entrevistas. Marly Motta e sua equipe foram de inestimável ajuda. A edição das entrevistas, o trabalho de copidesque e a padronização do texto da tese em que se baseia este livro foram competentemente realizados por Leda Soares. Sem essa cooperação, as entrevistas, como principal fonte de dados, teriam sua integridade colocada em risco.

Regina Dória e Carlos Henrique Berrini da Cunha foram de grande ajuda com o glossário e as notas bibliográficas, em diferentes fases do trabalho. Lizarda Yae Igarasi foi essencial na recorrente edição digital do trabalho, entre outras muitas tarefas tradicionalmente assumidas por assistentes, tais como pesquisa bibliográfica e notas, o que torna difícil especificar a plena extensão de sua contribuição. Este é também o caso de minha assistente administrativa Regina Cardoso de Aguiar, que esteve incansavelmente ao meu lado durante todas as fases e desafios envolvidos no trabalho. Além de prover eficiente suporte administrativo a todas as tarefas desenvolvidas, Regina foi, sobretudo, solidária. Derrick Phillips foi um competente e paciente tradutor da versão original para o inglês, lidando com minhas longas sentenças e estilo prolixo no português, sem mencionar a complexidade inerente ao material. Seu trabalho, sem dúvida, facilitou a posterior edição em português.

Muitos colegas da Escola Brasileira de Administração Pública e de Empresas da Fundação Getulio Vargas (Ebape/FGV) intercambiaram comigo seus pensamentos e idéias, em muitos aspectos e em diferentes momentos. Sou grato a todos eles pelo estimulante ambiente acadêmico que me proporcionaram. Sou especialmente grato a duas pessoas, por suas sugestões e pelo papel catalisador em momentos de crucial importância, Anna Maria Campos e Alketa Peci.

Gostaria de agradecer a Frank Sherwood por inúmeras coisas, que o espaço aqui não permite enumerar. Ele foi um excelente orientador no Washington Public Affairs Center da University of Southern California, onde realizei meus estudos para obtenção do mestrado, sob os auspícios da Organização dos Estados Americanos (OEA). Mais tarde, Frank orientou-me a escolher o Center for Public Administration and Policy da Virginia Polytechnic Institute and State University para realizar meu programa de doutoramento, sob os auspícios da Coordenação de Aperfeiçoamento de Pessoal de Nível Superior (Capes). Sob qualquer critério, esse conselho não poderia ter sido melhor. Ter Gary Wamsley como orientador e Orion White, Charles Goodsel, John Rohr, James Wolf, Philip Kronenberg e John Dickey como professores dos cursos mais avançados foi um privilégio. Eu gostaria de agradecer aqui àquela esplêndida comunidade acadêmica, onde foi possível navegar livremente pelos paradigmas com uma atitude sempre crítica, sem que se perdesse de vista a questão central, nomeadamente as políticas e a administração pública como um campo de conhecimento e prática profissional, comprometidos com o interesse público.

Esta obra, como tudo mais em minha vida acadêmica e profissional até este momento, não teria sido possível sem o apoio da Fundação Getulio Vargas e sua Escola Brasileira de Administração Pública e de Empresas. Agradeço à FGV, na pessoa de seu presidente Carlos Ivan Simonsen Leal, e à Congregação da Escola, a qual tenho a honra de presidir no momento.

Regina, minha esposa, merece toda minha gratidão pelas muitas horas em que fui obrigado a me ausentar de sua sempre estimada companhia. Contudo, ela esteve presente durante todo o tempo, dando seu apoio, especialmente nas muitas ocasiões em que me parecia impossível desenvolver um trabalho dessa envergadura, dirigindo ao mesmo tempo uma escola demandante e dinâmica como a Ebape.

Minha maior gratidão é dirigida aos gerentes públicos que, generosa e competentemente, abriram suas "caixas-pretas" para o leitor, por meu intermédio. Conhecimentos, informações, sentimentos, emoções e, sobretudo, experiências de vida social, política e administrativa foram revelados com desprendimento. Muito mais do que apoio ao estudo, Irapoan Cavalcanti de Lyra, Ozires Silva, Paulo Belotti e Sérgio Rudge são o próprio estudo. Embora, para eles, esta deva ser apenas mais uma das muitas manifestações explícitas de compromisso com o interesse público que deram e continuam a dar em suas vidas, para mim e para os leitores, tenho certeza, seus depoimentos e a leitura destes representam uma experiência única e de inestimável valor.

Prefácio*

O. C. McSwite**

Aquestão central lançada pela segunda metade do século XX foi a *transformação*. À medida que o mundo emergia da II Guerra Mundial, o futuro surgia como desafio para observar e apreciar a transformação como um desdobramento positivo. Enfrentar efetivamente este desafio estava ligado diretamente à nossa habilidade de desenvolver lideranças institucionais capazes de ver além do *status quo*, de enxergar a longo prazo, de inovar e de convencer pessoas a adotar e implementar alterações radicais que surgiam no horizonte. Logo, o clima do pós-guerra se transformou nas diversas comoções políticas e culturais globais que começaram nos anos 1960. Isso aumentou a velocidade de mudança a um nível sem precedentes, tornando o processo auto-sustentável. A liderança tornou-se uma questão centrada em lidar com a transformação como condição permanente, condição esta que provocou o

---

* Tradução de Melissa Mello e Souza.
** O. C. McSwite é o pseudônimo de Orion F. White e Cynthia J. McSwain, reconhecidos por sua extensa contribuição ao campo da administração pública e teoria organizacional. Há 12 anos eles vêm escrevendo sob este nome. Os autores são professores de administração e política pública, respectivamente na Virginia Tech University e George Washington University. Seu livro mais recente intitula-se *Legitimacy in public administration: a discourse analysis*. Suas áreas de pesquisa abrangem: gestão e teoria organizacional, filosofia social, teoria psicológica e psicanálise e mudança organizacional. Eles publicam em revistas como *International Journal of Public Administration, American Behavioral Scientist, Human Relations, Public Administration Review, Administrative Theory and Praxis* e *Administration & Society*.

famoso aforismo: a única coisa que esperávamos permanecer sem se transformar era a transformação contínua. Essa nova situação preocupava, com urgência crescente, não só os líderes institucionais como também os estudiosos e os teóricos de processos institucionais na medida em que o milênio se aproximava.

No século XXI, a questão assumiu uma nova forma. Agora as instituições e suas lideranças enfrentam um *cataclismo*. Pode ser um cataclismo silencioso, até difícil de enxergar na superfície, mas se trata de um cataclismo. O cataclismo ao qual me refiro é o *fim da era moderna*. De fato, mesmo o momento da pós-modernidade, uma designação que significava, de forma genérica, algo "logo após o agora", é tido como encerrado. Estamos entrando numa fase nova e completamente diferente que trará formas imprevistas de vida social para os seres humanos e uma nova relação com o planeta Terra.

Motivado por esse novo meio institucional, Bianor Cavalcanti escreveu este livro, que contribui para o difícil projeto da completa reconfiguração do entendimento da liderança.

Mudanças como as que enfrentamos hoje têm, é claro, amplo precedente histórico. Talvez o que mais se aproxime da nossa mudança atual seja aquela que a precedeu, isto é, a mudança do período medieval para o período moderno. O caso da desintegração do modo de vida medieval nos mostra que essas reorientações em larga escala são motivadas, principalmente, pela falha nos discursos característicos da época, isto é, os meios de conhecimento, de desenvolver e comunicar esse conhecimento, e, portanto, a sustentação de sua legitimidade. Tais mudanças são sem dúvida naturais, porque embutidas na estrutura da consciência humana assim como a capacidade de adaptação identificada pela teoria da seleção natural de Darwin. Distintamente de outras espécies, no entanto, parece que os seres humanos estão envolvidos na sua própria adaptação às condições mutantes. Nesse sentido, não estão presos às situações ambientais que não deixam outra escolha senão morrer e ser superado por aqueles mais bem adaptados geneticamente às novas condições. Ao invés disso, os seres humanos, porque se relacionam com seu meio ambiente através de modelos conceituais, podem eles mesmos inovar sobre sua adaptação, abandonando formas obsoletas de conhecimento e reajustando a relação com o mundo em que vivem.

Esse aspecto positivo da nossa condição humana é também o que torna a situação atual cataclísmica.

O marco da era moderna foi a ascendência do modo de conhecimento racional e científico a uma posição de hegemonia. Esse tipo de conhecimento nunca foi tão central e tão crítico como na modernidade, tanto à estrutura e ao processo das instituições humanas quanto à sua adaptação aos ambientes físicos. A contribuição positiva da crítica pós-moderna tem sido demonstrar a fragilidade desta maneira de vida e de adaptação da modernidade. Os intelectuais pós-modernos a revelaram, descendo ao nível dos fundamentos ontológicos e epistêmicos do conhecimento racional. Também foi demonstrada, no plano prático, na luta para desenvolver políticas públicas baseadas em conhecimento. A crítica pós-moderna expôs dois aspectos letais do processo de desenvolver e utilizar conhecimento racional. Um deles é que o processo produz, com freqüência, análises variadas e conflitantes quando aplicadas a questões específicas. O segundo aspecto é ser o processo por vezes tendencioso ou vulnerável a influências que possam afetar a sua objetividade. Conforme a modernidade vem amadurecendo, o conhecimento racional tem perdido legitimidade e a ideologia tem assumido uma posição de centralidade nos discursos das políticas públicas. O processo decisório que levou à presente guerra americana no Iraque ilustra, na opinião de muitos, esse problema.

A análise penetrante do professor Cavalcanti é otimista sobre as possibilidades inerentes a um momento de tamanha mudança cataclísmica, e estou contente por isso. Acredito que, por trás de sua nova teoria, esteja a idéia de ser um aspecto positivo da atual crise a oportunidade de remodelar e reintroduzir um espírito do pragmatismo na nossa maneira de entender o próprio conceito de liderança. Nesse sentido, seu trabalho se identifica com o atual ressurgimento do pensamento pragmático.

O professor está, no entanto, bem ciente dos desafios que enfrentamos. Apesar da sua fé no potencial das instituições atuais, argumenta que, se a condição presente não for bem compreendida nem adequadamente enfrentada de maneira prática, as conseqüências poderão ser catastróficas. O problema a curto prazo, para o professor Cavalcanti, está em como manter intacto o mundo institucional em meio à confusão que domina a conjuntura atual. A longo prazo, ele reconhece que a questão é criar um modelo teórico de vida social completamente novo, capaz de servir para orientar a reorganização em torno de uma forma diferente de elo social, uma nova maneira de conhecer e de dialogar sobre o que conhecemos.

Sob esta abordagem, o livro de Bianor Cavalcanti entra no cenário da teoria das organizações de maneira pontual e eminentemente relevante. De forma apropriada, considerando-se as complexidades do momento atual às quais me referi, o livro nos apresenta uma mensagem paradoxal. Em primeiro lugar, o trabalho teoriza e depois descreve, através de maravilhosos estudos de caso, uma forma inovadora de liderança institucional que tem o objetivo conservador de tornar as atuais instituições mais eficientes. Em segundo lugar, o livro coloca uma teoria de lideranças "equalizadoras" que vai bem além de modelos convencionais, na direção indicada pelo futuro que se desdobra. A nova abordagem do professor Cavalcanti se apóia na metáfora da interação de campos de energia, em vez de causalidade mecânica e objetos. Isto sugere precisamente o modelo conceitual de que as lideranças necessitam no mundo que está surgindo.

O universo institucional do século XXI é de interdependência, interconexão e, conseqüentemente, fragilidade sem precedentes. De fato, trata-se de um campo energético da informação, da mesma forma como a Terra é considerada por muitos um único organismo biológico gigante. A "liderança equalizadora" sensível às necessidades de criar sincronias e harmonias em estruturas extremamente complexas e de alcançar este objetivo através de ação singular, imaginativa, dentro de um campo de energia, é exatamente a imagem correta. Trata-se de uma idéia que aborda a necessidade de curto prazo para criar eficiência imediata e também serve de modelo para os direcionamentos futuros.

Talvez o campo de vanguarda na imaginação do que está por vir seja a física. Os estranhos conceitos da mecânica quântica já se tornaram o entendimento científico ortodoxo da realidade em nível mais fundamental. Quando a mecânica quântica se estender à cosmologia, como poderá acontecer através da teoria das cordas, a visão de mundo científica da modernidade e o senso comum a ela ligado estarão superados. As metáforas da física quântica e da teoria das cordas são altamente instrutivas para aqueles que, entre nós, como o professor Cavalcanti, estão considerando as questões de liderança. O paradigma quântico nos instrui, particularmente, a pensarmos no mundo em termos de potencial e de energia ao invés de objetos e de forças mecânicas. A mudança conceitual tem enormes implicações na maneira como vemos as instituições humanas e a questão de sua liderança. A perspectiva da modernidade, que permaneceu newtoniana na sua essência a despeito de Einstein, levou os seres humanos a se perceberem e se relacionarem como objetos de características identificáveis. Isto em si só explica os problemas sociais que têm caracterizado as sociedades modernas e suas inter-relações. O modelo do líder "equalizador" do professor Cavalcanti é diretamente congruente com as implicações da metáfora quântica. Seu projeto ambicioso neste livro é de contrabalançar os elementos destrutivos de liderança, convencionalmente entendidos, com uma concepção diferente e importante do que a liderança institucional poderá vir a ser. Nota-se que a nova forma de conhecimento que formará o elo social do futuro irá abordar os seres humanos sob luz dualística, similar à idéia quântica da luz, que possui um aspecto de partícula e outro de onda. De forma metafórica, isso sugere que as pessoas serão desafiadas a se ver como possuídas por um desejo único (o que Carl Jung chamou de "paixão"), provendo uma história de vida e um sentido para a existência. Além disso, no entanto, cada pessoa traz um "aspecto onda", um potencial que transcende tudo que lhe é específico, formando a base para um elo e uma relação social com os outros. O desafio a ser enfrentado pelas lideranças atuais e futuras é o de realizar e "equalizar" o potencial humano, trazendo-o a um nível de harmonia integrada, ao mesmo tempo criando um contexto onde o aspecto único e intrínseco a cada ser humano seja reconhecido e apreciado. É, no mínimo, um enorme desafio. Faríamos bem em enfrentá-lo o mais rápido possível. Bianor Cavalcanti nos traz uma contribuição soberba a esta linha de pensamento e devemos agradecer-lhe por isso. Se seguirmos o caminho que seu trabalho trilhou para nós, poderemos ser premiados com o que Heráclito, ainda o primeiro e melhor especialista na transformação e seus desafios, nos sugeria quando disse: "Aquilo que está em oposição está em acordo, e das coisas que diferem vem a mais linda harmonia".

Apresentação

Como qualquer trabalho intelectual, este livro revela interesses, preocupações e inquietudes de seu autor. Sobretudo, ele reflete uma vida acadêmica e profissional dedicada principalmente, embora não exclusivamente, ao estudo, à pesquisa, ao ensino, à assistência técnica e à gestão acadêmica, orientados para a administração pública.

Desde muito cedo algumas questões se transformaram, para mim, em dragão a ser enfrentado, sob pena de a vida intelectual, profissional e cidadã tornar-se insignificante.

A primeira delas diz respeito a incompreensões sobre o papel do Estado, sua máquina burocrática e seus agentes, funcionários e administradores públicos. São todos objeto de sistemáticos ataques, quando não são ridicularizados, a ponto de a crítica se tornar uma espécie de esporte nacional preferido mundo afora, com agravantes nos países em desenvolvimento. Como ensinar ou catalisar mudanças, numa área em que o objeto de estudo é tão desprovido de credibilidade por parte do cidadão comum e mesmo da grande maioria dos funcionários, é uma questão quase existencial para o professor. Dele se espera um firme contato com a realidade e um discurso de esperança substanciada, para que não caia no fácil ridículo. Não é tarefa trivial no ensino da administração pública.

O segundo desconforto é em relação à identidade do campo disciplinar e seus excessos na importação de conhecimentos gerados para a área empresarial. Quanto à identidade do campo disciplinar, sou dos que acreditam ser definitiva a obra de Dwight Waldo, tanto quanto uma obra possa ser definitiva ou infensa a evoluções, em qualquer área do conhecimento. Creio, no entanto, na necessidade imperativa de mais estudos genuinamente orientados para a administração pública, suas organizações e seus gestores.

Uma terceira preocupação diz respeito à importação de conhecimentos de outros países. Ainda se pesquisa pouco no Brasil, e tanto estudiosos como alunos de programas acadêmicos e profissionais se ressentem da falta de estudos empíricos e teorizações gerados no país, a despeito do magnífico campo existente para investigações.

Finalmente, em quarto lugar, apresentaram-se inquietudes paradigmáticas de ordem ontológica, epistemológica e metodológica, conducentes ao questionamento do "se" e do "onde" os mundos do subjetivo e do objetificado podem se encontrar.

Talvez pretensiosamente, procurei nesta jornada enfrentar o dragão em suas múltiplas facetas. Focar a administração pública, suas organizações e seus dirigentes. Buscar um enfoque com o viés da esperança e do otimismo. Examinar a realidade brasileira, fazendo pesquisa de campo e teorizando. Superar, tanto quanto possível, as barreiras paradigmáticas do *continuum* subjetivo-objetivo.

Ao analisarem a *transformational theory* de Orion White e Cyntia McSwain, Harmon e Mayer observam que o papel da teoria, na visão daqueles autores, e coincidentemente com Karl Weick, é:

> auxiliar no projeto prático da ampliação da compreensão dos atores organizacionais acerca das situações em geral, a fim de que possam atuar de forma racional. (...) Através do congelamento temporário da situação, a teoria, muito freqüentemente sob a forma de metáforas, permite-nos ver o que pode estar ocorrendo (observe-se que estas afirmações são conjecturais, dada a inerente ambigüidade das situações) a fim de que se possa decidir o que seja sensato dizer em seguida. (...) Os padrões da boa teorização que se aplicam aos profissionais do gerenciamento também são válidos para analistas e acadêmicos organizacionais. Após tudo dito e feito, a boa teoria, ou seja, a teoria prática, é o que de fato achamos interessante. Como White e McSwain afirmam: "Algo é verdadeiro na medida em que seja interessante. Assim, também, na medida em que seja bom. Da mesma forma que Arendt salientou que o mal é banal, nós defendemos que a banalidade é maléfica. Conhecimento válido é conhecimento que seja interessante — assim ele atua como uma analogia eficaz na extração de energia da pessoa que o visualiza".[1]

Este estudo buscou uma grande intimidade com verdadeiros gestores (praticantes) da administração pública no Brasil. Procurou-se

---

[1] Harmon e Mayer, 1986:371.

vestir suas máscaras, para alcançar uma empatia total com eles no desempenho de seus papéis, em situações diversas, e com eles aprender. A eles o estudo devolve o conhecimento que geraram, em forma de *estratégias de gestão*, de *codificações reflexivas* de sua ação em situações organizacionais e da *metáfora sumarizante da "equalização"*. Se o resultado for referendado como "interessante" para a comunidade acadêmica, por ser capaz de sacar energia desta comunidade, a missão estará cumprida. Se, e apenas se, executivos públicos brasileiros incorporarem à sua consciência discursiva a metáfora da "equalização", derivada da sua própria consciência prática, ficarei feliz em ter dado uma pequena contribuição. Feliz por ter sido capaz de retribuir com conhecimento, a quem muito ensinou, meus entrevistados, nas coisas de como servir ao público, administrando uma máquina muito complicada: a máquina do Estado brasileiro.

Um processo contínuo

Entendo que nenhum livro pode ser perfeitamente aplicável a um caso específico. Estou à disposição para ajudá-lo a aplicar os conceitos aqui apresentados na sua organização.

Gostaria de conhecer casos e experiências nos quais o conceito de equalização se aplique. Se você puder contribuir com um caso, por favor entre em contato pelo e-mail equalizador@fgv.br ou acesse o site <www.ebape.fgv.br/equalizador>.

Selecionarei casos recebidos para novos estudos e edições deste livro, assegurando os devidos créditos autorais.

Bianor Cavalcanti

Introdução

O desempenho do papel gerencial em organizações governamentais contém desafios que, por vezes, são tidos como intransponíveis. A administração pública, embora esteja sujeita aos requisitos de eficiência que inspiram a gestão racional de qualquer empreendimento, é também objeto das questões de poder que identificam sua natureza política. Por si só, este atributo da administração pública já a justifica como um campo de conhecimento disciplinar merecedor de estudos especializados. Tais estudos devem promover seu melhor conhecimento nos planos descritivo e analítico ou, ainda, no plano reflexivo, e favorecer intervenções normativas que melhorem decisões, ações e, conseqüentemente, resultados. O caráter de conhecimento aplicado da disciplina administração pública assim o exige.

Nos países chamados emergentes, os elementos que complicam a gestão pública são ainda maiores. Suas sociedades se caracterizam pela convivência do tradicional com o moderno, que Riggs brilhantemente descreveu com seu modelo prismático, ao estudar a administração nos países em desenvolvimento.[2] Nesses ambientes, a política assume os tons e nuances do patrimonialismo,[3] clientelismo,[4] corporativismo,[5] nepotismo,[6] quando não do ainda presente coronelismo.[7] Estas expres-

---

[2] Riggs, 1964.
[3] Para uma compreensão conceitual do termo "patrimonialismo", ver Pereira e Spink (1998).
[4] Para uma compreensão conceitual do termo "clientelismo", bem como de sua expressão regionalizada, ver Bobbio (1986) e Diniz (1982).
[5] Para uma compreensão conceitual do termo "corporativismo", ver Bobbio (1986).
[6] Para compreensão do termo "nepotismo" no Brasil, ver DaMatta (1990).
[7] Para compreensão do termo "coronelismo" no Brasil, ver Leal (1975), Queiroz (1976) e Vilaça (1978).

sões da cultura política tradicional convivem em equilíbrio dinâmico com os símbolos, instrumentos, tecnologias, doutrinas de gestão e instituições da administração contemporânea das sociedades globalizadas. Os períodos de regime político democrático alternam sua sempre frágil presença com recorrentes governos autoritários ou ditatoriais, de corte institucional militar ou de caudilhismo civil.

A compreensão da gerência de organizações da administração pública, nesse contexto político administrativo particular, é de fundamental importância. Casos de sucesso coabitam os mesmo espaços institucionais em que figuram organizações renitentes na apresentação de resultados medíocres. O esforço de explicá-los justifica-se pela demonstração da viabilidade da gerência profissional em ambientes menos favoráveis e pelo sentido educativo que podem desempenhar na formação de administradores públicos e no desenvolvimento de suas organizações.

O propósito deste livro é promover o entendimento da "ação" gerencial de administradores públicos na gestão de suas organizações no cenário brasileiro, típico, em muitos aspectos, dos países emergentes.

Do ponto de vista conceitual, seu ponto de partida é a teoria das organizações e sua contribuição para a modelagem (*design*) organizacional. Seu foco de interesse principal, no entanto, é a ação gerencial do administrador público no contexto organizacional. Busca-se entender as relações entre gerentes e mecanismos formais de gestão, no sentido de explorar o caráter complementar da ação gerencial realizadora quanto às deficiências e disfunções estruturais; e explorar, a partir da compreensão destas relações, a possibilidade de superação da dicotomia estruturalismo-subjetivismo, presente nas abordagens teóricas orientadas para a construção da teoria das organizações.

A pesquisa empreendida, da qual o livro resulta, buscou, portanto, entender as relações entre os gestores e as estruturas e mecanismos formais de gestão. Explora, sobretudo, a natureza complementar da ação gerencial eficaz em face das deficiências e falhas estruturais, ao superar abordagens que se rendem à dicotomia estruturalismo-subjetivismo, comuns na construção da teoria das organizações.

O primeiro capítulo contém uma revisão da literatura da modelagem organizacional. Destaca a proposição de "congruência" nas escolhas estratégicas modeladoras das principais variáveis organizacionais e seus efeitos sobre o desempenho da organização. Chama a atenção, também, para o interesse emergente dos teóricos deste campo em relação às mais recentes abordagens interpretativas da matéria, tais como a de Karl Weick.

O segundo capítulo aborda as reformas administrativas levadas a efeito no Brasil, à luz do quadro de referência conceitual do estrutural-funcionalismo prevalecente, discutido no capítulo anterior. Revela a dinâmica complexa de uma busca constante da diferenciação e flexibilização estruturais, sujeita a padrões de avanços e recuos, devido à centralidade, força e capilaridade do modelo burocrático e de outros elementos estruturais da sociedade. Conclui-se que, em nenhum momento dado, um administrador público e sua equipe podem contar com uma modelagem organizacional das variáveis formais que atenda o critério da "congruência", tal como concebido teoricamente, para explicar resultados organizacionais em diferentes situações e contingências. Embora esta conclusão possa explicar fracassos no setor público, ela não pode prover a necessária compreensão das muitas instâncias de sucesso significativo alcançado em operações governamentais, a despeito das estruturas administrativas inadequadas. Esse ponto clama por um melhor entendimento, à luz de uma abordagem interpretativa, de como administradores públicos fortemente associados com bons resultados organizacionais engajam-se na ação transformadora, tendo em vista superar aquelas deficiências estruturais e padrões culturais disfuncionais de conduta, estruturalmente presentes e constantemente reproduzidos em países em vigoroso processo de desenvolvimento, tais como o Brasil.

No terceiro capítulo, são transcritos os testemunhos de quatro administradores públicos notáveis, fazendo uma incursão profunda no mundo gerencial real da administração pública, tal como subjetivamente definido por eles e transformado pelo seu engajamento na ação. Os entrevistados são Irapoan Cavalcanti de Lyra, Ozires Silva, Paulo Vieira Belotti e Sérgio Rudge. Através da versão temática da metodologia da história oral, segmentos inteiros das entrevistas completas são categorizados nas 31 estratégias de gerência captadas, que são apresentadas ao leitor de maneira recategorizada sob oito estratégias principais: compartilhar quadros de referência; explorar os limites da formalidade; fazer o jogo da burocracia; induzir o envolvimento dos outros; promover a coesão interna; criar escudos contra as transgressões; superar restrições internas; permitir o florescimento das estruturas. Cada um desses oito blocos de estratégias apresentadas mereceu uma interpretação mais reflexiva do autor, à luz da abordagem interpretativa da modelagem organizacional.

Finalmente, o quarto capítulo apresenta um esforço de construção teórica. Visando encontrar o significado subjacente a todas as estratégias extraídas da "consciência prática" dos entrevistados, tal como revelada nas entrevistas, recorre-se a uma metáfora: a equalização. Esta metáfora contribui para: primeiro, descrever e entender um fenômeno não adequadamente identificado e tratado, nomeadamente bons resultados sob condições estruturais sociais e organizacionais inadequadas; segundo, revelar a lógica e o significado subjacentes a todas as estratégias adotadas pelos gestores, para gerar resultados sob essas condições impróprias; terceiro, retornar aos administradores públicos, representados pelos entrevistados, para ser incorporado à sua "consciência discursiva", aquilo de que os gerentes públicos mais experientes e efetivos já dispõem como conhecimento tácito construído em sua "consciência prática"; por fim, ajudar a educação e o desenvolvimento de novos talentos para o setor.

Capítulo 1

Da modelagem à improvisação: reinterpretando a modelagem organizacional

Este capítulo tem por objetivo fazer uma análise dos desenvolvimentos conceituais da modelagem organizacional e uma breve reflexão sobre as implicações destes desenvolvimentos para o estudo da mudança organizacional no setor público. Como resultado desta jornada, emerge a constatação da relevância das abordagens interpretativas para o tema da modelagem, notadamente a de Karl Weick, que, mais recentemente, a ele dedicou diretamente atenção.

Aproximando a teoria à prática

No campo das ciências sociais, a teoria organizacional é rica em pesquisas e uma das mais diversificadas em termos de orientações paradigmáticas.[8] Como resultado, ressaltam duas importantes contribuições para a sistematização e o uso pragmático do conhecimento para as organizações: modelagem organizacional e desenvolvimento organizacional,[9] ambas baseadas nos desenvolvimentos teóricos.

Embora as duas correntes se preocupassem com questões relativas à performance organizacional, o desenvolvimento organizacional se concentrava nos processos interativos entre os indivíduos e grupos, a partir de uma perspectiva comportamental. Ao contrário, a modelagem, ou arquitetura, organizacional enfocava a intervenção no conjun-

---

[8] Burrell e Morgan, 1980.
[9] Cavalcanti, 1979.

to das variáveis formais da organização, em busca de uma integração entre o microfoco do comportamento organizacional e o macrofoco das estruturas e processos organizacionais.

Neste sentido, a modelagem organizacional, evoluindo da consolidação de uma teoria organizacional mais descritiva e explanatória, tentou desenvolver modelos mais normativos. Estes modelos aplicam análise diagnóstica[10] e oferecem diretrizes para modelagem geral de variáveis organizacionais.[11]

O que é facilmente observável é a intenção concreta de aproximar teoria e prática, trazendo a teoria das organizações em apoio à busca de uma solução para o problema de modelagem organizacional.[12] O conceito de modelagem organizacional resulta da combinação de definições acerca da organização e do conceito de escolha estratégica. Assim, a modelagem organizacional é percebida como:

> um processo promotor da coerência entre os objetivos ou propósitos para os quais uma organização existe, os padrões de divisão do trabalho e coordenação entre unidades e as pessoas que vão desempenhar as tarefas. A noção de escolha estratégica sugere que são feitas escolhas em relação aos objetivos e propósitos, escolhas quanto às diferentes formas de organizar, escolhas de processos para integrar os indivíduos na organização e, finalmente, uma escolha referente à necessidade de que os objetivos, o método da organização, os indivíduos, ou alguma combinação desses elementos deva ser alterada de forma que se promova a adaptação às condições ambientais.[13]

Considerando as diferentes contribuições à teoria das organizações, a partir dos autores clássicos, os pesquisadores de modelagem organizacional desenvolveram modelos básicos para seus quadros de referência conceitual que indicam as variáveis de modelagem organizacional que são objetos de escolha estratégica. Esses modelos concentram-se na discussão das alternativas disponíveis para escolhas estratégicas e conseqüências prováveis de qualquer mudança numa das variáveis ou no seu conjunto como um todo.

---

[10] Van de Ven e Ferry, 1980.
[11] Galbraith, 1977.
[12] Ibid., p. 2.
[13] Ibid., p. 5.

O quadro de referência conceitual para modelagem organizacional

A literatura de modelagem organizacional produzida a partir dos anos 1970 caracteriza-se por um conjunto de elementos convergentes. O primeiro deles é a fundamentação técnica nos desenvolvimentos das teorias de organização construídas sob a égide do paradigma funcionalista, que "proveu um quadro de referência dominante para a conduta da sociologia acadêmica e o estudo das organizações".[14] A grande maioria dos esforços de construção das teorias de organização enraizou-se nos pressupostos ontológicos, epistemológicos e metodológicos do funcionalismo, bem como na sua visão do homem. O compromisso com uma visão objetivista do mundo organizacional envolveu a regulação, o equilíbrio e a estabilidade dos sistemas. Nesta perspectiva pragmática de produzir conhecimento, é requerido um compromisso maior com a razão instrumental,[15] orientada para a solução de problemas práticos.

Observa-se também a conversão das teorias de organização, de veio funcionalista, em quadros de referência conceitual integrativos, capazes de orientar tecnicamente diagnósticos e intervenções de modelagem e remodelagem organizacional. No plano técnico da modelagem organizacional, são assumidos os mesmos pressupostos das teorias de organização que a alimentam. Recorrendo-se ao esquema usado por Burrell e Morgan[16] para analisar os pressupostos sobre a natureza das ciências sociais, cotejando as abordagens objetivista e subjetivista, observa-se que a abordagem objetivista da modelagem organizacional pressupõe: o realismo, na sua ontologia; o positivismo, na sua epistemologia; o determinismo, quanto à sua compreensão da natureza humana; e o caráter nomotético, na sua metodologia.

Quanto ao "realismo" na visão ontológica, a organização, suas estruturas, processos, mecanismos e instrumentos de gestão, bem como as interações sociais em seu âmbito produzidas ou reproduzidas, são tidas como entidades empíricas que têm uma existência própria, estável, como algo concreto e material, que independe da consciência e apreciação dos indivíduos. Contraposto a este realismo preponderante, está o nominalismo. Este pressupõe uma visão de entidades que só "existem"

---

[14] Burrell e Morgan, 1980:25.
[15] Guerreiro Ramos, 1981.
[16] Burrell e Morgan, 1980:3.

num momento etéreo e mágico, em que um ou mais indivíduos delas estão conscientes e sobre elas fazem interpretações, em geral diferenciadas, quando não contraditórias, sacando múltiplos significados — significados esses que poderão ser outros, num momento imediatamente seguinte, transformando-as no plano subjetivo.

Quanto ao "positivismo" na visão epistemológica, o chamado "conhecimento aplicado", desenvolvido e "validado" no universo das intervenções de modelagem organizacional, se dá através de diagnósticos organizacionais que buscam identificar regularidades, principalmente em termos de padrões disfuncionais de comportamento e interações, e relações de causalidade a estes padrões associadas, referentes aos elementos constitutivos da organização. Evidentemente, nos diagnósticos organizacionais, a "validação" do conhecimento produzido obedece a critérios mais frouxos quando comparados aos requisitos adotados na pesquisa acadêmica, quer seja pela rejeição de hipóteses, quer seja mediante pesquisa experimental controlada. A validação do conhecimento no contexto do diagnóstico se dá pelo seu cotejamento com os resultados de pesquisas teóricas, pelo método da tentativa e erro (avaliação de resultados *ex post facto*), *benchmarking*, pela intuição informada, ou ainda por uma combinação desses métodos. Ao positivismo, contrapõe-se o antipositivismo, visão na qual "o mundo social é relativizado em sua essência e só pode ser compreendido do ponto de vista dos indivíduos que estão diretamente envolvidos nas atividades sob estudo".[17] Nesse sentido, os antipositivistas rejeitam a busca da identificação de leis e regularidades, a possibilidade de generalizações significativas, e a validação do conhecimento por observadores e atores externos à ação. Para eles, mais que uma irrelevância, o conhecimento objetivo é uma impossibilidade no reino social.

No que diz respeito ao determinismo, os estudiosos da modelagem organizacional pressupõem que o comportamento dos indivíduos e suas atividades são, em larga medida, determinados pelo ambiente em que estão inseridos. Daí atribuírem importância fundamental à racionalidade na modelagem de estruturas, processos e procedimentos, acreditando no papel indutor de comportamento funcional que estes mecanismos exercem sobre os indivíduos e atividades, tendo em vista a realização dos objetivos organizacionais. A organização informal também é reconhecida como indutora de comportamentos, mas como fenômeno

---

[17] Burrell e Morgan, 1980:5.

secundário, podendo ou não estar associada à lógica da funcionalidade, tal como oficialmente estipulada. O comportamento não-funcional ou disfuncional para a organização tende a ser encarado como transgressor, pelo menos até que revele uma funcionalidade "escondida", o que não é raro acontecer. O desafio da modelagem, e razão da sua existência, é influenciar (controlar) o comportamento através dos mecanismos formais de gestão. Na visão voluntarista da natureza humana, o indivíduo não se conforma às estruturas que o cercam, por ser autônomo e livre em suas escolhas. Tanto o comportamento virtuoso, como aquele transgressor de alguma ordem estabelecida, seja ela boa ou perversa, sob critérios morais ou funcionais, é fundamentalmente fruto da volição e, portanto, independente, se não de influências, certamente de determinações estruturais.

Quanto ao caráter nomotético de seu aparato metodológico, a análise organizacional e os diagnósticos para a remodelagem organizacional se valem largamente de técnicas quantitativas para a análise de dados, *surveys*, questionários, testes de estilos gerenciais e outros instrumentos padronizados de pesquisa. Em contraposição, estudos de abordagem ideográfica visam buscar conhecimento de primeira mão do assunto sob investigação.

> Ela [a abordagem ideográfica] imprime assim considerável carga de pressão sobre a aproximação ao assunto sob foco e sobre a exploração de seu ambiente em minúcias e de sua história de vida. A abordagem ideográfica enfatiza a análise dos relatos subjetivos que o sujeito produz ao "penetrar" em situações e envolver-se no fluxo vital cotidiano — a análise minuciosa das percepções [*insights*] geradas por tais encontros com o nosso assunto e as percepções reveladas nos relatos impressionísticos encontrados em diários, biografias e crônicas jornalísticas. O método ideográfico reforça a importância de se deixar o nosso próprio assunto desvelar a sua natureza e suas características durante o processo de investigação.[18]

Conforme foi explicitado anteriormente, o universo técnico e acadêmico da modelagem organizacional identifica-se com a abordagem objetivista. A apresentação, nos parágrafos anteriores, do contraponto à abordagem objetivista, isto é, a abordagem subjetivista, se justifica por duas razões. Primeiro, por facilitar a melhor compreensão, pe-

---

[18] Burrell e Morgan, 1980:6.

la percepção do contrário, dos pressupostos básicos objetivistas que informam as intervenções técnicas de modelagem organizacional e o debate acadêmico do tema. Segundo, porque, como se verá em seguida, *insights* gerados por estudiosos que adotam aquela abordagem cada vez mais inspiram, se não conversões paradigmáticas, concessões enriquecedoras nos estudos e intervenções de modelagem.

Entre os elementos que consubstanciam a literatura da modelagem organizacional, observa-se também a convergência na identificação mais precisa das variáveis estruturais formais, de cuja modelagem apropriada depende o alcance de resultados organizacionais referentes a categorias tais como eficácia, eficiência, lucratividade, inovação, competitividade etc. O pressuposto corrente é que as variáveis de modelagem, relacionadas em quadros conceituais, estão sujeitas às decisões ou escolhas estratégicas[19] de executivos-chefes e gerentes, estando, portanto, sob seu controle. Como Jay Galbraith, referindo-se ao quadro conceitual por ele desenvolvido, explica, "o quadro conceitual consiste em uma série de políticas de modelagem que são controláveis pela agência e podem influenciar o comportamento dos empregados".[20] Entre as variáveis destacam-se: estratégia[21] (valores, missão, objetivos, metas, produtos, serviços, mercados), estrutura (especialização, forma, distribuição de poder, departamentalização), processos (planos, programas, orçamentos, sistemas e fluxos de informação verticais e laterais), recompensas (salários, promoções, bônus, participações nos lucros, opções por ações, recompensas não-monetárias), pessoas (recrutamento, seleção, rotação, treinamento, e desenvolvimento).

Outra convergência importante na literatura está na valorização das variáveis referentes a processos, recompensas e pessoas como foco de modelagem, em detrimento da supervalorização, já superada, das variáveis referentes à estrutura.

Fundamental ao argumento deste estudo, ao se analisar a literatura, é a adesão ao entendimento do caráter sistêmico das organizações, ao assumir que as variáveis se relacionam entre si. Este pressuposto impõe, do ponto de vista da modelagem organizacional, o critério da coe-

---

[19] Galbraith (1977), Galbraith e Lawler (1995), Nadler e Tushman (1994); Hardy (1994); Hall (1984).
[20] Galbraith, 2002:9.
[21] Para uma revisão das abordagens descritivas e prescritivas do desenvolvimento de estratégias, ver Mintzberg (1990) e, para uma tipologia de estratégias, ver Porter (1980).

rência, compatibilidade, consonância, alinhamento ou congruência nas escolhas estratégicas de desenho adotadas, para poder garantir altos padrões de desempenho e resultados. Nas palavras de Nadler e Tushman:

> A organização pode, portanto, ser considerada como uma série de componentes — a tarefa, os indivíduos, a organização formal e a organização informal. Em qualquer sistema, porém, a questão crítica não é quais são os componentes, mas qual a natureza da sua interação e como as relações entre eles afetam a maneira pela qual se combinam para dar o produto.
>
> Existe um grau de congruência relativo entre cada par de componentes organizacionais. A congruência entre dois componentes é definida como o grau em que as necessidades, demandas, metas e estruturas de um componente são coerentes com as necessidades, demandas, metas e estruturas de outro componente. A congruência é, portanto, uma medida da adequação entre pares de componentes. (...) O modelo agregado, ou organização total, revela um grau relativamente alto, ou baixo, de congruência sistêmica nos pares de componentes que têm uma congruência alta, ou baixa.[22]

A formalização da hipótese básica do modelo é a seguinte:

> em igualdade de condições, quanto maior o grau total de congruência entre os vários componentes, mais eficiente será a organização, definindo-se a eficiência como o grau em que o produto organizacional real é semelhante ao produto esperado ou planejado, tal como especificado pela estratégia.[23]

A centralidade do conceito de níveis de certeza/incerteza, associado à natureza da tarefa da organização e ao caráter de suas relações ambientais, decorre do requisito de congruência. A importância do conceito de incerteza reside na sua capacidade de refletir, expressar e sumarizar a natureza qualitativa das interações organização/ambiente, tais como mediadas pela tarefa (*task*) e a estratégia definida. Igualmente relevante é sua pertinência para a decisão, uma vez que o nível de incerteza a que um sistema esta sujeito é "medido" ou avaliado em função da disponibilidade de informações para o processo decisório. Convém

---

[22] Nadler e Tushman, 1994:39-40.
[23] Ibid., p. 41.

lembrar que, certamente, um dos maiores avanços na teoria das organizações, e, conseqüentemente, na análise organizacional moderna, foi a substituição da ação (eficiente) pela decisão (satisfatória) como principal unidade de análise.[24] Como Galbraith a define operacionalmente: "Incerteza é a diferença entre a quantidade de informação requerida para desempenhar a tarefa e a quantidade de informação já possuída pela organização".[25] Os determinantes da informação requerida pela tarefa compreendem a diversidade de objetivos, o grau de diversidade interna e o nível de desempenho dos objetivos. Nesta ótica, "variações nos arranjos organizacionais são, na realidade, variações na capacidade das organizações em processar as informações e tomar decisões sobre eventos que não podem ser antecipadamente previstos".[26] Portanto, em situações de alta incerteza, informações requeridas pela tarefa tendem a ser coletadas, distribuídas e processadas para a decisão, pode-se dizer, "em tempo real", isto é, durante a execução da tarefa.

Nesse sentido, compartilha-se, na literatura, o entendimento do caráter contingencial da modelagem organizacional. Em níveis menores de incerteza estão associadas estratégias mais simples e, conseqüentemente, modelos organizacionais mais tradicionais do tipo burocrático-mecanicista. Em níveis altos de incerteza estão associadas estratégias mais complexas, requerentes de modelagem organizacional capaz de gerar atributos opostos aos do modelo burocrático, tais como flexibilidade, velocidade, integração, inovação.[27]

Observa-se também, na literatura, a constatação de que, embora, em qualquer momento dado, diferenças relativas hão de existir em relação aos níveis de incerteza a que estão sujeitas diferentes organizações ou subsistemas destas, a intensidade e o ritmo das mudanças no cenário da globalização indicam uma tendência definitiva no sentido de modelagens distintas daquelas que prevaleceram no século XX, tendo o modelo burocrático por referência maior. As constatações empíricas e proposições de formas e mecanismos desta natureza são a organização horizontal, corporação virtual, organização modular, estruturas focadas no cliente, equipes multidimensionais, coordenação eletrônica e outras.[28]

---

[24] Simon, 1960.
[25] Galbraith, 1977:36-37.
[26] Ibid., p. 39.
[27] Ashkenas et al., 1999.
[28] Galbraith, 2002.

Este é um interessante paradoxo com que devem lidar os modeladores das organizações de hoje. Se, por um lado, devem assumir a relativização dos níveis de incerteza a que estão sujeitas diferentes organizações,[29] ou seus subsistemas organizacionais distintos,[30] e, conseqüentemente, a determinação de escolhas de modelo organizacional com maior ou menor grau de afinidade aos atributos do modelo burocrático, o ritmo e a complexidade das mudanças, no cenário da globalização, estão indicando um acelerado afastamento, em termos gerais, dos mecanismos mais burocráticos de gestão. A despeito dessa tendência, o "aqui e agora" das decisões de modelagem requer a consideração dos conceitos de *diferenciação* e *integração*, tais como introduzidos por Lawrence e Lorsch,[31] no final dos anos 1960. O conceito de diferenciação é peça fundamental na construção do argumento deste estudo, como se verá a seguir, porque, embora o mundo de hoje imponha a necessidade de maior flexibilidade em todos os subsistemas, um senso contingencial relativista ainda detém relevância pragmática.

Finalmente, observa-se, na literatura, a constatação de que o alucinante ritmo das mudanças na ambiência organizacional e a conseqüente imposição de mudanças organizacionais levam os modeladores à condição de "cotidianos agentes de mudança". Como observa Galbraith, referindo-se às decisões de modelagem organizacional:

> Porém, tão logo uma decisão seja tomada, a situação muda, exigindo que o gerenciamento aprenda de novo e decida mais uma vez. A combinação da variedade, das dimensões múltiplas e da mudança leva a empresa a ter de tomar ainda outras decisões, mais freqüentemente.[32]

O caráter sistêmico-contingencial da modelagem organizacional é central, sobretudo, no que se refere à necessidade de obtenção de congruência na modelagem das variáveis organizacionais, tendo em vista resultados. Os elementos formais do modelo organizacional atuam, portanto, como uma estrutura de sinalizações indutoras de comportamentos funcionais dos empregados, quando e se adequadamente modelados.

---

[29] Woodward (1965); Burns e Stalker (1961).
[30] Lawrence e Lorsch, 1972.
[31] Ibid., p. 12-13.
[32] Galbraith, 2002:5.

A sinalização "emitida" pelos componentes (variáveis organizacionais modeladas) é de cunho probabilístico, e não determinístico, em face da própria natureza da pessoa humana, nas relações sociais, e da "organização informal".[33] Não obstante o ritmo e a intensidade das mudanças em nossos dias, o caráter artificial das organizações requer estruturas e mecanismos formais de gestão, ainda quando sujeitos a remodelagens em menores espaços de tempo. Estes "sinalizadores" do comportamento podem ser comparados aos modernos ILS (Instrument Landing System) que orientam o pouso na aviação, em condições de visibilidade limitada. No caso, é simplesmente impensável a possibilidade de distorções no sinal que conduzam o piloto ao desastre. No reino das organizações, no entanto, são comuns as incompatibilidades no desenho de estruturas, políticas e mecanismos de gestão. Muitos dos sinais produzidos anulam-se mutuamente ao invés de reforçarem-se de maneira devida. Nestas situações de modelos organizacionais impróprios, a gerência, ao invés de apoio à sua atuação, tem nesses mecanismos fontes de problema e obstaculização ao seu desempenho. Os empregados, por sua vez, sentem-se desnorteados, com planos que indicam prioridades não observadas no orçamento, por mecanismos de consulta e decisão que não correspondem à urgência dos fatos, por recompensas que premiam a incompetência, por normas que obstaculizam a realização de metas programadas.

É importante assinalar, e mesmo contrastar, duas considerações de Jay Galbraith feitas em momentos diferentes, a propósito dos esforços de modelagem. A primeira, no seu importante *Organization design*, onde assume

> que uma estrutura conscientemente modelada, baseada nas teorias correntes da organização, pode aprimorar a eficácia das organizações, porque a melhor estrutura não evolui espontaneamente a partir das interações humanas durante um período de tempo razoável. Entretanto, uma organização não pode ser modelada sem as pessoas que a operacionalizam. A participação de membros é necessária, não apenas por conta da adoção da nova modelagem, mas igualmente para que se gere a nova modelagem que deva levar em consideração as muitas peculiaridades de qualquer organização específica.[34]

---

[33] Pfiffner e Sherwood, 1965.
[34] Galbraith, 1977:9.

O denso programa de pesquisas do autor, sintonizado na evolução dos fatos, no entanto, parece tê-lo levado a observar, mais recentemente, que:

> Há poucos anos, os gerentes dos postos mais altos não se interessavam pela organização, sem falar no desinteresse em adquirir maior compreensão sobre ela e como com ela lidar. A organização era percebida como algo do mundo dos gráficos e tabelas e das descrições de funções no local de trabalho — males necessários ou atividades burocráticas. (...) As organizações de hoje precisam ser responsivas e flexíveis. As estratégias de negócios necessárias exigem organizações plenamente modernas. Como nas mais difíceis questões, tais decisões chegam hoje à mesa (ou nas caixas de entrada de *e-mails*) do superintendente (*CEO*). Os dirigentes, quer queiram, quer não, estão sendo forçados a se envolverem na modelagem organizacional.[35]

Ao se cotejarem as duas constatações de Galbraith, observa-se que, de um problema técnico, sujeito ao tratamento de especialistas, com maiores ou menores índices de participação dos envolvidos, o desenho organizacional passou a ser preocupação e responsabilidade dos executivos-chefes, por ser assunto de alta prioridade, com definitivas implicações para os resultados das empresas. No passado, as maiores dificuldades e desafios da concepção e implementação de um novo desenho residiam na temática da resistência à mudança, amplamente estudada nos anos 1960 e 1970, em face das implicações de poder e *status* envolvidas, bem como dos interesses investidos. Na realidade atual das empresas, tais dificuldades migram, em boa medida, para outros fatores de igual ou maior desafio, uma vez que não encontram solução última de poder e autoridade imposta pela hierarquia. São eles o vertiginoso ritmo de mudanças do ambiente, que requer redesenhos organizacionais constantes, cada vez mais em menores períodos de tempo, e a complexidade das organizações e de suas relações com o ambiente e, em conseqüência, dos modelos organizacionais sucessivamente redesenhados para a obtenção do alinhamento estratégico.[36] Na avaliação de Galbraith, estes desenhos que facilitam variedade, mudança, velocidade e integração são de difícil execução, e mesmo de copiar, porque é uma intricada combinação de muitas políticas de *design* diferentes. Segundo o autor, "o que faz a vantagem

---

[35] Galbraith, 2002:1 e 6.
[36] Hardy, 1994.

da empresa sustentável é a sua mescla única de práticas, valores, estruturas autônomas, processos de financiamento, recompensas, seleção e desenvolvimento de produtos campeões".[37]

Desafiando os fundamentos da modelagem organizacional: do design (modelagem) para o designing e do designing para o improvising (improvisando)

A literatura hodierna da modelagem organizacional, porém, não se aproxima do argumento que este trabalho busca desenvolver apenas no que concerne à indicação da centralidade do executivo-chefe como modelador da organização — um *decision shaper*, mais do que um *decision maker*, como tradicionalmente encarado, escolhendo quem decide e modelando os processos que influenciam como as coisas são decididas.[38]

Ao chamar a atenção para a necessidade de se conseguir uma "perspectiva balanceada", como um dos maiores desafios da modelagem, Galbraith preocupa-se em especificar o papel do executivo-chefe como modelador da organização, na dinamicamente mutante ambiência organizacional. Tal perspectiva critica o uso indevido, não circunstanciado, dos modelos de moda, ainda quando detentores de credibilidade, ou a insensibilidade às novas práticas potencialmente virtuosas, quando ainda carentes do aval da notoriedade.

Igualmente importante, nesta perspectiva balanceada, é reconhecer que a escolha de um modelo implica *trade-offs*. É impossível a um modelo atender igualmente bem a todos os valores e atividades; prover uma variedade de produtos para uma variedade de clientes em curtos ciclos de tempo e, simultaneamente, obter economias de escala para promover baixo custo.

Galbraith formula claramente a tarefa do líder, no que se refere ao seu papel e à sua ambiência organizacional imediata:

> A estratégia de negócios deveria fixar os critérios necessários para a determinação da tarefa prioritária a se executar. Pode-se assim modelar

---

[37] Galbraith, 2002:7.
[38] Ibid., p. 6.

uma organização de forma que satisfaça estes critérios. (...) A tarefa do líder é ajudar a organização a escolher. Esta escolha é a *trade-off decision*.

Qualquer modelagem organizacional possui pontos positivos e negativos envolvidos em cada escolha. O excesso de modismos geralmente encobre os pontos negativos (...). Tais pontos negativos são o que o líder terá de administrar.[39]

É interessante notar que esta abordagem de Galbraith parece ter pontos de contato, ainda que superficiais, com abordagens subjetivistas, como a de Karl Weick,[40] que entende a modelagem organizacional como um cotidiano exercício de improvisação. Talvez seja revelador o fato de que o livro seminal de Galbraith, originalmente publicado em 1977, tivesse como título *Organization design* e seu trabalho mais recente (de 2002) tenha recebido a sugestiva denominação *Designing organizations*. O uso do mesmo gerúndio, pleno de significado ontológico, constituiu-se na simbólica pedra fundamental da obra-mestra de Weick, *The social psychology of organizing*.[41] Nela, Weick apresenta uma visão da organização como uma entidade que emerge, a cada instante, de ações, comunicações, arranjos e redes de relações. Um ente mutante, resultante de "processos de organização" contínuos, cambiantes, cooperativos e conflitantes, produzidos pelo relacionamento humano. Algo bem diferente daquele ente concebido a partir de pressupostos de equilíbrio sistêmico, garantido por estruturas mais estáveis, prevalecentes na teoria funcionalista das organizações e, conseqüentemente, nas abordagens de modelagem organizacional. Já se começa a observar uma influência desta visão interpretativa assumida por Weick na perspectiva emergente da modelagem organizacional; uma visão na qual a estrutura é entendida em seu dinamismo e precariedade, como um processo contínuo de construção social da realidade. No dizer de Ranson e outros, por exemplo, a estrutura é concebida como "um complexo meio de controle que é continuamente produzido e recriado pela interação e, entretanto, dá forma a essa interação: estruturas são constituídas e constituintes".[42] É interessante observar que o interesse pelos argumentos de Weick talvez esteja ocorrendo muito mais em função do ritmo acelerado das mudanças impostas pela

---

[39] Galbraith, 2002:8.
[40] Weick, 1995.
[41] Id., 1979.
[42] Ranson et al., 1980:3.

realidade organizacional hodierna, do que por genuína adesão a pressupostos ontológicos. A compreensão da precariedade das estruturas objetivadas seria conseqüência das mudanças contínuas funcionalmente determinadas, e não atributo intrínseco à sua natureza existencial dinâmica e fluida, resultante das múltiplas interpretações, mais ou menos compartilhadas, dos indivíduos.

Este novo interesse da parte de estudiosos da modelagem organizacional, firmemente enraizados no pensamento funcionalista, teve uma de suas importantes manifestações explicitadas numa coletânea resultante de denso programa de pesquisas longitudinais (Code),[43] de cinco anos de duração, levado a efeito na segunda metade dos anos 1980: *Organizational change and redesign; ideas and insights for improving performance*.[44] Tendo por objeto de estudo 153 organizações de diversas indústrias, o programa visava a "gerar um novo conhecimento sobre quando e como os diferentes tipos de mudança ocorrem e quais são seus efeitos no desempenho organizacional".[45] O programa de pesquisas contou com a participação de diversos especialistas de importantes universidades e teve a contribuição de Weick, na qualidade de consultor, desempenhando o papel de advogado do diabo. O convite dos organizadores à leitura de seu capítulo, na introdução à coletânea, explicita a intenção de tê-lo no papel provocativo, senão demolidor:

> No capítulo 11, Karl Weick nos afasta de toda e qualquer complacência que possamos ter desenvolvido durante a leitura dos capítulos precedentes. Ele desafia e enriquece a nossa compreensão da modelagem organizacional, sugerindo que o processo é menos como o que é implementado por um arquiteto do que o implementado pelos atores envolvidos numa improvisação teatral. (...) As contribuições do capítulo 11 são seus *insights* originais e seus desafios bem argumentados em relação ao saber convencional.[46]

Ao concluir, e com uma referência específica ao capítulo precedente ao de Weick, os organizadores não se furtaram a instigar seus lei-

---

[43] Code: Changes in Organizational Design and Effectiveness (Mudanças na Modelagem Organizacional e no Desempenho), programa de pesquisas longitudinais, levado a efeito por diversos investigadores.
[44] Huber e Glick, 1995.
[45] Ibid., p. v.
[46] Ibid., p. 14.

tores: "Os capítulos 10 e 11 colocam-se em agudo contraste entre si e provocarão os leitores a considerar se e como essas perspectivas díspares podem ser conciliadas".[47] No mesmo tom provocativo, questionam, no capítulo de fechamento, onde buscam extrair da obra os novos aprendizados nela contidos: "Podem os executivos estimular mudanças contínuas e descontínuas por meio da improvisação e da 'bricolagem'?"[48]

O questionamento daqueles autores é central quando se busca entender e explicar as estratégias de gestão de executivos capazes de levar suas organizações a níveis mais altos de desempenho, a partir da compreensão de suas relações com as estruturas vigentes e com as pessoas.

Qual é a relevância da contribuição de Weick para os estudos relativos aos processos de modelagem organizacional?

Reconhecendo a natureza dinâmica e fluida da organização, Weick chama a atenção para uma modelagem que enfatiza o "verbo" em vez do "nome"; uma perspectiva que, em vez de ressaltar a estabilidade, reconhece a importância da imprevisibilidade. Ele desmonta os pressupostos básicos da abordagem tradicional de modelagem organizacional e oferece outros pressupostos alternativos que levam a uma reconceitualização desta última, enfatizando sua base perceptiva e dinâmica.[49]

Para isto, o autor faz uso da metáfora da improvisação teatral em detrimento da metáfora típica de arquitetura, muito usada em estudos da área. Baseando a percepção acerca das organizações na metáfora da arquitetura, os estudiosos da área concebiam a organização como uma atividade limitada que ocorre num ponto fixo no tempo. A atividade tem a ver principalmente com tomada de decisão, concentrada em grupos pequenos, que traduz as intenções em planos. Estes mesmos planos são baseados em pressuposições acerca das estruturas, evitando a reflexão acerca dos processos. As estruturas são consideradas soluções estáveis a um conjunto de problemas que se modifica de maneira incremental.[50]

Lançando a metáfora da improvisação, Weick traz para o estudo das organizações muitas das idéias da corrente etnometodológica de Garfinkel,[51] para quem a ordem social é constituída como atividade prá-

---

[47] Huber e Glick, 1995:14.
[48] Ibid., p. 388.
[49] Para uma compreensão das bases filosóficas do "desconstrutivismo", ver Derrida (1973, 1991).
[50] Weick, 1995.
[51] Garfinkel, 1967.

tica no curso da interação diária e não deriva automaticamente de padrões compartilhados de valores e papéis sociais. A ação é justificada principalmente após o fato, referindo-se a um estoque de descrições culturalmente disponíveis.[52]

Os pressupostos da etnometodologia estão presentes na metáfora da improvisação:

> Os pressupostos revistos que se situam por trás desta reescritura incluem idéias tais como: a remodelagem é uma atividade contínua, a responsabilidade pela iniciação da remodelagem é dispersa, a interpretação é a essência da modelagem, a desenvoltura no manejo dos recursos é mais importante do que os recursos em si, o significado de uma ação é geralmente conhecido depois do fato e, ainda, um pouco de estrutura é o suficiente para se ir longe.[53]

A coordenação, com base na metáfora de improvisação teatral, acontece não porque as pessoas têm visões idênticas acerca da "modelagem", mas porque elas têm visões equivalentes acerca do que está acontecendo e do que isto significa. A equivalência permite que a coordenação e a expressão individual ocorram simultaneamente. Assim, a modelagem é uma peça histórica, não uma peça arquitetônica.

Para deslocar a concepção da modelagem de um estágio estático para um dinâmico, Weick faz um esforço de desconstrução das pressuposições que dirigem as concepções tradicionais acerca da modelagem. Ele nos lembra que, ao mesmo tempo em que os conceitos, as categorias, nos ajudam a conceber o mundo, eles também nos impedem de expandir a nossa compreensão além dos limites que a categoria estabelece. Ou seja: "Em outras palavras, o que cada conceito faz é excluir, bem como incluir; ignorar, bem como concentrar (atenção); remeter a obscuridade, bem como trazer a luz".[54]

Outra contribuição importante de Weick, no entanto negligenciada, tem a ver com a sua concepção acerca do construtivismo social. Embora Weick compartilhe os pressupostos do construtivismo social,[55] ele contribui muito para desmistificar o uso desta corrente nos estudos

---

[52] Powell e DiMaggio, 1990.
[53] Weick, 1995:347.
[54] Burrell, 1997:445.
[55] Berger e Luckmann, 2001.

sociais, criticando (assim como estudos mais recentes o fazem)[56] a concepção de que o "material" que participa do processo de construção é apenas de natureza social. Fazendo uso do conceito de "bricolagem", tomado por empréstimo de Lévi-Strauss, Weick nos lembra que uma das principais características do *bricoleur* é "que essa pessoa faz coisas com quaisquer instrumentos e materiais que estejam à mão". Não se trata apenas de materiais sociais ou objetos, mas de um conjunto heterogêneo de diferentes associações dos dois.

A função do gerente é a do *bricoleur* — no entanto, um *bricoleur* (todos o somos) mais "habilidoso" em termos de conhecimento íntimo dos recursos disponíveis, observação cuidadosa, intuição etc.

A proposição dos estudiosos da modelagem, entre outros aspectos, contém este ponto de interesse que merece realce: "Em grande medida, a modelagem de uma organização (...) impacta diretamente a habilidade dos gerentes individuais em tomar e implementar (...) decisões".[57] Weick rejeita esta proposição, afirmando que "de muitas maneiras a idéia de um gerente individual é uma ficção".[58] O argumento de Weick se sustenta em sua visão da gerência e da organização (*organizing*) como processos, o que, em decorrência, reduz a uma ficção o significado ontológico da expressão *individual manager*. Para Weick:

> O gerenciamento é um composto de contribuições parciais feitas por muitos indivíduos cuja identidade é definida por suas relações sociais. O trabalho de gerenciamento é profundamente social, o que significa dizer que a dispersão e o significado de uma modelagem não são facilmente controlados. Modelagens não criam sistemas sociais; elas são criadas por eles. E a eficácia da modelagem é determinada pelas relações sociais existentes que são utilizadas pela modelagem.[59]

A modelagem organizacional é construída por entidades sociais, tais como o *top management team*,[60] pelas ligações das díades verticais entre superior e subordinados,[61] bem como pelas relações intergrupais horizontais mobilizadas pelas lideranças. Ações de caráter integrativo, fundamentadas na dinâmica relacional, produzem *design*.

---

[56] Latour, 2002.
[57] Weick, 1995:349.
[58] Ibid., p. 359.
[59] Ibid.
[60] Hurst et al. (1989), segundo Weick, 1995:358.
[61] Graen e Scandura (1987), segundo Weick, 1995:360.

Como Burns e Stalker lembram, "decisões são tomadas na presença de outros, ou com o conhecimento destes, para implementá-las ou entendê-las ou aprová-las".[62]

Com Weick vemos que:

> As modelagens são formadas a serviço daqueles que realmente nos importam, da mesma forma que esses outros que nos importam são por si mesmos formados pelas modelagens que eles constroem. A modelagem reflete os interesses sociais, e ela também estrutura interesses sociais. Qualquer ato praticado por um "gerente individual" é realmente um ato oriundo de um ente representativo, cuja estatura e pertinência a um quadro estão num nível hierárquico. (...) O que é irreal é considerá-la uma atividade de uma pessoa só.[63]

Ressaltando a importância dos processos de interpretação e *sense-making*, Weick retoma o conceito da "gestão de significado", lançado por Smircich e Morgan,[64] segundo o qual o papel do gestor consiste, em grande parte, na geração de um ponto de referência, em relação ao qual o sentido de organização e direção emerge. Uma modelagem improvisada cria um ponto de referência em torno do qual se formam significados. Remodelar significa re-especificar este ponto gerador. O compromisso torna-se chave no processo de remodelagem, uma vez que torna possível a adequação das pessoas a ambientes turbulentos; possibilita a adequação às dúbias relações causa-efeito; impulsiona os processos de interpretação e padrões de ação.

O compromisso é um instrumento plausível de modelagem quando assumimos que a ação é dirigida pela interpretação, e não pela decisão.[65] Modelar para interpretação assume que as pessoas podem sentir-se confusas, mas não ignorantes acerca das suas ações, e que esta confusão é reduzida pela interação, oportunidades de validação consensual, auto-organização, memória coletiva, conversação e narrativas. As modelagens que ajudam as pessoas a removerem essas ambivalências tendem a ser mais sociais, toleram a improvisação e são mais afetadas pela ação do que as modelagens baseadas em processos decisórios.

---

[62] Burns e Stalker, 1961:18.
[63] Weick, 1995:360.
[64] Smircich e Morgan, 1982.
[65] Garfinkel, 1967.

Neste contexto, o controle direto torna-se mais difícil, parcialmente porque não existem padrões exatos para medir o desempenho. No entanto, até a improvisação implica controle, baseado em: quadros de referência que os participantes tomam como dados, embutidos em rotinas procedimentais e substantivas; vocabulário da organização; canais preferenciais de comunicação; critérios de seleção; agendas de reuniões; e práticas de socialização.

Concluindo, as pessoas que se propõem a construir modelagens esquecem que estas entidades se inserem em contextos sociais que escapam ao total controle e compreensão. Fazendo isto, elas ignoram as modelagens emergentes, as maneiras nas quais atores interdependentes tornam-se auto-organizados para enfrentar modelagens pouco especificadas, ignoram o poder da retrospectiva, ignoram as maneiras pelas quais a ação gera seu próprio significado. Sair de ambientes turbulentos pode depender de uma contínua improvisação ante as contínuas mudanças. Na visão de Weick, o modelar substitui a modelagem. Contudo, enquanto Galbraith passa a ver o executivo-chefe assumir o papel de modelador-chave, mais como um *decision shaper* do que um *decision maker*, Weick entende o processo de modelagem como mais fragmentado e compartilhado — um processo modelador de interpretações onde a interação social constrói e reconstrói o significado de estruturas sempre precárias.

Implicações para o estudo da modelagem no setor público

Não é exagero afirmar que, no Brasil, as estruturas administrativas precederam a própria sociedade, por não terem fluído originalmente da evolução do jogo social, mas sim de um transplante concebido sob medida para garantir lealdade, ordem e exploração econômica, em benefício da Coroa portuguesa. As primeiras caravelas já trouxeram fidalgos, funcionários públicos, alguns familiares, soldados, degredados, bem como regimento e instruções minuciosas que pautaram com rigor as ações e interações destes e dos nativos, segundo os interesses da Corte.[66]

A história administrativa do Brasil moderno — identificando-se o termo com os esforços de urbanização, industrialização e desenvolvi-

---

[66] Castor, 2000.

mento social — é condicionada, no plano cultural, pela herança da imposição, proliferação e precedência da norma, e reforçada, no plano prático, pela cultura bacharelesca daquela herança derivada.

O Estado Novo (1937-45), resultante dos ideais do movimento tenentista de 1922 e da Revolução de 1930, plantou no Dasp suas bases de sustentação do poder federal, contraposto ao poder conservador fragmentado das oligarquias rurais exportadoras, característico da Primeira República. Instrumento de exercício de um poder central autoritário, embora comprometido com projeto desenvolvimentista, o todo-poderoso Dasp serviu ao Estado, exercendo o controle da organização e métodos, do orçamento público, da gestão do pessoal e das compras governamentais, sob a égide do valor da racionalidade administrativa, transformada em instrumento de poder. Ainda que não equacionando administração com direito administrativo, como na tradição portuguesa, o inovador Dasp não escapou às influências culturais condicionantes. Por definição o Dasp, e seus substitutos no tempo, foi uma agência de modelagem organizacional do setor público, que teve por referência paradigmática o modelo burocrático resultante da leitura de Weber, tal como feita pelos estudiosos e reformadores administrativos norte-americanos, e os princípios de William Willoughby e de Woodrow Wilson. O primeiro propunha uma distinção clara, estruturalmente definida, entre as atividades-fim e as atividades-meio.[67] Wilson, em seu ensaio seminal de 1890, propunha a clara distinção entre política e administração.

Os intuitos de racionalização e padronização instituídos pelo Dasp, bem como a base analítica de princípios que compartimentam realidades sociais, fizeram-no perder, progressivamente, sintonia com o aprofundamento e a crescente complexidade das mudanças políticas, econômicas e sociais em curso. De 1945 aos nossos dias, a história das sucessivas reformas administrativas e esforços de mudança no setor público brasileiro pode ser explicada e compreendida à luz do quadro conceitual da modelagem organizacional de corte funcionalista, apresentada na primeira seção deste estudo. Trata-se de uma busca constante da "diferenciação" necessária à lide com atividades de natureza diversa, sujeitas a diferentes graus de incerteza. Nessa busca se verifica a alternância entre avanços e recuos.

---

[67] Wahrlich, 1984:50.

Diferentes projetos desenvolvimentistas buscaram a flexibilização do sistema através da "diferenciação" manifesta em modelos institucionais, estruturas organizacionais e processos gerenciais e administrativos correspondentes a autarquias, fundações públicas, empresas públicas, empresas estatais, organizações sociais e agências executivas e reguladoras. Assim foi com os institutos autárquicos na era Vargas, com a administração paralela que apoiou o plano de metas de JK, com as fundações e empresas no regime militar de 1964 e com a administração gerencial importada por Bresser no governo FHC. Após cada período de flexibilização, e antes mesmo que se consolidassem estruturas e formas de fazer, os tentáculos da padronização e do controle burocrático retomaram suas funções.[68] Mais sofisticada e distribuída hoje, no setor público, a chamada "política de gerenciamento público" constitui uma peça importante, por seus atributos ora restritivos, ora capacitadores, do contexto da modelagem organizacional, tanto da administração direta quanto da administração indireta. Como a define Michael Barzelay:

> Este termo se refere às regras institucionais e às rotinas organizacionais gerais para a administração pública, e não aos ajustes que são específicos para departamentos (ou organizações individuais). Estas regras e rotinas são subdivididas nos seguintes grupos: o planejamento de dispêndios e do processo de gerenciamento financeiro, pessoal e de relações trabalhistas, compras, organização e métodos, auditoria e avaliação.[69]

A questão que se coloca é a da contribuição da visão interpretativa de Weick, quer seja na sua formulação teórica original e mais geral de *organizing*, quer seja a da "improvisação", mais recentemente desenvolvida em sua abordagem específica da modelagem organizacional.

Em conclusão, pode-se afirmar que, em nenhum momento dado, no tempo e no espaço (administração direta ou indireta), um dirigente público brasileiro e suas equipes gerenciam a implementação de políticas públicas de naturezas diversas ou atividades produtivas contando, a seu favor, com o apoio de uma modelagem organizacional, das estruturas e mecanismos de gestão formais, que atenda ao requisito da "congruência", tal como prescrito na literatura estrutural-funcionalista da modelagem organizacional. Esta constatação, por si só, justifica a busca de

---

[68] Pimenta, 1993.
[69] Barzelay, 2003:4.

microanálises orientadas por enfoques mais subjetivistas e por uma visão interpretativa da ação humana nesses contextos organizacionais. Por que há gerentes que passam pelo setor público deixando um rastro de realizações, enquanto outros se sentem restringidos pelas estruturas e controles inflexíveis, justificando, assim, resultados organizacionais medíocres? Que estratégias adotam uns e outros? Como lidam com as estruturas e processos formais existentes? Como "sancionam" novos ambientes, estruturas e processos? Como ampliam e modificam mapas cognitivos, gerando novas interpretações da realidade com seus colaboradores? Como negociam interpretações concorrentes da realidade? Como "improvisam" na construção e reconstrução de realidades? Que conhecimentos, nesta linha, são transmissíveis em programas de formação e capacitação de administradores?

Estas e outras questões são provocativas para um amplo programa de pesquisas, as quais são tratadas neste estudo. Talvez este caminho seja mais produtivo do que o apontado pela abordagem funcionalista da modelagem e das grandes reformas administrativas. Com certeza, é ricamente complementar.

Inferências conclusivas

A título de conclusão, é importante observar alguns pontos formadores de configuração tendencial, merecedores de atenção, tanto dos estudiosos da administração como dos reformadores da máquina administrativa.

Em primeiro lugar, cabe reconhecer o fato de que a modelagem organizacional firmou-se como subárea de conhecimento, ao mostrar-se capaz de:

- ▼ estabelecer uma sólida ponte com a teoria das organizações, ou seja, entre a teoria e a orientação da prática da mudança organizacional;
- ▼ desenvolver quadros conceituais, integrativos e compreensivos, que dão conta das principais variáveis organizacionais;
- ▼ gerar programas de pesquisa empírica, sofisticada e sintonizada com o mundo empresarial em rápida evolução.

Em segundo lugar, no mundo da prática da modelagem, o executivo-chefe passou a assumir papel de extrema relevância como protagonista dos processos de mudança organizacional. Ele participa ativamente, com consultores, gerentes e técnicos, das reformatações sucessivas das soluções organizacionais, em face do acelerado ritmo das mudanças e da relevância dos modos de organizar para o alcance de resultados.

Um terceiro ponto diz respeito ao crescente interesse da academia, dedicada ao tema da modelagem organizacional, pela teoria das organizações na sua vertente interpretativa, talvez mais pela precariedade das estruturas e processos formais de um mundo organizacional em acelerada mudança, do que por genuína adesão paradigmática. Neste sentido, temas como participação e motivação, antes tratados numa perspectiva estrutural-funcionalista, vão abrindo espaço para um tratamento mais profundo do significado atribuído às relações sociais e suas "construções" objetificadas, como estruturas e processos organizacionais. O tempo ganha a noção de decurso, a partir da dinâmica do cotidiano transformativo, e o espaço é tomado, sobretudo, por sua natureza cultural, capaz de produzir as categorias, mais ou menos compartilhadas, que viabilizam interpretações relevantes da realidade e de sua transformação, sancionando-as.

Segue-se, como quarto ponto, decorrente do anterior, que, no plano prático dos esforços de remodelagem, os diagnósticos e proposições de mudança organizacional planejada tendam, no mínimo, a adotar metodologias participativas e qualitativas, conducentes a uma interpretação negociada da realidade administrativo-organizacional. Chega-se à "objetividade" no diagnóstico e na mudança por meio da intersubjetividade dos atores.

Em quinto lugar, depreende-se a relevância de virmos a entender melhor a ação das pessoas e, entre elas, dos administradores, em contextos nos quais estruturas e processos formais mais burocratizados "competem" com a dinâmica dos acontecimentos e com a fluidez dos processos reconstrutivos da dinâmica social nas organizações. Este é o caso do setor público, onde a política de gerenciamento público centraliza o controle sobre variáveis relevantes de modelagem, em detrimento da diferenciação promotora da congruência do modelo em suas diferentes organizações individuais. Neste sentido, reside a importância do conceito de "improvisação" de Weick, talvez elucidador da capacidade diferenciada na obtenção de resultados de gestores públicos, atuantes sobre as mesmas restrições estruturais.

Capítulo 2

As reformas administrativas no Brasil na ótica da modelagem organizacional

As literaturas histórico-administrativa e analítica sobre as reformas administrativas levadas a efeito no Brasil são amplas, embora dominadas inteiramente pelo estrutural-funcionalismo. Neste capítulo, pretende-se resumir aspectos importantes daquelas literaturas, embora realçando o enfoque e os conceitos da modelagem organizacional, na sua abordagem sistêmico-contingencial, referenciada no capítulo anterior. Esta história, como se verá, é uma busca constante de "congruências", caracterizada por avanços e recuos, tendo em vista capacitar a máquina administrativa do Estado para a tarefa maior da implementação de políticas públicas conducentes ao desenvolvimento econômico e social.

O quadro de referência conceitual apresentado nos induz a muitas questões, ao admitirmos que a burocracia pública, além de enfrentar os desafios do conhecimento, da tecnologia e dos recursos financeiros em suas diversificadas áreas de atuação, requer um modelo organizacional capaz de solucionar problemas atendendo a múltiplos valores, tais como eficácia, eficiência, eqüidade, direitos humanos etc. Além disso, o caráter artificial das organizações requer que o desenvolvimento deste modelo seja consciente e direcionado para a obtenção de coerência na modelagem das variáveis organizacionais. E, finalmente, a modelagem é um processo de contínua monitoração e avaliação do ajustamento entre objetivos, estruturas e sistemas de gestão do pessoal, além de criação e escolha de alternativas de mudança quando este ajustamento não existe. Cabe, então, levantar os pontos a seguir.

▼ As questões de domínio da política e do conhecimento nas áreas de política pública ou as de ordem econômico-financeira têm tido precedência sobre as questões organizacionais na administração pública brasileira?

▼ A organização do setor público e de suas unidades, no Brasil, é resultante de um processo de intervenções conscientes e contínuas, de reformas administrativas consistentes, embora intermitentes, ou resulta, ao contrário, de espasmos caóticos de mudanças, cujas motivações básicas são o capricho, o poder, as pressões externas, o clientelismo, o nepotismo, o corporativismo, a influência pelos interesses econômicos de grupos privados, em parte, internamente articulados, mas desarticulados entre si e em relação ao interesse público?

▼ Que propostas de conteúdo e que estratégias de implementação de reforma prevaleceram?

▼ Quem modela as organizações do setor público e o próprio setor enquanto organização?

▼ Quais foram os principais desafios de modelagem que o setor público brasileiro enfrentou e com que grau de sucesso?

Com este estudo, não se tem a pretensão de dar resposta a estas complexas perguntas. Cada uma é merecedora de estudos e monografias de mestrado ou teses de doutorado e, ainda assim, elas estariam sujeitas a muita polêmica e discussão, até por serem questões de caráter multidisciplinar e interdisciplinar — como, aliás, são todas as questões relevantes no campo da administração pública. No entanto, uma abordagem, ainda que limitada, de alguns desses pontos representa referência importante para este estudo, porque eles contextualizam a ação do gerente público no Brasil.

O setor público como organização

Antes de enfocar as questões propostas, faz-se necessário estabelecer uma distinção importante para a idéia de modelagem organizacional no setor público.

Pfiffner e Sherwood, recorrendo a Herbert Simon, chamam a atenção para o fato de que

Simon considera as organizações humanas como sistemas de atividade interdependente, abrangendo pelo menos vários grupos primários. Existem três níveis de unidades de muitas pessoas: (1) o menor é o grupo primário; (2) o maior é a instituição, como o Estado, o sistema econômico etc.; e (3) os sistemas intermediários, que são as organizações.[70]

Nessa definição nota-se grande ambigüidade, conforme Simon assinalou. Podem existir organizações dentro das organizações — "um órgão completo, um escritório ou mesmo uma seção de grande departamento pode considerar-se como organização".[71]

Nesse sentido, a burocracia pública referente ao Poder Executivo, no Brasil, é uma organização composta de organizações das chamadas administração direta e indireta (autarquias, fundações e empresas estatais — públicas e de economia mista). De pronto, cabe observar que neste aspecto reside um dos grandes desafios da modelagem do setor público.

Do ponto de vista teórico, como já visto, os níveis de incerteza a que está sujeita uma organização estão sistematicamente relacionados à estrutura, a processos de informação e decisão, a sistemas de recompensa e às pessoas.

Burns e Stalker, a partir de sua pesquisa, identificam como mais eficientes e eficazes aquelas organizações que, sujeitas a altos níveis de incerteza, desenvolvem um modelo organizacional mais flexível, participativo e descentralizado.[72] A este modelo convencionaram chamar de orgânico. Evoluções mais recentes da teoria confirmam em sua essência o modelo, não obstante a introdução de novos conceitos que dão conta da sofisticação das formas emergentes, capazes de lidar com os crescentes níveis de complexidade e incerteza ambiental. Por outro lado, ambiências estáveis e atividades sujeitas a baixos graus de incerteza estão associadas ao modelo burocrático de cunho mecanicista, que demonstra eficácia em lidar com situações previsíveis e rotineiras.

A adoção de um modelo organizacional, no entanto, não é uma questão que se restrinja apenas à organização como um todo. Os estudos de Richard Hall, Van de Ven e Delbecq e de Lawrence e Lorsch demonstram que as organizações bem-sucedidas desenvolvem estruturas diferenciadas em função dos diferentes graus de previsibilidade a que

---

[70] Pfiffner e Sherwood, 1965:391-392.
[71] Simon (1952), segundo Pfiffner e Sherwood, 1965:391.
[72] Burns e Stalker, 1961.

estão sujeitas suas subtarefas.[73] Para lidar com esta situação, as organizações adotam mecanismos de integração proporcionalmente à ocorrência da diferenciação e à quantidade de novos produtos ou serviços introduzidos.

Tais considerações, associadas à proposição de "congruência" do modelo organizacional, como requisito de eficácia, deixam antever a complexidade que tais questões assumem quando se trata da modelagem organizacional no setor público.

Não obstante sua abrangência multissetorial e variedade de papéis, a intolerância para com a diferenciação talvez seja uma das características mais marcantes da administração pública brasileira no plano normativo. O Estado brasileiro, através de sua burocracia, está presente em todos os setores da ação social e econômica; não apenas formulando e implementando políticas, promovendo, regulamentando e fiscalizando, mas, em muitos deles, também produzindo.

Se, por um lado, o inegável vigor desse Estado obrigou seus dirigentes políticos a reconhecerem a necessidade da diferenciação na macroestrutura burocrática para poder enfrentar os desafios e incertezas inerentes às tarefas do desenvolvimento, da urbanização e da industrialização, por outro, atitudes reticentes e incoerentes fizeram das sucessivas reformas administrativas uma história de avanços e recuos nesta questão.

No plano organizacional das estruturas internas às suas unidades administrativas e de produção — ministérios e órgãos ministeriais, autarquias, fundações e empresas estatais —, a burocracia brasileira foi sempre centralista e uniformizadora, desde sua configuração moderna estabelecida no final dos anos 1930.

No plano da macroestrutura, a criação de diferentes opções institucionais como as autarquias, as fundações e as empresas estatais (públicas e de economia mista), para contracenarem com a administração direta — ministérios e seus órgãos —, representa o reconhecimento da necessidade de diferenciação em face de subtarefas variadas, em sua natureza e sujeitas a diferentes níveis de incerteza. De certa forma, pode-se recorrer a Chandler[74] para dizer que a macroestrutura institucional seguiu a estratégia de desenvolvimento adotada, que impôs ao Es-

---

[73] Hall (1962); Van de Ven e Delbecq (1974); Lawrence e Lorsch (1967).
[74] Chandler, 1962.

tado papel central de promotor e executor, em larga medida, do desenvolvimento econômico e social.

Os esforços e mecanismos de integração dessa macroestrutura diferenciada revelam, no entanto, a esquizofrenia das concepções administrativas subjacentes aos esforços de reforma administrativa que relutam em assumir, de maneira menos ambígua, os ditames da diferenciação.

No plano da gestão do Estado, até 1930 a administração pública brasileira estava vinculada ao poder dos coronéis e das oligarquias agrárias, orientadas para a exportação de *commodities*. A elite rural caracterizava-se pelo seu caráter local, privilegiando este nível de poder, em detrimento do poder central do país. A fragmentação da administração pública brasileira foi reflexo, portanto, desse poder local exercido pelos representantes da economia agrária. Os integrantes dessa elite rural partilharam todo o poder político no país e, com isso, os estados federados obtiveram grande independência do governo central. Nesse período, os estados realizavam diversas transações independentemente do governo central, tais como empréstimos no exterior, arrecadação própria de impostos de exportação, criação de barreiras fiscais interestaduais e montagem de suas próprias Forças Armadas.

Com a Revolução de 1930 sob a liderança de Getúlio Vargas, os ideais de urbanização e industrialização da sociedade emergiram, e o novo governo começou a entender que seu projeto modernizador só poderia ser viabilizado com o respaldo de uma burocracia pública nacionalmente modelada.

Esse período é um marco divisório na formação do Estado brasileiro. A partir desse momento, a administração pública brasileira buscou a profissionalização de seus quadros e a racionalização através da adoção do modelo burocrático. Essa foi a alternativa implementada na primeira tentativa de romper com o modelo patrimonialista até então predominante. A centralização e a concentração do poder foram utilizadas como forma de superar os núcleos locais de poder. A profissionalização foi buscada através de procedimentos e controles uniformes, com alto conteúdo legalista.

Uma particularidade importante, e que demonstra uma contradição básica do Estado brasileiro em sua formação, diz respeito à continuidade das antigas formas de poder, representada pelas oligarquias rurais com ênfase localista, inseridas no "novo" Estado que se formou. Isso significa que um novo modelo se estabelece, sem, contudo, romper completamente com o anterior, o que trouxe incongruências e disfunções para o Estado brasileiro, detectáveis até os dias atuais. Segundo Draibe:

> do ponto de vista de sua abrangência e eficiência, a modernização e racionalização administrativas foram parciais, e os bolsões da nova burocracia conviveram com o velho funcionalismo, inerte e imerso nas múltiplas redes de lealdades e pressões de tipo tradicional-clientelístico, encastelado nos ramos cartoriais do Estado.[75]

Como esclarece Beatriz Wahrlich:

> de 1936 a 1945 começou a surgir um plano formal, baseado nas teorias administrativas predominantes nas nações ocidentais, tais como: os princípios de administração de Willoughby e sua teoria do departamento de administração geral, com uma clara distinção entre atividades-fim e atividades-meio (funções específicas ou substantivas, de um lado, e funções gerais e de apoio, de outro) e a noção de que política e administração eram duas funções distintas, a serem conduzidas separadamente.[76]

Wahrlich cita ainda a grande influência dos trabalhos de Taylor, Fayol e Luther Gullick sobre os reformadores. Mas, sem dúvida, é Willoughby que inspira a criação do principal agente de modelagem da burocracia brasileira, sendo ele próprio peça fundamental da engrenagem e formador de uma doutrina que se projetou para um futuro de muitas décadas: o Departamento Administrativo do Serviço Público (Dasp).

O Dasp foi criado em 1938, com diversas funções. Entre elas, deveria estruturar o acesso ao serviço público, através da racionalização e controle das carreiras do funcionalismo. Na área da gestão do pessoal, o Dasp transformou-se no grande fiel da introdução do sistema do mérito, de promoções por merecimento, de programas de treinamento de funcionários e candidatos a cargos públicos, e de legislação regulamentadora do pessoal, tendo como norma básica dessa gestão o Estatuto dos Funcionários Públicos Civis da União, que estabeleceu um regime próprio para essa classe de trabalhadores.

Além disso, o Dasp tinha as funções de organizar a estrutura da administração pública. Nesta esfera, contribuiu para a criação de órgãos reguladores nas áreas econômica e social, como conselhos, comissões e

---

[75] Draibe, 1985:79.
[76] Wahrlich, 1984:50.

institutos, além de um pequeno grupo de empresas de economia mista, reconhecendo-se, já aí, a necessidade de estruturas diferenciadas para dar conta de subtarefas de natureza variada.

Finalmente, o Dasp deveria elaborar e controlar o orçamento. No plano da informação e dos processos decisórios, encarados com enfoques da época, ele promoveu a institucionalização da função orçamentária e de compras, bem como estudos orientados para o desempenho das operações governamentais.

Além do Dasp, foram também criados, nesse período, os Departamentos Estaduais do Serviço Público, os "Daspinhos", que representaram localmente, junto a outros órgãos federais, o poder centralizado no Executivo federal.

Contudo, os sensíveis avanços em termos de racionalidade e profissionalização da administração pública não ocorreram unicamente em conseqüência das atividades do Dasp, uma vez que o surgimento de órgãos que elaboravam e implementavam políticas globais para o desenvolvimento do país foi, também, decisivo para esse processo. Esses órgãos estavam vinculados essencialmente ao processo de desenvolvimento industrial, tinham a responsabilidade de dar condições para o crescimento da indústria nacional e seus objetivos primordiais eram as questões de infra-estrutura de energia e transportes e a instalação de setores novos, tais como produção de equipamentos para a abertura de fábricas.

Observando que "o estilo da reforma administrativa foi ao mesmo tempo prescritivo (no que se harmonizava com a teoria administrativa corrente) e coercitivo (no que se harmonizava com o caráter político do regime Vargas)",[77] Wahrlich declina aqueles que seriam os principais resultados negativos da reforma, referentes à sua concepção substantiva e estratégia de implementação:

> (1) A reforma pretendia realizar demasiado em pouco tempo. Tentou ser, ao mesmo tempo, *global* e *imediata*, em vez de preferir *gradualismo* e *seletividade*.
>
> (2) Dava ênfase a *controle*, não a *orientação* e *assistência*.
>
> (3) Foi altamente *centralizada* no Dasp e pelo Dasp.

---

[77] Wahrlich, 1984:51.

(4) A estrita observância de *normas gerais e inflexíveis* desencorajava quaisquer tentativas de atenção a diferenças individuais e a complexas relações humanas.[78]

Nota-se que a constituição de um aparelho estatal burocrático, centralizado e racionalista ocorreu conjuntamente ao processo de desenvolvimento econômico-industrial do país. Essas duas estratégias de mudança tinham grande interface, foram dependentes e subsidiárias uma da outra. Segundo Draibe:

> Esse duplo aspecto — a conformação de um aparelho econômico centralizado que estabelece suporte efetivo a políticas econômicas de caráter nacional, e a natureza capitalista que a estrutura material do Estado vai adquirindo — define o movimento de estruturação organizacional do Estado de 1930-1945.[79]

A centralização e o intervencionismo que surgem no Estado brasileiro, a partir da Revolução de 1930, eram parte da estratégia desenvolvimentista do país; contudo, esses traços, com maior ou menor intensidade, nunca mais deixaram de ser características do Estado brasileiro. Draibe ilustra tal característica:

> O novo Estado que emergiu em 1930 não resultou, portanto, de mera centralização de dispositivos organizacionais e institucionais preexistentes. Fez-se, sem dúvida, sob fortes impulsos de burocratização e racionalização, consubstanciados na modernização de aparelhos controlados nos cumes do Executivo Federal. Centralização e tendência à supressão de formas duais e fragmentadas do poder, estatização das relações sociais, burocratização e modernização dos aparelhos estatais, inserção profunda do Estado na atividade econômica — nunca será demais insistir na concomitância das questões a que teria de responder neste período o Estado capitalista em formação.[80]

É interessante observar, no ideário administrativo brasileiro, como manifestação de uma certa esquizofrenia a que já nos referimos, a convivência entre duas tradições que mantêm suas perspectivas, por vezes conflitantes, no cenário nacional. Se, por um lado, a despeito de as inspirações clássicas[81] serem a versão contemporânea da época, o

---

[78] Wahrlich, 1984:51.
[79] Draibe, 1985:83.
[80] Ibid., p. 62.
[81] Por exemplo, Gulick e Urwick (1937); Willoughby (1927 e 1936).

Brasil ingressou muito cedo numa visão administrativa mais moderna, de inspiração norte-americana — quando comparado a outros países em desenvolvimento ou mesmo a europeus continentais —, por outro, o "enfoque jurídico dos problemas de administração não perdeu seu vigor na convivência com as novas correntes doutrinárias".[82] Tal enfoque sempre encarou a administração pública como seara do direito administrativo, com ênfase na legalidade e nos rituais processualísticos, dominados, enquanto campo de saber, por procuradores e advogados.

Não é apenas a coexistência de um pensamento administrativo gerencial mais moderno — embora mecanicista na sua formulação original — com o processualismo jurídico herdado da tradição continental portuguesa que contribui para o mosaico do setor público brasileiro enquanto organização. Outras forças mais determinantes estão presentes, a exemplo do favoritismo. Como a análise arguta de Wahrlich esclarece:

> As políticas de pessoal representam uma área em que a administração pública mais se desviou das metas originais definidas em 1930-45. De fato, das políticas do sistema do mérito institucionalizadas em 1936, com base em um mandamento constitucional, até a situação atual, a administração de pessoal no serviço público sofreu uma clara deterioração. A única razão a impedir que o favoritismo se transformasse num traço inteiramente negativo da administração pública é o fato de que agora há um número muito maior de pessoas portadoras de instrução formal dentre as quais fazer o recrutamento, seja qual for a forma de admissão.[83]

Passados mais de 60 anos de sua concepção, o sistema do mérito ainda não encontrou sua universalidade na administração pública brasileira, cuja ambiência foi sempre refratária aos ideais do Dasp. E assim tem sido por motivos variados. Esses ideais ora investem contra os interesses do nepotismo, da corrupção e do acesso privilegiado aos recursos públicos, beneficiados pelo caos administrativo, ora representam uma camisa-de-força centralista e padronizadora, contrária às legítimas aspirações de introdução da diferenciação nos modelos organizacionais de um setor público cuja dinamicidade em favor do desenvolvimento não se pode negar, a despeito de ter ido longe demais no caminho do intervencionismo e da expansão, ou mesmo de suas disfunções.

---

[82] Wahrlich, 1976:50.
[83] Ibid., p. 56-57.

A experiência do Dasp em lidar com uma ambiência desinteressada, e às vezes hostil, não passou despercebida a aplicados estudiosos das organizações públicas, ainda que fora do Brasil.

Wamsley e Zald observam que "algumas organizações públicas descobrem, em algum momento de sua existência, que ninguém possui um comprometimento profundo ou interesse em seus resultados ou em sua tecnologia. Como conseqüência disso, elas se tornam vulneráveis à expansão 'imperialista' da concorrência ou são deixadas aos caprichos das tendências econômicas"[84] — ou, poder-se-ia acrescentar, dos planos de estabilização monetária e de ajuste fiscal, como no caso brasileiro. Estes autores norte-americanos citam como um dos exemplos dessas agências, nominalmente, o Dasp.

Embora se possa concordar com o diagnóstico de Wahrlich em relação aos equívocos do projeto do Dasp, bem como com as causas de sua deterioração com o correr do tempo, é indispensável à compreensão desta questão uma análise mais ampla, como a que fazem Wamsley e Zald.

Paulo Motta avança esta análise para mostrar os limites das reformas administrativas e propõe mudanças que tenham impacto direto sobre as relações entre Estado e sociedade, uma vez que a simples expansão do Estado, a seu ver,

> tem servido menos ao propósito de alcançar maior eqüidade e eficácia na administração pública do que ao desenvolvimento de formas de inserção de novos grupos no sistema de clãs e grupos preferenciais vigentes. A expansão do Estado se fez sem alterar substancialmente as relações Estado/sociedade.[85]

Este Estado, que "possui fortes reminiscências históricas de uma opção racional para a manutenção de valores e de sistemas tradicionais de poder",[86] de fato, não foi substancialmente transformado nem na era Vargas, nem nos períodos desenvolvimentistas de Kubitschek e do posterior regime autoritário militar, nem na "Nova República",[87] que, ao contrário atestou sua falência.[88] Os diagnósticos de esgotamento do

---

[84] Wamsley e Zald, 1973:28.
[85] Motta, 1987:32.
[86] Ibid., p. 31-32.
[87] Período histórico iniciado em 1985, com a posse do presidente José Sarney, marcando o fim do regime autoritário que se havia instituído em 1964.
[88] Ver anexo 3.

modelo econômico de intervenção estatal cederam lugar à constatação de desintegração do próprio Estado.

Ao analisar este atributo de "privatização" do Estado, não só no Brasil, mas na América Latina, Motta especifica este processo de apropriação e explica sua permanência através dos tempos, dos regimes políticos (ditadura civil e militar intercaladas por períodos democráticos) e das fases de maior ou menor crescimento econômico. Descreve também os grupos de interesse e suas motivações:

> Os grupos e clãs políticos que se aglutinaram no aparelho estatal estão em busca de recursos para garantir sua sobrevivência, através de apoio de base e de liderança. Os recursos obtidos são utilizados para satisfazer tanto a interesses políticos de poder como a interesses sociais particularísticos desses mesmos grupos, tais como os interesses privados de seus membros. Os grupos agem com a motivação de obter cooperação, ajuda e proteção mútua de seus membros, através de canais formais de administração, mas também de uma organização informal, ou seja, uma rede de apoio, de comunicação e de interação ligada por laços de lealdade política e religiosa, de parentesco, de vizinhança, de compadrismo etc.[89]

Os fatores de controle político mais importantes apontados por Motta são:

▼ os partidos dominados pelos grupos e clãs, enquanto estruturas formais de articulação e agregação de interesses;

▼ a política assistencialista, capaz de preservar, através de concessões paternalistas de serviços e benefícios, os valores vigentes;

▼ a delimitação dos conflitos políticos à arena do Estado;

▼ a restrição à livre-iniciativa (dos *outsiders*) associada à necessária defesa da propriedade privada (dos *insiders*);

▼ o controle das estruturas burocráticas do governo, com o fito de ter acesso a grandes fatias do orçamento público.[90]

Nesse sentido, o sistema do mérito é antagônico ao controle de nichos burocráticos, representando uma ameaça muito maior ao nível

---

[89] Motta, 1987:32.
[90] Ibid., p. 32-34.

de cargos diretivos e de chefias do que ao nível dos demais cargos. Nos primeiros, o sistema de lealdade aos grupos de interesses representa decisões que determinam o acesso privilegiado aos recursos do Estado.

Esse loteamento da burocracia talvez seja o maior obstáculo ao ideal de um tratamento congruente das variáveis de modelagem organizacional no setor público. As escolhas em relação à estratégia, estruturas, mecanismos de informações e processo decisório, além de políticas de pessoal, são resultado de um intricado processo influenciado por múltiplos grupos de interesse e facções que são beneficiados pelas incoerências dos desenhos institucionais e organizacionais do Estado. Esses interesses são um dos motivos pelos quais esta característica perversa do Estado e suas organizações se mantêm.

Concessões à "diferenciação"

Foi exatamente o descrédito na possibilidade de viabilizar uma reforma administrativa de curto prazo que levou o governo democrático do presidente Kubitschek a confiar nos mecanismos de uma administração paralela como sustentáculo de seu ambicioso e bem-sucedido plano de desenvolvimento.[91]

As estratégias administrativas adotadas desde a década de 1930 passaram a significar, em meados da década de 1950, entraves à continuidade do desenvolvimento econômico. Diante disso, surgiram alternativas que visavam flexibilizar as ações dentro da burocracia estatal.

No governo de Juscelino Kubitschek, foram utilizadas, para se obter a flexibilidade, algumas formas de atuação conhecidas como "administração paralela", composta por alguns órgãos já existentes, como a Carteira de Comércio Exterior (Cacex), vinculada ao Banco do Brasil, o Banco Nacional do Desenvolvimento Econômico (BNDE) e a Superintendência da Moeda e do Crédito (Sumoc), além de novos órgãos executivos e de assessoria, os Grupos de Trabalho e os Grupos Executivos, e o Conselho de Política Aduaneira (CPA).

Os Grupos de Trabalho surgiram de equipes de estudos já existentes no Conselho de Desenvolvimento, atuavam como assessorias sem funções executivas e estavam direcionados ao estudo da viabilidade de implementação para metas específicas, atuando em concordân-

---

[91] Lafer, 1987.

cia com os Grupos Executivos, já que membros destes estavam presentes em sua composição. Foram sendo criados gradativamente do início do governo JK até meados de 1958.

Já os Grupos Executivos tinham atuação distinta e eram compostos por representantes do setor público e do setor privado. Justamente por sua composição mista, envolvendo os setores público e privado, representaram uma forma inovadora de coordenação do processo decisório. Eles eram responsáveis pela concessão e manipulação dos incentivos para a implementação do Plano de Metas. Os Grupos Executivos também tinham autonomia orçamentária e de recrutamento de pessoal e, através disso, garantiam grande margem de flexibilidade operacional.

A administração paralela foi a forma encontrada para possibilitar uma administração eficiente e ágil, sem, contudo, realizar uma reforma complexa nas formas de atuação do governo brasileiro. Conforme coloca Benevides:

> A administração paralela era, portanto, um esquema racional, dentro da lógica do sistema — evitando o imobilismo do sistema sem ter que contestá-lo radicalmente —, uma vez que os novos órgãos funcionavam como centros de assessoria e execução, enquanto que os antigos continuavam a corresponder aos interesses da política de clientela ainda vigente.[92]

A administração paralela no governo JK tinha, portanto, funções específicas e bastante direcionadas. Seu objetivo era viabilizar, através dos grupos de assessoria e de execução, a implementação do Plano de Metas. Simultaneamente a isso, a administração burocrática formal continuava atuando em suas áreas, normalmente.

Como instrumento de planejamento governamental, "o plano de metas, pela complexidade de suas formulações — quando comparado com essas tentativas anteriores — e pela profundidade de seu impacto, pode ser considerado como a primeira experiência efetivamente posta em prática de planejamento governamental no Brasil".[93] O período JK caracterizou-se, sobretudo, pela forte industrialização, consolidação do processo de urbanização e maior interiorização do desenvolvimento.

A importância da administração paralela deve ser avaliada por diversos fatores:

---

[92] Benevides, 1976:224-225.
[93] Lafer, 1987:30.

- pelo pioneirismo de sua atuação organizacional;

- pela inovação em termos de planejamento governamental brasileiro que representou o Plano de Metas, que era em última instância o motivo para sua existência;

- pelos bons resultados atingidos pelo Plano de Metas, uma vez que grande parte de suas propostas foi totalmente ou parcialmente atingida.[94]

É muito interessante notar que, apesar de raramente ser identificado como uma das causas que levaram à instituição do regime autoritário pós-64, o caos da administração pública durante o governo Jango pode ter tido maior importância para desencadear tal acontecimento do que as teorias da ciência política costumam considerar. No trabalho de Soares, esse aspecto é enfatizado:

> A desordem, o caos e a anarquia, em contraposição à ordem, à estabilidade, à segurança e à tranqüilidade, ocupam posição central nas análises da situação política feitas por militares, embora sejam conceitos usualmente desprezados pelos cientistas sociais. (...) O caos está sempre presente nos discursos e pronunciamentos feitos por militares a respeito da situação que levou ao Golpe de 64. (...) Nos discursos dos presidentes militares, sempre críticos do governo Goulart, deu-se mais atenção ao caos e à desordem do que à inflação ou à estagnação. (...) o clima de caos administrativo que imperou durante o governo de João Goulart, e antes dele desde agosto de 1961, parece ter contribuído para convencer os militares a intervir.[95]

É essencial mostrar que a necessidade de reforma administrativa foi causada pela excessiva complexidade que o governo brasileiro vai, gradualmente, adquirindo quando passa a realizar tarefas referentes ao desenvolvimento econômico. O aparelho estatal cresceu, contudo sem racionalidade. Com isso, tornou-se demasiadamente grande e complexo, mantendo a mesma lógica administrativa anterior, o que inviabilizava a resolução dos novos problemas que surgiam. Segundo Mitraud e colaboradores, desenhou-se com maior nitidez um quadro de:

---

[94] Lafer, 1987:42-48.
[95] Soares, 1994:23-24.

mudança qualitativa da demanda social em relação ao poder público. Não mais se vindicam apenas garantias de liberdade, de propriedade e direitos individuais. Tornou-se imperativo o desenvolvimento econômico e seus frutos: saúde, habitação, cultura, assistência, previdência, em suma, bem-estar social. Cabe à administração pública, atualmente, não só gerar e promover o crescimento econômico e a prosperidade geral, como também, em todos os setores onde não caiba sua atuação direta, induzir a nação a desenvolver-se.[96]

As funções do Estado se multiplicaram, e rapidamente, com isso, era necessário introduzir mudanças que possibilitassem o cumprimento das expectativas da sociedade quanto ao desempenho governamental.

O projeto desenvolvimentista implementado pelo regime militar atribuiu ao Estado papel preponderante na alavancagem do crescimento econômico e promoveu, através do Decreto-lei nº 200, de 1967, a busca de um modelo organizacional coerente com a estratégia definida pelo regime.

Cabe notar que, com o término da guerra e o fim da ditadura de Vargas, iniciou-se um processo de enfraquecimento do Dasp, principal agente modelador no setor público brasileiro que guardava forte identificação com aquela ditadura. Com isso, a ação governamental de reforma alternou-se entre a rotina, a criação e desmembramento de ministérios, além da elaboração de estudos, alguns dos quais foram resgatados como subsídio à ampla reforma que seria realizada pelo regime militar instaurado em 1964.

Em 25 de fevereiro de 1967 foi instituído o Decreto-lei nº 200, marco na administração pública brasileira, como instrumento de reforma.[97] O texto do Decreto-lei nº 200, contudo, não surgiu originalmente nesse período; grande parte daquilo que foi aprovado em 1967 já estava presente no texto elaborado pela comissão instalada para realizar a reforma administrativa em 1963, a qual, por sua vez, tinha raízes em esforços reformistas do governo de Getúlio Vargas, através do Dasp. É essencial notar que a grande diferença que o regime autoritário militar representou para reforma administrativa foi a possibilidade de implementar um texto, que já estava sendo discutido e elaborado há tempos, uma vez que não necessitava do apoio e respaldo político para aprová-lo no Congresso. Como regime autoritário, simplesmente o estabeleceu sob a

---

[96] Mitraud et al., 1977:166.
[97] Ver anexo 3, quadro 3.

forma de decreto-lei. Os governos anteriores que haviam diagnosticado a necessidade de uma ampla e profunda reforma administrativa, estabelecendo até comissões para estudá-la e prepará-la, não a implementaram por diversos motivos, entre eles a instabilidade política.

Contudo, o governo militar que se estabelece em 1964 considerava a reforma administrativa essencial, segundo Lambert:

> Após a Revolução de Abril, deu-se novamente atenção aos problemas da administração; o novo governo (...) era menos favorável ao clima de empreguismo político e demagogia que havia marcado as presidências precedentes. Além disso, a nomeação de Roberto Campos para Ministro do Planejamento deu aos problemas de planejamento e administração um prestígio como jamais haviam desfrutado. A reforma administrativa era a meta que estava em pauta na década de 1960, tal como o desenvolvimento econômico havia sido a da década de 1950.[98]

O Decreto-lei nº 200 renovou a estrutura básica da administração pública federal, estabelecendo a administração direta, aquela constituída pelos órgãos integrantes da presidência da República e dos ministérios, e a administração indireta, composta por autarquias, fundações, empresas públicas e sociedades de economia mista. Além disso, estabeleceu diretrizes para a reforma administrativa.

> [No Decreto-lei nº 200] sinteticamente, acolhia-se o pressuposto de que a administração federal não dispunha de condições de funcionamento para atender à coletividade brasileira. As causas desta ineficiência seriam as seguintes: Centralização excessiva; Execução direta; Centralização de poderes na União em detrimento dos governos locais; Falta de continuidade administrativa; Congestionamento da presidência da República; Inexistência de planejamento institucionalizado; Deficiência da regionalização e interiorização; Inadequada e emperrada fiscalização de recursos públicos; Deterioração do sistema de mérito.[99]

O consenso sobre o Decreto-lei nº 200 é sua abordagem sistêmica, inovadora para a época, que considerava a administração pública um grande sistema interligado, que deveria estar coerente e sincronizado para obter um bom funcionamento. Isso foi uma evolução, já que

---

[98] Lambert, 1970:154.
[99] Mitraud et al., 1977:187.

trouxe inovações da teoria das organizações para o sistema administrativo brasileiro.

Contudo, pode-se fazer uma crítica quanto ao modelo "centro-periferia"[100] que permaneceu norteando as funções da administração pública, mesmo após a adoção dessa visão sistêmica. Isso era identificado principalmente nas atividades-meio, tais como sistema de pessoal e controle financeiro. O fato é que esses dois modelos passaram a conviver dentro do sistema administrativo brasileiro, criando uma realidade onde as estruturas eram modeladas de forma sistêmica, contudo sempre mantendo uma dependência intransponível das unidades setoriais e seccionais (nos órgãos da administração indireta) em relação às unidades centrais do sistema, inibindo-se assim as possibilidades da "diferenciação".

O Decreto-lei nº 200 foi, desde sua implantação, amplamente analisado, tendo sido alvo de críticas e elogios. Incontestáveis, porém, foram as profundas alterações advindas desse decreto para o sistema administrativo brasileiro. Na análise do Decreto-lei nº 200, algumas transformações por ele induzidas foram decisivas para a nova modelagem que o governo federal assumiu.

Inicialmente, a grande valorização da administração indireta, através de fundações, autarquias, empresas públicas e sociedades de economia mista, significou um período de grande flexibilidade na administração federal. Outro avanço possibilitado pelo Decreto-lei nº 200 foi a contratação de serviços; tudo aquilo que não representava a atividade-fim da instituição, ou seja, que funcionava como suporte — como, por exemplo, limpeza e segurança —, passou a poder ser contratado de terceiros. Além disso, serviços de construção civil, tais como prédios, estradas, viadutos, pontes e outras obras, puderam, após o Decreto-lei nº 200, ser contratados através de empreiteiras. Isso significou um direcionamento muito maior das instituições para aquelas que eram realmente suas atividades-fim, suas prioridades.

Além disso, o Decreto-lei nº 200 viabilizava a contratação de pessoal como celetista,[101] dispensando a obrigatoriedade da realização de concurso público e, conseqüentemente, não proporcionando estabili-

---

[100] Schon, 1973.
[101] A terminologia celetista refere-se aos trabalhadores do setor privado, os quais têm seus direitos e deveres regidos pela Consolidação das Leis do Trabalho (CLT). A CLT rege direitos e deveres, tais como questões salariais, férias e outros benefícios dos trabalhadores e, também, dos empregadores.

dade para os funcionários assim contratados. Isso significou uma grande agilidade para a seleção e contratação de pessoal no serviço público. Chegou-se mesmo a passar da flexibilidade à permissividade, à medida que, para contratar funcionários mais qualificados e, portanto, com salários mais elevados, os ministérios se valiam do expediente de fazê-lo através das empresas públicas (administração indireta) a eles vinculadas e sujeitas à sua supervisão. Com isso, caracterizavam-se situações esdrúxulas, em que responsáveis pela supervisão de uma empresa poderiam estar na folha de pagamento do ente supervisionado. Como agravante, os expedientes de flexibilização encontrados por meio da administração indireta, reproduzindo o fenômeno da administração paralela de Juscelino Kubitschek, em maior escala, arrefeceram o compromisso com o aperfeiçoamento sistemático da administração direta e, conseqüentemente, com os propósitos da reforma administrativa.

Em relação ao Decreto-lei nº 200, pode-se afirmar que todas as suas premissas básicas — ou seja, planejamento, coordenação, descentralização, delegação de competência e controle — tiveram sérias e, muitas vezes, intransponíveis dificuldades de implementação.

Como resume Carlos César Pimenta:

> o Brasil viveu um processo de centralização organizacional no setor público nas décadas de 30 a 50, com o predomínio da administração direta e funcionários estatutários. Já nas décadas de 60 a 80 ocorre um processo de descentralização [organizacional], através da expansão da administração indireta e da contratação dos funcionários celetistas.[102]

O fortalecimento da administração indireta e das empresas estatais, capazes de remunerar mão-de-obra de melhor qualidade e até mesmo de manter, em suas folhas de pagamento, quadros que ocupavam postos de direção e assessoramento superior na administração direta, contribuiu para enfraquecer, com o tempo, o modelo institucional do setor público.

Por conta do regime autoritário, a sociedade perdeu controle sobre o setor público como um todo; por conta da flexibilização obtida através da administração indireta, a administração direta, progressivamente abandonada e desmoralizada, perdeu controle, com raras exceções, sobre instituições e empresas a ela vinculadas. Tornaram-se inó-

---

[102] Pimenta, 1993:31.

cuos os sistemas de integração. Os sistemas de controle perderam densidade política e passaram a manifestar sua essência burocrática, limitadora da diferenciação. Incapazes de gerenciar suas próprias operações e as funções integrativas referentes à supervisão ministerial, os ministérios iniciaram uma fase de franca decadência a partir dos anos 1980, com o ocaso do próprio regime militar.

Pode-se dizer que o modelo organizacional adotado pelo regime militar foi coerente com os projetos econômico e político a que serviu. Foi capaz de gerar resultados significativos de curto e médio prazos, alcançando seu clímax nos anos 1970, porém ficou sujeito a algo mais do que um desgaste precoce — a uma verdadeira degeneração —, com o advento do esgotamento daqueles projetos e de sua sustentação política.

Ilustra este ponto o fato de que, em 1979, foi criada, pelo Decreto nº 84.128, a Secretaria de Controle das Empresas Estatais (Sest), cujo objetivo era auxiliar na discussão e no equacionamento dos problemas da administração pública indireta federal.

A importância que a administração indireta obteve no período pode ser evidenciada na afirmação de Dutra: "As empresas públicas representam, assim, a modalidade mais importante de intervenção do Estado".[103]

A Sest tinha, basicamente, a função de controle das empresas estatais, verdadeiros sustentáculos da intervenção do Estado na economia. Buscava-se, assim, a coordenação e adequação das políticas das empresas públicas às políticas públicas globais, em especial à política econômica.

Um aspecto importante a ser salientado é que, no decorrer da década de 1950 até a década de 1980, a intervenção governamental na economia brasileira deu-se, não apenas em termos de governo federal, mas também nas esferas dos estados federados e dos municípios. Dessa forma, além das muitas empresas públicas, autarquias e sociedades de economia mista federais, houve, também, uma grande expansão dessas entidades nos âmbitos estaduais e municipais.

Para o desenvolvimento deste estudo, a análise se deterá na esfera federal. É, contudo, importante salientar que as dificuldades enfrentadas pela União, quanto ao controle e administração das instituições da administração indireta, ocorriam também no domínio dos estados e municípios.

---

[103] Dutra, 1991:26.

Essas dificuldades podem ser classificadas como administrativas e políticas, além de uma contradição fundamental que Dutra nos apresenta: "Essas pessoas jurídico-administrativas [as empresas do Estado], cuja forma é de direito privado, mas o *substractum* é público, nascem já sob essa ambigüidade que vai sempre acompanhá-las".[104]

Com o significativo crescimento da administração indireta, principalmente após a década de 1960, fazia-se necessário instituir formas de controle compatíveis com a complexidade e importância das empresas públicas na realidade da economia brasileira. O controle das empresas estatais é formalmente instituído, pela primeira vez, pelo Decreto-lei nº 200, através da supervisão ministerial. Assim, as instituições da administração indireta eram controladas pelo ministério ao qual estavam vinculadas. O principal objetivo da supervisão ministerial, segundo Motta, era "harmonizar a atuação das empresas públicas com os objetivos e políticas do Governo. [Além disso] a consonância entre as administrações direta e indireta é fundamental".[105]

Contudo, é importante salientar que uma parte das disfunções das empresas estatais foi causada por uma opção política do governo federal, qual seja, aumentar o ingresso de fundos externos, através de empréstimos obtidos pelas estatais. Com a crescente dificuldade de obtenção de empréstimos externos, o governo federal utilizou muitas estatais como forma de obtenção de tais recursos. Nesse aspecto, a supervisão ministerial foi decisiva para que tal processo ocorresse. As estatais, por serem vinculadas aos ministérios, recebiam destes as ordens emanadas do gabinete presidencial. Estavam, dessa forma, totalmente atadas às decisões presidenciais e ministeriais. Isso pode ser constatado no seguinte texto:

> o Governo, com o objetivo de complementar a poupança interna com captações no exterior, passou a utilizar as estatais como instrumento de captação da poupança externa. Aumentou-se a potencialidade de crescimento dessas empresas em virtude dos fluxos adicionais de recursos de longo prazo e do maior contato das entidades com métodos e tecnologia externa.[106]

Parte do endividamento das empresas públicas, nesse período, não deve ser julgado, simplesmente, como má administração ou opções

---

[104] Dutra, 1991:27.
[105] Motta, 1980:76.
[106] Brasil, 1981:12.

desastrosas de investimento. Grande parte desses recursos externos foi obtida pelas estatais como forma de aumentar a poupança interna, equilibrando, assim, a política econômica do governo federal.

Após um decênio de grande expansão da atividade econômica do Estado, de 1970 a 1980, a grave crise nacional causada pela crise internacional do petróleo leva o governo federal a criar a Sest, em 1979, como um instrumento de controle dos recursos e dispêndios das empresas estatais.

Com o Decreto nº 93.216, de 3 de setembro de 1986, a Sest passa a ter maior poder de controle sobre as empresas que, direta ou indiretamente, eram controladas pela União,[107] no sentido de buscar reverter as disfunções causadas pela supervisão ministerial, em especial a excessiva vinculação dos projetos implementados pelas empresas estatais aos objetivos ministeriais, deixando, muitas vezes, de observar os objetivos maiores da política nacional. Contudo, no decorrer de suas atividades, a Sest exerceu com demasiada ênfase seu poder de controle, gerando dificuldades para a gestão das estatais por parte de seus diretores, e resistência bastante acentuada por parte das organizações da administração indireta à sua atuação.

A grande crise das décadas de 1970 e 1980, deflagrada pelos dois choques do petróleo e suas conseqüências na economia mundial, e a transição democrática, após a longa fase de autoritarismo, foram causas de profundas alterações sociais, econômicas, políticas e institucionais na realidade brasileira. Essas transformações e o contexto de crise afetaram drasticamente o sistema administrativo brasileiro, conforme colocam Castor e França:

> Nos anos setenta tornou-se progressivamente mais difícil manter a coerência conceitual de nosso modelo administrativo. Entre muitas outras disfunções, assistimos à fragmentação do aparato administrativo central através da multiplicação de agências governamentais, à impossibilidade real do exercício de supervisão ministerial, dificultando e mesmo impedindo o cumprimento de funções essenciais de coordenação governamental em todos os setores, e à falência da já precária política de pessoal, por força da proliferação de regimes jurídicos e salariais diferenciados.[108]

---

[107] Nos depoimentos do capítulo 3, verificamos menções à Sest, em especial ao seu excessivo poder de controle que, muitas vezes, significava entraves para a ação dos gerentes das instituições da administração indireta.
[108] Castor e França, 1986:4.

O predomínio da administração indireta e da contratação de funcionários celetistas, a que a administração pública brasileira assistiu no decorrer dos anos 1960 aos 1980, sofre um processo de inflexão com o início da Nova República, em 1985; contudo, esse processo se consolida realmente na Constituição Federal promulgada em 1988. Segundo Pimenta,[109] essa tendência histórica a um ciclo de centralização, em termos da configuração da área administrativa, com o retorno a um "modelo clássico"[110] ocorrido nesse período, foi decisiva como influência para alguns dos direcionamentos mais padronizadores da Constituição de 1988, como o Regime Jurídico Único e os controles sobre a administração indireta, como a Lei de Licitações (Lei nº 8.666).

A Lei nº 8.112, de 1º de dezembro de 1990, diz respeito aos servidores públicos, tanto aos funcionários públicos quanto aos contratados de acordo com a CLT, que sirvam em todas as esferas da administração pública, seja na administração direta, ou nas fundações públicas e agências autônomas, sob o Regime Jurídico Único. Como Pimenta observa, "consagra a expressão constitucional de servidor público civil, em substituição às denominações anteriores de funcionário público e servidor celetista".[111]

A importância do RJU instituído para o funcionalismo federal pode ser dimensionada por dois aspectos. Inicialmente pela equiparação jurídica, o que significou alterações formais profundas para o sistema administrativo. Além disso, o fim de um recurso de flexibilização (contratação de funcionários celetistas) significou uma grande dificuldade de gestão. Isso teve conseqüências mais drásticas na administração indireta, onde a perda dessa possibilidade de flexibilidade significou uma ameaça ao bom desempenho das atividades, já que todos os processos de recursos humanos passaram a ser regidos pelo concurso público e pela estabilidade.

---

[109] Pimenta, 1993.
[110] Aqui a terminologia "modelo clássico" é utilizada de forma semelhante àquela referenciada por Pimenta: "As organizações burocráticas públicas, que compõem a Administração Pública brasileira a partir da década de trinta, o chamado 'modelo clássico', são o que mais se aproxima do modelo burocrático 'weberiano', principalmente quanto às questões de pessoal e forma jurídica" (Pimenta, 1993:18).
[111] Ibid., p. 56.

O renascer da centralização

Embora no plano econômico exista um certo consenso em definir os anos 1980 como a década perdida, não apenas para o Brasil como para outros países na América Latina, eles representaram um reingresso na democracia. Nesse período, estabeleceram-se os pressupostos para uma ampla e profunda revisão do Estado, que ganharia pujança nos contextos da elaboração da Constituição de 1988.

No que diz respeito à modelagem organizacional do setor público, ganham evidência:

▼ o redimensionamento do papel do Estado, mediante: privatização das empresas estatais, desregulamentação; e redistribuição de competências entre governo federal, estados e municípios, de acordo com uma nova realidade fiscal que supostamente privilegiaria estes últimos em recursos;

▼ a institucionalização do regime único estatutário para o funcionalismo.

O governo do presidente Fernando Collor de Mello (1990-92) foi instável e breve. As mudanças realizadas através de reforma administrativa podem ser classificadas em duas fases distintas. Inicialmente, um período de rearranjo da estrutura organizacional, mediante fusões e extinções de órgãos da administração direta e indireta, fase em que ocorreu o "enxugamento da máquina". E, posteriormente, a fase onde se buscava reestruturar o funcionamento da máquina pública. Esse período foi marcado por anúncios e tentativas frustradas de demissão de servidores. A política de enfrentamento utilizada no governo de Collor, especialmente em relação aos servidores públicos, foi motivo de grandes confrontos e confusões. A literatura sobre esse período mostra que as atitudes precipitadas, assim como o despreparo em termos de alterações da legislação, causaram a inviabilidade das medidas propostas, principalmente em relação à demissão de funcionários públicos. Dessa forma, a reforma administrativa implementada durante esse mandato, além de significar uma grande alteração no desenho do aparelho estatal, foi muito polêmica.

Para os propósitos deste trabalho, é importante notar, no entanto, que os ímpetos de contenção de despesas, de controle social sobre a burocracia, de "moralização" e de ataque ao corporativismo, presentes no governo de Collor de Mello, tiveram referendado o soerguimento da centralização e dos mecanismos tradicionais de controle e integração, conflitantes, em sua natureza, com as necessidades de diferenciação. A própria reforma administrativa de Collor acabou por representar um recuo aos tempos de Dasp, revivendo em nível dos ministérios a concepção do fortalecimento do Departamento de Administração Geral,[112] com a criação de secretarias orientadas para este fim.[113]

O abrupto ocaso do governo de Collor, através de um processo de *impeachment*, deixou como saldo o desmonte da máquina administrativa e uma tentativa abortada de "centralização" da corrupção.

A reforma administrativa gerencial: o retorno da "diferenciação"

O presidente Fernando Henrique Cardoso assumiu o cargo em 1994, tendo a reforma do Estado como um de seus principais objetivos.[114] A importância dada pelo governo à reforma justificou-se pela crença de que a longa crise econômica enfrentada pelo Brasil, desde o final da década de 1970, foi causada pela crise do Estado. Contudo, essa crença é motivo de grande polêmica, pois muitos estudiosos e acadêmicos acreditam que a relação seja exatamente inversa a essa, ou seja, que a crise do Estado foi causada pela crise econômica. É importante identificar essa contradição, pois muito do conteúdo da reforma administrativa proposta pelo governo de FHC, e das críticas por ela sofridas, pode ser compreendido quando atentamos para essa inversão entre "causa-conseqüência".[115]

A reforma do Estado proposta pelo governo de FHC e arquitetada, em parte, por Bresser-Pereira tem três vertentes principais:

▼ reforma fiscal;

---

[112] Willoughby, 1927 e 1936.
[113] Costa e Cavalcanti, 1991:95.
[114] Com a reeleição do presidente Fernando Henrique Cardoso, em outubro de 1998, a reforma administrativa, nos moldes implementados pelo Ministério da Administração e Reforma do Estado (Mare), terá continuidade. Assim, pensava-se ser possível complementar as atividades propostas, finalizando o processo de reforma.
[115] Pereira e Spink, 1998.

- reforma da estratégia de desenvolvimento econômico e social do Estado;
- reforma do aparelho do Estado e sua burocracia.

O Ministério da Administração e Reforma do Estado (Mare) foi o responsável pela elaboração e implantação da reforma administrativa. A ênfase da reforma administrativa proposta foi sobre a transição do modelo de administração burocrática para um modelo de administração gerencial. A administração gerencial seria uma forma de trazer as mais recentes conquistas da administração de empresas para a administração pública. Suas principais premissas estavam voltadas para eficiência, agilidade, qualidade e flexibilidade. A administração gerencial proposta no Brasil tem suas raízes nas experiências do Reino Unido, da Nova Zelândia, Austrália e dos Estados Unidos. Sobre isso, consta no Plano Diretor de Reforma do Aparelho do Estado:

> A administração pública gerencial vê o cidadão como contribuinte de impostos e como cliente dos seus serviços. O paradigma gerencial contemporâneo, fundamentado nos princípios da confiança e da descentralização da decisão, exige formas flexíveis de gestão, horizontalização de estruturas, descentralização de funções, incentivos à criatividade.[116]

A administração gerencial tem como objetivo superar as dificuldades e inconsistências da administração burocrática, mantendo, contudo, alguns de seus aspectos, em especial no núcleo estratégico. A reforma administrativa dividiu as ações estatais em quatro setores, cada um situado dentro de três possibilidades de propriedade:

- *núcleo estratégico* (propriedade pública estatal) — correspondente ao governo, é onde são formuladas as leis e as políticas públicas, devendo ser um setor reduzido, onde as decisões estratégicas são tomadas. Existirá para o governo federal e, também, para os níveis estaduais e municipais;

- *atividades exclusivas de Estado* (propriedade pública estatal) — atividades onde o "poder do Estado" é exercido, ou seja, só o Estado pode atuar a fim de regulamentar, fiscalizar e fomentar. Nesse setor es-

---

[116] Brasil, 1995:23.

tão incluídos, por exemplo, os órgãos de fiscalização e regulamentação, a previdência social básica, o controle do meio ambiente e o subsídio à educação básica;

▼ *serviços competitivos ou não-exclusivos* (propriedade pública não-estatal)[117] — atividades em que o Estado não exerce o seu "poder". São serviços que envolvem direitos humanos fundamentais, como educação e saúde, e que geram economias externas, ou seja, não podem ser diretamente relacionados ao lucro, pois seus benefícios se distribuem por toda a sociedade. Como exemplo, podem-se citar as universidades, os hospitais, os centros de pesquisa e os museus;

▼ *produção de bens e serviços para o mercado* (propriedade privada): setor que envolve as atividades econômicas tipicamente produtivas, com geração de lucros.

Para as atividades do setor de produção de bens e serviços para o mercado, a forma de transferência das atividades do âmbito do governo federal para a órbita do mercado foi a privatização.

A privatização é regida pelo Programa Nacional de Desestatização (PND), o qual é composto pelo Conselho Nacional de Desestatização (CND),[118] órgão decisório, e pelo Banco Nacional de Desenvolvimento Econômico e Social (BNDES), na qualidade de gestor do Fundo Nacional de Desestatização (FND).

Já no setor de serviços competitivos ou não-exclusivos, as atividades seriam transferidas mediante o processo de "publicização", ou seja, a adoção, pela sociedade, de formas de produção não-lucrativas de bens e serviços públicos. O processo de publicização se dá através da transformação das instituições públicas prestadoras de serviços em entidades de direito privado sem fins lucrativos, com acompanhamento do

---

[117] Propriedade pública não-estatal: constituída pelas organizações sem fins lucrativos, que não são propriedade de nenhum indivíduo ou grupo e estão orientadas diretamente para o atendimento do interesse público (Brasil, 1995).
[118] Esse Conselho é composto pelos ministros de Estado do Planejamento, da Fazenda, de Indústria, Comércio e Turismo, da Administração Federal e Reforma do Estado e pelo ministro-chefe da Casa Civil da Presidência da República. Participam, ainda, os ministros cujas presenças sejam necessárias em função do setor a que se subordine a empresa a ser desestatizada, bem como o presidente do Banco Central, no caso de desestatização de instituições financeiras.

governo, através de contrato de gestão estabelecido entre as partes, e da sociedade civil, por intermédio dos conselhos administrativos.

Esse projeto denomina-se Organizações Sociais (OS). Algumas instituições já foram transformadas em OS. O preceito básico do projeto das OS é possibilitar uma administração mais flexível e ágil para as instituições, sem contudo perder a capacidade de controle, uma vez que atuam em áreas essenciais para a população. A forma encontrada para possibilitar a junção dessas duas necessidades deu-se através da diferenciação em termos de propriedade. São instituições de direito privado, sem fins lucrativos, mas ainda sob a órbita do controle estatal, uma vez que o governo federal cede os bens e o quadro funcional para a atividade da nova instituição, além de haver o controle através do contrato de gestão estabelecido entre a administração da instituição e o governo federal.

Em termos administrativos, a nova instituição transformada em OS tem a vantagem de poder ser gerida segundo os preceitos da administração privada. Há realmente um processo de transformação durante a transição de uma determinada instituição para OS; existe uma série de etapas, cronologicamente organizadas e interdependentes a serem superadas. É importante destacar que, segundo os preceitos do Plano Diretor da Reforma do Aparelho do Estado, a transformação de uma determinada instituição em OS deve surgir do interesse comum do governo federal, representado pelos órgãos aos quais a mesma está vinculada, e da instituição. O importante, em termos de transformação, é que há uma mudança na configuração jurídica da instituição. Para que isso ocorra, a instituição inicial deve ser extinta e criada outra, com as características jurídicas exigidas pelas OS.

Uma das etapas a transpor para que haja a transição para OS é a elaboração de um novo estatuto da instituição, coerente com os novos objetivos e procedimentos da mesma. Devem ser também elaborados regulamentos de aquisições, contratos e patrimônio, que determinem as regras próprias da OS para a realização dessas atividades. Isto significa uma grande alteração na realidade da instituição. Anteriormente, a instituição devia atuar segundo as regras da administração pública, realizando licitações para efetuar aquisições e sujeita a uma série de dificuldades e limitadores legais. Além disso, deve ser elaborado um regulamento de pessoal, onde estejam especificadas as regras a serem seguidas no processo de seleção e contratação de pessoal.

No contexto da administração pública brasileira, onde as organizações públicas enfrentam grandes dificuldades em sua atuação, causadas pelas exigências legais — especialmente no que se refere às compras e contratação de pessoal, em que devem ocorrer a licitação e o concurso público —, a possibilidade de estabelecer as próprias regras e condições de compras e contratação de pessoal significa um avanço importante na gestão das organizações. O objetivo da reforma pretendida pelo governo de FHC é justamente otimizar o funcionamento das organizações públicas através de formas flexíveis de gestão, a chamada forma gerencial de administrar o bem público.

A flexibilidade e agilidade descritas são possíveis uma vez que as OS são instituições de direito privado sem fins lucrativos; com isso, o controle do governo federal se dá através do contrato de gestão. Caso a OS não cumpra, no período de vigência do contrato de gestão, as metas quantitativas e qualitativas acordadas entre as partes, pode haver a extinção da OS e a volta da instituição aos moldes anteriores do serviço público.

Outro ponto é quanto às mudanças da cultura organizacional requeridas pela transformação institucional da OS. Além das mudanças de procedimentos práticos, como compras e pessoal, a OS passa a ter metas claras e bem definidas a serem cumpridas, e deve estar em sintonia com sua missão e com as transformações e características do ambiente no qual está inserida. Tudo isso representa uma alteração substancial na condução das atividades, uma vez que anteriormente havia objetivos estabelecidos, mas formas precárias de avaliar o seu cumprimento ou não.

No setor de atividades exclusivas de Estado, a reforma administrativa tem, também, uma proposta inovadora: as agências executivas. Tal projeto prevê a transformação de fundações e autarquias, que exerçam funções exclusivas de Estado, em agências executivas. Detentoras do "poder de polícia" do Estado, as agências executivas estarão aptas ao exercício das funções reguladoras e fiscalizadoras imprescindíveis ao controle da prestação de serviços de utilidade, mediante concessões, por empresas privatizadas, como nos setores de energia, transportes e comunicações.

A adesão de uma instituição ao projeto de agências executivas depende de alguns pré-requisitos. A instituição deve implementar um plano estratégico de reestruturação e desenvolvimento institucional. Além da maior funcionalidade possibilitada por tal instrumento, é importante a predisposição interna da instituição em buscar formas de melhorar seu desempenho. Essa predisposição é condição essencial para que uma instituição esteja apta a participar, seja do projeto das organizações sociais, ou do projeto das agências executivas. Outro pré-requisito para a adesão é a assinatura de um contrato de gestão entre a instituição e o governo federal, na figura do órgão ao qual a instituição está vinculada.

O contrato de gestão estabelece os direitos e as obrigações dos contratantes. A principal inovação trazida pela adoção do contrato de gestão como instrumento de controle é quanto a estabelecer formas mais objetivas de avaliação dos resultados da instituição, já que nele devem constar as metas, quantitativas e qualitativas, a serem atingidas pela instituição, bem como indicadores de desempenho. Este é um aspecto importante, por significar uma forma de superação do crônico problema de controle das organizações públicas.

Diferentemente do projeto das organizações sociais, no projeto das agências executivas não há mudança na figura jurídica da instituição. As alterações enfocam a gestão e a forma de controle dos resultados da instituição. Em termos de gestão, as inovações que possibilitam maior autonomia das agências executivas se dão em três aspectos. No orçamento da instituição, os valores serão apresentados de forma mais agregada; com isso, a gestão de orçamento e finanças terá maior possibilidade de manobra na execução do orçamento. A gestão de recursos humanos, por ser, ainda, parte da administração pública, continuará realizando a seleção de pessoal por meio de concurso público; contudo, este poderá ser realizado pela própria instituição, caso haja necessidade de contratação de funcionários e recursos orçamentários disponíveis. Além disso, terão ênfase as questões de desempenho e mérito funcional, podendo a instituição estabelecer, até mesmo, bonificações de desempenho aos funcionários. Quanto a serviços gerais e contratação de bens e serviços, será possibilitada alguma flexibilidade, tal qual a concessão de um limite para a dispensa de licitação; com isso, em alguns casos, a instituição não terá a necessidade de realizar licitação, fato que certamente agilizará a gestão desta área e, conseqüentemente, da instituição como um todo. Finalmente, a instituição terá autonomia para adaptar suas estruturas organizacionais às suas necessidades de funcionamento.

A flexibilidade e maior autonomia de gestão identificadas nos itens anteriores têm, como contrapartida, a necessidade de melhorar o desempenho da organização e atingir, assim, as metas acordadas no contrato de gestão. É uma forma mais objetiva, dinâmica e funcional de buscar um melhor aproveitamento dos recursos e, também, dos resultados nas organizações públicas, superando, dessa forma, os antigos controles burocráticos que privilegiavam as regras formais de funcionamento em detrimento dos resultados obtidos.

O modelo geral proposto, entretanto, sofreu oposição crescente para a sua implementação, quando o governo de FHC chegou ao fim de seu mandato.

Causas da incongruência na administração pública brasileira

A análise dos sucessivos avanços e recuos nos processos de reforma administrativa no Brasil, que acabamos de empreender, sugere-nos o aprofundamento da discussão das possíveis causas da permanente incongruência na formatação das principais variáveis de modelagem organizacional, no setor público brasileiro, a despeito de sucessivas reformas administrativas.

Além do papel padronizador já analisado das "políticas de gerenciamento público", outros fatores contribuem de forma decisiva para as incongruências de modelagem no setor público. Em primeiro lugar, cabe avançar um pouco mais nas questões de natureza profundamente política, também já explicitadas, referentes ao exercício do poder, em uma sociedade em desenvolvimento, como é o caso do Brasil.

Vale a pena transcrever aqui algumas considerações contundentes e um conjunto de premissas formuladas por Motta, ao extrair lições de casos da experiência brasileira de reforma:

> O Estado brasileiro, sobretudo no que se refere à sua máquina administrativa, possui ainda fortes remanescências de uma sociedade tradicional de características semifeudais. A burocracia pública tem sido um dos grandes instrumentos para a manutenção do poder tradicional; uma forma de organização e administração que obedece menos a razões técnico-regionais e mais a critérios de loteamento político, para manter coalizões de poder e atender a grupos preferenciais.[119]

É crucial identificar a relação de dependência existente entre a burocracia e os grupos preferenciais, pois assim como a burocracia ajuda tais grupos a manterem o poder e a influência, estes fornecem apoio político aos membros da burocracia. Tal apoio pode ser descrito, por

---
[119] Motta, 1994:177.

exemplo, pela liberação de vultosos recursos orçamentários desvinculada de padrões técnicos e das reais necessidades das políticas públicas. Além disso, os grupos preferenciais influenciam a máquina partidária, mantendo, assim, o controle sobre a adoção de políticas públicas que sejam coerentes com seus interesses. Através da obtenção de tais recursos, eles conseguem manter, e fortalecer cada vez mais, a lealdade política de suas bases de apoio. Tais privilégios possibilitam a manutenção das fontes de apoio, não levando em consideração as reais e prementes necessidades da população.

Um dos aspectos mais nocivos de tal prática é a preferência de tais grupos pelas políticas sociais como área de atuação. As políticas sociais representam um segmento onde é possível se obter grande reconhecimento, uma vez que atende demandas diretamente ligadas às necessidades vitais da população. A atuação dos grupos preferenciais em tais áreas, além de utilizar indevidamente os recursos públicos, guiando sua aplicação segundo interesses particulares que visam manter a lealdade política como forma de manter o poder, também é vista pela população como "favores pessoais", oferecidos pela própria pessoa do político, e não como realmente é, ou seja, um serviço oferecido pelo poder público aos cidadãos.

Mostramos, a seguir, um conjunto de premissas formuladas por Motta, ao extrair lições de casos da experiência brasileira de reforma:

> Nesse sentido, para compreender as ações de reforma na administração pública brasileira, há que se considerar as seguintes premissas:
>
> a) O sistema administrativo existente, se for visto segundo a lógica da gestão moderna, pode parecer altamente irracional, mas para os grupos preferenciais que dele se servem consiste num sistema lógico e altamente racional;
>
> b) Em um sistema desenhado e dominado por grupos preferenciais, a formulação de políticas em resposta a demandas de grupos marginalizados se faz por paternalismo, acomodações e concessões que não afetem a estrutura do sistema;
>
> c) Os grupos que dominam o sistema administrativo não se constituem de pequenos grupos de aproveitadores ou perturbadores marginais da ordem; são grupos altamente organizados e institucionalizados dentro do sistema político;
>
> d) A carreira do chefe ou líder de um grupo preferencial se faz no sentido de maximizar os benefícios obtidos para o seu grupo político;

e) A lealdade desses grupos à instituição pública em que estão inseridos é quase nula; assim, circulam facilmente entre repartições, procurando obter melhores benefícios independentemente dos danos que causam, tanto aos interesses, quanto ao orçamento públicos.[120]

Ainda segundo Motta, as crescentes expectativas quanto ao incremento em termos de quantidade e qualidade dos serviços oferecidos pelo Estado, advindos do processo de redemocratização, podem possibilitar a ruptura necessária nas estruturas políticas tradicionais.

O surgimento de novas formas de organização como as ONGs, assim como o franco renascimento das representações da sociedade civil, como entidades comunitárias ou representativas de classes, representam novas opções de gestão e possibilidades de parcerias, na gestão dos serviços públicos. Uma série de atividades, antes consideradas exclusivas do poder público, passaram a ser exercidas pela sociedade civil, trazendo uma nova forma de cidadania, até então inédita no caso brasileiro — como também novas disfunções e patologias, no caso das ONGs, cabe acrescentar.

Complementando a penetrante análise de Motta, cabe observar que ela é válida também para outros setores que não o social, onde os chamados grupos preferenciais visam acesso sistemático e privilegiado a grandes fatias do orçamento, influenciando, segundo o seu interesse, decisões de política pública. Segundo Wainer, para se entender a política no Brasil, é importante compreender as relações do Estado com os empreiteiros:

> De qualquer forma, naquele momento eu conheci uma figura indispensável à decifração dos segredos do jogo do poder no Brasil: o empreiteiro. (...) A presença de empreiteiros na cena política brasileira é ainda fortíssima. Eles seguem interferindo na nomeação de ministros que agirão nas áreas incluídas em seu universo de interesses, financiando partidos e candidatos, elegendo deputados e senadores, influenciando a linha editorial de jornais e revistas.[121]

Portanto, este é o ponto a ser enfatizado: é precondição para a influência dos grupos preferenciais, com representações internas na burocracia e nas políticas públicas, contribuir para as incoerências de mo-

---

[120] Motta, 1994:178-179.
[121] Wainer, 1988:223 e 225.

delagem organizacional existentes. As incoerências estruturais, que enfraquecem o sistema, são favoráveis à lógica da "privatização do Estado", isto é, da sua apropriação por grupos preferenciais que exercem poder político e econômico sem a necessária adesão ao interesse público. Processos decisórios excessivamente fragmentados, o distanciamento entre administradores politicamente designados e escalões técnicos desprestigiados, e a prevalência de mecanismos de controle meramente formais somam-se às deficiências do sistema político imaturo, para viabilizar os interesses dos grupos preferenciais. Tais grupos, na medida de sua capacidade de influência interna e externa, tudo fazem para favorecer mudanças cosméticas que os identifiquem, na aparência, com a reforma, mas impedem, também, nos limites de suas possibilidades, o desenvolvimento de sistemas modelados de tal forma que sejam mais capazes de gerar decisões e ações orientadas, prioritariamente, para o interesse público.

Constitui-se em agravante deste ponto o fato de, em muitos casos, diferentes facções políticas estarem representadas em cargos de comando numa mesma organização. Seus interesses antagônicos e difusos induzem decisões de modelagem organizacional, em suas respectivas áreas de influência, que podem ser incongruentes, incompatíveis e mesmo contraditórias. Nos casos mais graves, em que se inviabiliza uma coalizão dominante, o caos administrativo se instala numa situação indefinida por padrões fragmentados de lealdade política individual. Esta situação é comum, por exemplo, em bancos regionais de desenvolvimento, nos quais uma diretoria pode ser composta por indicações dos governadores da região, pertencentes a diferentes bases partidárias.

Neste sentido, cabe observar que o desenvolvimento de modelagens organizacionais mais racionais está associado diretamente, no setor público, com o desenvolvimento do sistema político, no que se refere à capacidade de a sociedade fazer valer sua vontade, decorrente dos níveis de agregação e articulação de demandas efetivamente alcançados. Numa federação grande e diversificada como o Brasil, sujeita a diferentes estágios de desenvolvimento econômico, político, social e tecnológico, em termos regionais e setoriais, é possível observar, a olho nu, essa relação de dependência das soluções técnicas de modelagem organizacional em relação às variáveis políticas. À medida que se caminha de estados mais pobres da Federação para estados mais ricos, e de setores de atividades menos sofisticados para os mais sofisticados, requerentes de mais tecnologia e profissionalização, tanto na esfera privada como na pública, tornam-se necessárias lentes analíticas mais poderosas para entender aquelas relações, nas quais as exigências maiores de eficácia e eficiência organizacionais impõem articulações mais complexas entre o elemento político e a tecnoburocracia. O fato é que em muitas instâncias, por seus resultados de contribuição ao desenvolvimento, empresas estatais, por exemplo, foram capazes de convencer boa parte da sociedade da adequação de seus modelos institucional e organizacional, a despeito das possíveis disfunções advindas do caráter público ou misto da propriedade, como os controles burocráticos ou, ainda, a influência de interesses políticos ou governamentais, mais ou menos legítimos, nas decisões ou nos desenhos organizacionais que as sustentam. Da mesma forma, as manifestações do corporativismo não foram capazes de levar muitas pessoas ao descrédito em relação àqueles modelos. O avanço da reforma do Estado, no sentido da privatização, reestruturando a participação deste na economia, encontrou como argumento mais forte de sua legitimação social a crise fiscal do Estado, pela sua incapacidade de manter, no ritmo e intensidade necessários, os programas de investimento nos setores de siderurgia, transportes, saneamento, energia e telecomunicações, a despeito da ressuscitada e crescente preocupação com a desnacionalização. Segmentos mais dinâmicos da economia de produção do setor público ainda contam com o benefício da dúvida quanto a sua capacidade de se organizar e alcançar resultados satisfatórios, caso sejam resolvidos os problemas da crise fiscal e garantida a capacidade de investimentos necessários ao desenvolvimento com estabilidade.

    Uma terceira causa da incongruência na modelagem organizacional é a especialização de funções, atributo existencial do modelo burocrático. Grupos profissionais, diferenciados por formação e orientações técnica, dispostos em diferentes unidades funcionais especializadas, tendem a agir sem adequada comunicação e coordenação entre si. Em geral, não se dispõem facilmente a compartilhar quadros de referência conceituais que tragam coerência às suas propostas de modelagem organizacional. Engenheiros, médicos, educadores e grupos profissionais dominantes numa dada área de ação pública, por vezes pouco conscientes de seus papéis de administradores, especialistas de recursos humanos, profissionais da informática e de sistemas, analistas de organização etc., influenciam decisões de modelagem de variáveis organizacionais de suas respectivas áreas de responsabilidade, sem se darem conta das inter-relações entre as mesmas. Como resultado, é comum a impossibilidade de encontrar-se, em uma dada organização, o que se poderia chamar de uma racionalidade sistêmica na modelagem de variáveis organizacionais relacionadas aos elementos teleológicos (missão, objetivos, metas, estratégia), estruturas, sistemas de informação e mecanismos de decisão e sistemas de gestão de recursos humanos, desta organização.

Esta questão intensifica-se no setor público, na medida em que as relações interorganizacionais e interinstitucionais são de natureza ainda mais complexa do que aquelas vigentes no contexto de uma mesma organização. No setor público, núcleos técnicos especializados, estruturados em diferentes organizações do setor, são responsabilizados pela formatação e "devido" funcionamento dos mecanismos sob seu controle, nas demais organizações do sistema. A natureza pública da propriedade, que requer, por si só, controles próprios e tendentes à uniformidade e padronização, é agravada pelas patologias do comportamento burocrático, entre elas a insensibilidade às diferenças na natureza da atividade das diversas organizações e, portanto, aos níveis diferenciados de incerteza a que estão sujeitas, bem como às contingências regionais ou de qualquer outra natureza. Talvez não seja por outra razão que a história das reformas administrativas no Brasil possa ser resumida como um processo contínuo de busca da "diferenciação", em que conjuntos de organizações de uma dada categoria procuraram escapar da modelagem centralizada dos mecanismos formais de controle e de gestão do pessoal, por meio de artifícios ou soluções mais ou menos bem articuladas. Esta é, no entanto, como se viu, uma história de avanços e recuos, não se tendo encontrado, até agora, um modelo mais estável, ainda que, como não poderia deixar de ser, sem a pretensão de ser definitivo.

Capítulo 3

Os gerentes e seus depoimentos

Considerando os contextos estruturais, político-social e organizacional anteriormente analisados, este capítulo faz uma incursão profunda no mundo das experiências reais de vida de administradores públicos brasileiros. Através de suas histórias de vida gerencial, é possível acessar o mundo da ação transformadora e adquirir um melhor conhecimento de como a interação social desempenha um papel que vai muito além do simples determinismo das estruturas.

As quatro entrevistas de profundidade, semi-estruturadas, levadas a efeito, seguiram o método da história oral,[122] em sua versão temática.[123] A pesquisa qualitativa, convém lembrar, é caracterizada pela produção do dado descritivo — palavras ditas ou escritas de uma pessoa que permitem o entendimento do comportamento humano baseado inteiramente no ator, numa perspectiva fenomenológica.[124] Assim, ela torna possível a compreensão holística, não a partir do exame do comportamento isolado, e sim da captura do comportamento revelado pelos indivíduos inseridos no seu tempo e no seu espaço, no seu grupo político, entre os que o cercam como pares, superiores, subordinados, interlocutores da ambiência e nas organizações em que desempenham suas funções. Esta busca da compreensão holística pelo estudioso guarda total afinidade com a natureza da ação gerencial que se quer entender, uma vez que os próprios administradores resistem aos apelos da validação analítica do conhecimento. Assim é porque estão, naturalmente, profundamente envolvidos com sua tarefa principal cotidiana, que é encaixar as peças dos quebra-cabeças que sustentam seu mundo de trabalho; em outras pala-

---

[122] Camargo, 1999:285.
[123] Alberti, 1990:12.
[124] Caema, 1993:139.

vras, integração.[125] Exatamente o contrário do que visa a ortodoxia positivista: destrinchar realidades para analiticamente compreendê-las.

O material apresentado no estudo contém o texto completo de cada uma das quatro entrevistas realizadas. Os depoimentos dos administradores públicos foram segmentados em 31 blocos de história (*minicases*), correspondentes a 31 *ações de gestão* adotadas, neles contidas interpretadas pelo autor. As estratégias foram, então, compiladas e codificadas, segundo suas similaridades, em oito categorias:

- ▼ compartilhar quadros de referência;
- ▼ explorar os limites da formalidade;
- ▼ fazer o jogo da burocracia;
- ▼ induzir o envolvimento dos outros;
- ▼ promover a coesão interna;
- ▼ criar escudos contra as transgressões;
- ▼ superar restrições internas;
- ▼ permitir o florescimento das estruturas.

Os relatos contidos em cada uma das oito categorias permitiram ao autor desenvolver, para cada uma delas, interpretações reflexivas da ação gerencial dos entrevistados, à luz de uma visão mais fenomenológica da modelagem organizacional. É importante assinalar que a transcrição fiel e completa dos relatos gravados, no entanto, também permite sua validação, ao deixar espaço para que o próprio leitor se "envolva"[126] nas histórias, "re-conhecendo-as", ao cotejá-las com suas próprias experiências gerenciais e organizacionais, e delas extrair significado pessoal, ao "co-definir" os eventos em questão.

Entrevistas de histórias de vida administrativa

As entrevistas com os gestores públicos apresentadas neste capítulo constituem um sustentáculo essencial deste estudo, como fonte empírica de conhecimento e base para interpretações reflexivas.

---

[125] Hummel, 1991:35.
[126] Ibid., p. 38.

Os depoimentos dos gerentes públicos e sua validade como fonte de conhecimento: uma questão epistemológica

Não é apenas em relação ao uso de metáforas que a ortodoxia positivista cumpre um papel inibidor, ao exigir uma linguagem literal, precisa e sem ambigüidades, mas pouco afeta às ciências sociais, em geral, e à administração pública, em particular. Na medida em que, neste campo, o principal meio alternativo de se adquirir conhecimento são os registros escritos de depoimentos orais — os estudos de caso e as narrativas descritivas —, fica subentendido que as críticas à falta de cientificidade dirigem-se para estas formas de produção do conhecimento.

Em estimulante artigo, Ralph Hummel contra-ataca os críticos da produção atual de conhecimento no campo da administração pública, que a acusam de pecar por falta de "objetividade" científica, distanciando-se da "razão pura". Afirma que a forma pela qual os gerentes interpretam seu mundo — "contando histórias" — é um meio válido para produzir e acumular conhecimento, e que esta fonte é tão plena de credibilidade para os acadêmicos e estudiosos da área como o é para os administradores.[127]

Mais precisamente, o conhecimento que os gerentes buscam obter deve responder à pergunta "o que está acontecendo aqui?", antes de qualquer tentativa analítica de mensurar o que está acontecendo, onde e quando.

A principal crítica positivista diz respeito à incapacidade de histórias e estudos de caso satisfazerem critérios de validação científica, tais como os de confiabilidade e os de aplicabilidade a situações similares. Para Hummel, tais críticas, ao predefinir o conhecimento como uma forma analítica científica, deixam de dar conta daquilo que os gerentes podem aprender com os estudos de casos, a partir de sua visão sintética dos problemas. A seu ver, os gerentes demonstram que são altamente capazes de:

▼ definir suas realidades;

▼ julgar que tipos de conhecimento lhes são úteis;

---

[127] Hummel, 1991:31.

▼ desenvolver padrões de validação do conhecimento relevantes para o seu mundo (um mundo substancialmente diferente daquele dos cientistas).[128]

Em que aspecto a visão de um gerente difere da visão dos cientistas? Ou, posto de outra forma, como os gerentes definem seu mundo? Hummel responde a esta questão, apontando três importantes instâncias:

▼ os gerentes questionam o valor da mera objetividade; preferem ouvir os participantes de um problema a um descomprometido e objetivo observador, como um consultor, por exemplo; eles acham que podem trabalhar melhor com a intersubjetividade do que com a mera objetividade;

▼ os gerentes questionam a relevância direta da ciência e da razão pura na solução de problemas; expressam preocupação em relação à dificuldade de julgamento; para eles, os fatos agregados ou regras destes derivadas não dizem respeito diretamente a um novo problema, e devem merecer julgamento quanto à sua aplicabilidade;

▼ os gerentes questionam o valor da neutralidade científica ou racionalista; valorizam a sensibilidade que resulta de se estar imerso nos eventos ao invés de distanciado dos mesmos.[129]

Recorrendo a Kant, Heidegger e Weber para contra-argumentar que nem todo tipo de aquisição de conhecimento deve satisfazer padrões analíticos de validação, Hummel oferece uma "embaraçosamente simples" resposta para a pergunta "por que não podemos resolver a questão da pesquisa em administração pública?" Do seu ponto de vista, "porque alguns cientistas analíticos confundem duas operações: a operação analítica de desmembrar a realidade e a operação sintetizadora de compor a realidade".[130]

Os gerentes resistem aos apelos de validação analítica do conhecimento, pois estão bastante e apropriadamente engajados em sua prin-

---

[128] Hummel, 1991:33.
[129] Ibid., p. 33.
[130] Ibid., p. 35.

cipal e realista tarefa, que é a de juntar as peças e assim manter o mundo do trabalho, isto é, a integração.

Torna-se, então, necessário identificar padrões de validação para a síntese. Se eles existem, conclui Hummel, "e na medida em que os gerentes os exercitam, seu conhecimento de como um mundo é composto tem que ser considerado potencialmente tão válido para seu propósito quanto o conhecimento do cientista analítico de como um mundo pode ser decomposto".[131]

Os pontos de contato entre os mundos vivenciados pelo gerente que conta uma história e aqueles que a lêem ou escutam são os elementos estruturais da história, que têm primazia como tal, assim como para servirem de referência nas questões de validação: a validação estrutural.

Os padrões de validação de uma história são, em primeiro lugar, os critérios de relevância, seguidos dos critérios factuais.

> Os padrões emergentes de relevância testam a ambos; a relevância de todas as partes da história, uma em relação à outra, e para mim e meu mundo. Eles são bastante distintos dos padrões factuais porque abrem um mundo quando satisfeitos, enquanto os padrões factuais podem apenas excluir o que não é fato, e, portanto, fechar mundos. Além de soar verdadeira uma história bem contada, com propriedade, ela abre possibilidades de ação para mim, ao invés de excluí-las; amplia e aprofunda meu mundo.[132]

As histórias como instrumentos de engajamento

Com Hummel,[133] devemos entender que as muitas histórias contadas pelos quatro depoentes no estudo — das quais elementos selecionados serão reproduzidos mais adiante — podem ter dois resultados para os leitores, profissionais e estudiosos da administração pública. O primeiro é incluí-los no mundo das entrevistas; isto é, engajá-los no esforço de definir situações e problemas, e ganhar seu comprometimento com as soluções; ou seja, praticar a construção da realidade. O outro resultado é levá-los a expandir seus próprios mundos, ou definições da

---

[131] Hummel, 1991:36.
[132] Ibid., p. 38.
[133] Ibid., p. 36.

realidade, ao permitir que internalizem as diferentes ou mesmo desconhecidas experiências vivenciadas pelos depoentes; isto é, fazer com que as novas situações sejam parte do mundo previamente vivenciado pelo leitor, ampliando seus parâmetros, e aprofundando ou intensificando o significado dos conteúdos a eles pertencentes.

É importante observar que, em cada um dos registros, os eventos só ganham significado gerencial quando o depoente adota uma solução, faz alguma coisa, comporta-se dessa ou daquela maneira, diz isso ou aquilo, agindo sobre o problema. Mas quando a história é lida, os eventos não ganham significado "até que tenhamos lido a nós mesmos dentro da história".

Enquanto a ciência analítica fornece dados que representam uma realidade fragmentada, a história sempre nos dá eventos que pretendem ser coerentes e significativos, alguma coisa que não pode acontecer a menos que nos tornemos envolvidos com os mesmos.[134]

Como se engajar nas histórias

Ainda seguindo Hummel, é possível traçar um roteiro de orientação para a leitura das histórias que contribua para o aprendizado e seja sugestivo para o próprio processo de validação das mesmas, enquanto peças importantes para a construção de conhecimento relevante para os gerentes públicos e estudiosos da administração pública. Para tanto, como já foi dito, o elo entre o entrevistado, sua história e o leitor é a estrutura da história, que funciona como principal elemento de referência também para sua validação.

A questão que nos conduz ao roteiro é a seguinte: existem, nos registros orais, aquelas estruturas de que o leitor necessita para se orientar no novo mundo que a história comunica?

Primeiro, é necessário que exista um *sujeito* com que o leitor possa se identificar. É importante observar que, em algumas das histórias contadas neste estudo, ou em parte delas, o sujeito principal transfere o papel, ou o compartilha com um superior, ou uma equipe política que com ele experimenta a vivência da situação administrativa gerencial. Ordinariamente, no entanto, o sujeito é o entrevistado que, com sua vi-

---

[134] Hummel, 1991:36.

são ontológica, reporta um evento, uma situação, um pequeno mundo enfim, no qual estabelece relação com um ou mais de seus objetos.

Segundo, deve-se ter um *objeto*, cuja existência seja possível tal como descrito. Se o objeto é uma pessoa, ou pessoas, com reconhecível(is) traço(s) de personalidade ou atributo de comportamento burocrático, por exemplo, isso pode facilitar o estabelecimento da conexão com o leitor. Se o objeto é um dispositivo institucional, como uma norma, a questão é se existe algo cuja familiaridade, ou mesmo contradição com a familiaridade, possa estabelecer um gancho com o mundo do leitor. O objeto principal em questão neste estudo são as variáveis organizacionais formais: tarefa, estrutura, processos de informação e decisão, e mecanismos de integração de pessoas envolvendo sistemas de recompensa e políticas de recursos humanos.

Terceiro, deve existir um *relacionamento verossímil* passível de ocorrer entre o sujeito e o objeto, como apresentados. Isto significa praticamente referenciar a relação entre sujeito e objeto com experiências previamente vivenciadas — similares ou contrastantes — pelo leitor. Neste estudo, as situações-objeto referem-se ao desempenho do papel gerencial no contexto das funções administrativas (planejamento, organização, direção, coordenação e controle) e das variáveis organizacionais formais.

Quarto, o *campo da história* contada deve sustentar-se como um todo. Dito de outra forma, esta é a questão de se a história faz sentido como uma totalidade.

Hummel bem descreve este processo: à medida que o leitor calça os sapatos do gerente e enfrenta a tarefa de como lidar com a situação-objeto, esta se torna temática para ele, movimentando-se para o primeiro plano de suas preocupações. Enquanto isso, os objetos de seu próprio mundo tornam-se nebulosos e saem de foco. Ao se colocar na posição do sujeito, o leitor não apenas constrói aquilo que o mundo do gerente lhe diria em significado, mas se capacita para reproduzir os passos estruturais que o gerente teve de dar na construção de mundo.

> Muito embora a solução do leitor possa ser diferente, ele tem por base os mesmos elementos estruturais presentes na história que constroem seu próprio mundo: o sujeito envolvido em relações com um objeto, e através destas relações constituindo um campo.[135]

A validade da história reside, portanto, muito mais nestes elementos estruturais e suas relações do que nos fatos em si.

---

[135] Hummel, 1991:37.

O critério fundamental da validade de uma história é a habilidade do leitor em literalmente "re-conhecer" — no sentido original de conhecer novamente — o familiar mesmo em uma história desconhecida. Ao nível da prática, não há mistério nisto; esta é simplesmente a forma pela qual seres humanos expandem seus horizontes de conhecimento.[136]

Nesse sentido, mais importante que o julgamento sobre a correção das respostas dadas (comportamentos e estratégias adotados pelos depoentes) aos problemas expostos nas histórias, é o comprometimento do leitor em participar na co-definição dos eventos em questão.

No entender de Hummel:

> Somente o comprometimento do indivíduo para com ambos — a percepção do problema e os esforços possíveis direcionados para a solução — pode gerar uma resposta que se adeque não apenas aos "fatos" passados da situação mas à sua futura solução. Qualquer critério de validação aplicado a esta síntese ativa terá de responder à questão: pode esta história engajar o leitor a ponto de que ele contribua, co-definindo seu objeto — o problema — na sua solução? O teste derradeiro implica que uma nova e desejada realidade seja conjuntamente criada. De forma muito evidente, os gerentes estão primeiramente no negócio da criação e não no da análise.[137]

A co-definição dos problemas relatados pelos gerentes, com a participação de profissionais e estudiosos da administração pública, poderá lançar mais luz nas escolhas de ações individuais, bem como nos esforços conjuntos de reforma administrativa.

Esboços biográficos

Irapoan Cavalcanti de Lyra

> A organização deve ser vista como um ente social, como algo que não está apartado do mundo.

Quando viajava em um trem suburbano do Rio de Janeiro em direção ao centro da cidade, o estudante Irapoan Cavalcanti o fazia, à

---

[136] Hummel, 1991:38.
[137] Ibid., p. 36.

época, movido por intensa curiosidade intelectual. Uma hora de viagem o separava da Biblioteca Castro Alves, onde entraria em contato com a obra dos grandes nomes da literatura brasileira e internacional. Gostava dos poetas. Hoje, admite, sua formação literária precoce e "desordenada", aliada à forte influência político-ideológica exercida pelo pai, foi responsável pela construção de uma linha de conduta, no gerenciamento do setor público, calcada em "uma base humanística razoavelmente sólida". Quanto ao êxito de sua prática administrativa, credita-o também à "alta cumplicidade e competência" dos grupos funcionais que estiveram sob seu comando nas diversas instituições em que atuou, ao longo de mais de duas décadas de vida profissional. "Instrumentos idênticos, se utilizados por pessoas diferentes, produzem resultados diferentes."

Nascido em 1941, Irapoan Cavalcanti foi criado no subúrbio carioca de Marechal Hermes, onde estudou até concluir o ginásio. Oriundo de uma família de poucos recursos — seu pai foi operário, mecânico, e terminou a vida como técnico —, confessa ter conhecido a pobreza, passando mesmo graves dificuldades financeiras que, por vezes, chegaram a afetar o nível de subsistência alimentar da família.

Vi a pobreza de perto. Digo isso sem nenhum motivo de vantagem; ao contrário, havia épocas, em minha casa, em que não tínhamos nada para comer. Não tive berço que me ajudasse, que me levasse a partir na frente dos demais. Tive, porém, do meu pai — que não possuía qualquer formação intelectual, mas era um homem muito inteligente, voltado para as questões sociais — lições de igualdade, de justiça, de respeito ao direito, ao cumprimento da lei. Sempre fui muito influenciado por suas idéias políticas.

Ao cursar o científico em Bangu — onde havia forte incidência de operários residentes —, em uma escola que privilegiava a cultura desportiva, diante de sua "falta de habilidade nesse sentido", buscou como refúgio o caminho intelectual.

Sempre tive grande curiosidade intelectual. Nessa época, juntei-me a um grupo de amigos e, muito por minha influência, fundamos o Grêmio Carlos Drummond de Andrade — quando este autor era conhecido apenas nos círculos intelectuais mais refinados — e editamos um jornal chamado O Caramujo, com um padrão gráfico semelhante ao da revista Senhor, que mais tarde se incorporou à IstoÉ. Eu ia ao cinema — quando o limitado dinheiro o permitia —, já conhecia diversos diretores, lia muito — de Shakespeare a Vinícius de Moraes, passando por Kafka e Ionesco —, mais literatura do que assuntos técnicos, e portanto ia com freqüência à Biblioteca Castro Alves, no Centro. Fazia coisas que não eram próprias da minha época nem do meu grupo social.

Ainda estudante secundarista, Irapoan Cavalcanti começou a trabalhar como datilógrafo no Ministério da Aeronáutica, transferindo-se posteriormente, na mesma função, para a Comissão Nacional de Energia Nuclear (CNCC), onde, em pouco tempo, tornou-se orientador de todo o processo orçamentário.

Minha entrada no serviço público se deu por uma via meramente ocasional. Não foi uma escolha, foi necessidade. Eu precisava ganhar a vida, precisava trabalhar para ajudar a família, então segui o caminho natural de ir para um emprego em que meu pai abrisse as portas. E a primeira chance que apareceu foi o concurso de datilógrafo no Ministério da Aeronáutica. E fui seguindo esta linha, um emprego foi levando ao outro.

Após algumas incursões ao nível do estudo superior — começando pelo pré-vestibular do Instituto Rio Branco, passando pelo vestibular da Escola de Engenharia e terminando no curso de matemática da Faculdade Santa Úrsula —, Irapoan Cavalcanti decidiu-se finalmente pela área de administração e ingressou na Fundação Getulio Vargas, onde se formou, se especializou e exerce atualmente as atividades de professor e consultor.

Minha formação literária desordenada levou-me, de início, a sentimentos dúbios, a uma grande confusão mental. Meus interesses eram múltiplos e muitos diferenciados. Essa coisa vária não me deixava fixar num caminho, configurar uma perspectiva mais clara na vida. Na época, foi muito ruim para mim. Hoje, posso afirmar que foi essa base humanística razoavelmente sólida que me ajudou, mais do que o aprendizado em livros técnicos, no entendimento dos problemas das organizações dentro da sociedade.

Convidado para assumir o cargo de diretor executivo da Casa de Rui Barbosa, com a missão específica de implementar as medidas necessárias para transformá-la em fundação, organizou a administração e ampliou as atividades da instituição. Em seguida, transferiu-se para a Secretaria do Patrimônio Histórico e Artístico da União, aí participando da criação da Fundação Nacional Pró-Memória, a seu ver, "um instrumento absolutamente inovador no país, tanto em sua concepção como na estruturação interna". Por discordar da nova orientação governamental, contrária à manutenção de um único dirigente à frente dos dois órgãos, e cumprindo compromisso anteriormente assumido, aceitou a designação para o gabinete particular do recém-empossado presidente José Sarney. Da assessoria presidencial — onde permaneceu pouco tempo — foi conduzido à vice-presidência e, mais tarde, à presidência da Legião Brasileira de Assistência (LBA), onde enfrentou o desafio de modernizar e aumentar a produção da instituição. Em resposta, sua administração adotou medidas de descentralização e montou um sistema de recursos humanos, com ênfase na execução de um plano de cargos e salários que tornou o ingresso na LBA mais atraente para os servidores públicos.

Como consultor, Irapoan Cavalcanti participou da reforma da Empresa de Correios e Telégrafos, que angariou respeito externo, sendo considerada uma das três melhores empresas do gênero no mundo.

Sempre tive interesse em realizar coisas, sem grandes preocupações em ganhar dinheiro. Estas características ajudaram a minha permanência no setor público, que é reconhecidamente um mau pagador. Durante cerca de 23 anos, tive uma seqüência ininterrupta de empregos na administração pública brasileira, sem deixar por um dia sequer de ser chefe de alguma coisa. Mas não foi uma escolha. Foram circunstâncias de vida.

Ozires Silva

Por que ser o rabo do leão, se é possível ser a cabeça do rato?

Há alguns anos, ao ouvir críticas à decisão de produzir aviões de pequeno e médio portes, o então presidente da Embraer, Ozires Silva, rebateu-as com esta questão. Sua resposta desanimou os que defendiam só fazer sentido a entrada da empresa em mercados mais sofisticados, dominados por gigantes, como a Boeing e a Lockheed. Mais tarde, tal orientação comprovou ser acertada. A obstinação e a capacidade administrativa de Ozires Silva levaram a Embraer à descoberta de sua fatia de mercado. Estudos realizados revelaram que os aviões estavam crescendo em tamanho e velocidade, abrindo uma lacuna no transporte aéreo de pequeno porte para as cidades menores. A empresa acabou por conquistar espaço no mercado internacional para os aviões que produzia — Bandeirante, Xingu, Brasília, Tucano — e hoje detém cerca de 40% do mercado norte-americano.

Nasci em Bauru, um município incrustado no interior do estado de São Paulo, de uma família de poucos recursos. Meu pai era um homem simples, que não chegou a completar o grupo escolar, e não achava essencial que os filhos estudassem. Minha mãe, ao contrário, pensava que a educação poderia fazer alguma diferença, e insistiu para que eu fizesse o primário. Mais tarde consegui entrar no ginásio, que concluí a duras penas, *ao mesmo tempo em que trabalhava na oficina de meu pai, fazendo enrolamento de motores e reparos de materiais elétricos.*

Fundada no início do século, Bauru não possuía boas terras para a agricultura e jamais revelou uma vocação industrial. No entanto, por se situar no centro do estado, ocupava uma posição estratégica de importante entroncamento ferroviário: para lá convergia a Estrada de Ferro Paulista — na época, de capital privado —, passava a Estrada de Ferro Noroeste do Brasil — que demandava Mato Grosso — e nascia a Estrada de Ferro Sorocabana, estas últimas estatais. Desde o início, a cidade assumiu a feição de entreposto comercial, para onde se dirigiam mercadores e viajantes. Em conseqüência, as vocações que se desenvolviam eram fatalmente voltadas para o comércio e atividades afins, como a jurídica, por exemplo, restando um pequeno campo de interesse no funcionalismo público, devido às ferrovias estatais. Para o jovem, havia simplesmente essas duas opções.

Na década de 1940, o diretor da Estrada de Ferro Noroeste do Brasil, Marinho Lutz, criou na cidade uma escola de aeromodelismo, dando enorme vitalidade ao aeroclube local, que se tornou um centro de formação de uma mentalidade aeronáutica. Ao lado de um grupo de amigos, passei a me interessar pelo aeromodelismo, cheguei a fazer alguns aviões e, em seguida, comecei a voar de planador puxado a guincho. A prática não era regulamentada à época, o governo ainda não tinha os tentáculos de hoje, de modo que, aos 14 anos, eu já era piloto de planador — algo absolutamente incomum. Dois anos depois, descobri que podia fazer o curso de piloto de graça, entrando para a Força Aérea. O que era a Força Aérea, sinceramente, eu não sabia; não sabia se era para me tornar oficial, militar, não sabia coisa alguma. Sabia apenas que ia pilotar aviões. Com a maior das ignorâncias, fiz o concurso e, como era um aluno razoavelmente aplicado, passei nos exames.

Assim, em 1948, aos 16 anos, Ozires Silva ingressou na Escola de Aeronáutica, transferindo-se para o Rio de Janeiro. Ao se formar oficial aviador, voou cerca de 3 mil horas no avião Catalina em toda a Amazônia, realizando um trabalho ativo de apoio à população. Posteriormente, já como tenente da Força Aérea Brasileira (FAB), totalizou 4 mil horas de vôo no Correio Aéreo Nacional (CAN), com objetivo idêntico, e criou um esquadrão de busca e salvamento, desenvolvendo uma mentalidade assistencial de servidor público. Nesse período, "por questões de sobrevivência", manteve a vontade de construir aviões "praticamente adormecida".

Em 1962, ao se formar engenheiro aeronáutico no Instituto Tecnológico da Aeronáutica (ITA), adquiriu o nível educacional e o *back-*

ground necessários para começar a pensar na fabricação de aviões de um ponto de vista "mais razoavelmente técnico". Em 1965, já com três anos de maturidade, e servindo no Centro Tecnológico da Aeronáutica (CTA), criou coragem para lançar o projeto do Bandeirante. No entanto, cedendo aos argumentos de seu comandante, de que deveria fazer pós-graduação no exterior, a fim de se municiar da autoridade e moral imprescindíveis ao lançamento de um projeto de tal magnitude, adiou por um ano a "corporificação de antigo sonho", para obter o *master* no Californian Institute of Technology (Caltec), nos Estados Unidos. Retornando ao Brasil, dedicou-se com empenho à execução do Bandeirante, que teve seu vôo inaugural em outubro de 1968. Em 1970, com o apoio do então ministro da Aeronáutica, Márcio de Souza e Mello, conseguiu criar a Embraer.

O patrimônio de prestígio e credibilidade acumulado ao longo de sua vida profissional conduziu Ozires Silva a dois outros cargos públicos: o de presidente da Petrobras e o de ministro da Infra-Estrutura do governo de Fernando Collor, afastando-se deste último devido a divergências com a então ministra da Fazenda, Zélia Cardoso de Mello.

O grande drama que vivi no ministério era saber que as decisões do governo não eram tomadas, simplesmente aconteciam. Os problemas iam-se avolumando, nada se decidia, até que, em determinado momento, ficava-se como um animal acuado e tomava-se qualquer direção.

Certo dia, após se demitir da Petrobras, a bordo do avião que o levaria de volta a casa, pensou: "E agora, Ozires? Você é um desempregado!" E jurou que jamais teria novamente essa sensação. Criou, então, a Debraco, uma empresa de intermediação de negócios, à qual pretende retornar ao fim de seu trabalho na Embraer.

Minha história é realmente simples. Sou produto da escola pública. Tive todos os meus cursos pagos pelo Estado. Não fosse isso, ainda hoje, certamente, eu estaria envolvido no seio da pobreza em que me criei, jamais teria saído desse círculo vicioso. Foi por esse caminho, no contato que tive com o Brasil difícil, que se sedimentou a motivação de servidor público.

Paulo Vieira Belotti

> Uma coisa importante no serviço público é ter coragem de cometer irregularidades.

No momento em que a questão da privatização das estatais assume posição de relevo no debate político nacional, o engenheiro Paulo

Belotti enfatiza a importância do papel exercido pela Petrobras no desenvolvimento da indústria petrolífera brasileira. Com base na perspectiva de que o setor público não tem objetivos, e que estes são dados pelas pessoas que, em determinado momento, ocupam os postos-chave da administração do país, coloca em pauta o problema ético das competências, ao lembrar os bilhões de dólares que a Petrobras deixou de ganhar enquanto o governo, apoiado na bandeira do combate à inflação, manteve baixos os preços dos combustíveis, acarretando prejuízos à saúde financeira da empresa. Considera que o desconhecimento, pelos dirigentes, das áreas em que atuam constitui um dos graves problemas da atual administração brasileira, levando ao descrédito no desempenho e no desenvolvimento das instituições públicas nacionais.

Paulo Vieira Belotti nasceu no interior de Minas Gerais, filho de um comerciante de café. Fez os estudos básicos em Juiz de Fora e transferiu-se para o Rio de Janeiro, onde se formou em engenharia e matemática, ao mesmo tempo em que trabalhava no Banco do Brasil.

Minha família tinha um padrão de vida de classe média, meu pai não era um homem rico; pagava os meus estudos, mas eu não desfrutava de grandes vantagens. A engenharia era uma profissão que grande parte dos jovens da minha época gostaria de exercer e, como eu tinha pendor para ciências exatas, foi meu encaminhamento natural. Fiz ainda o curso de matemática e, depois, quando apareceu esse assunto de energia nuclear, acabei me metendo nessa área, que é também correlata com a minha vocação.

Ingressou por concurso no quadro de engenheiros do Banco Nacional de Desenvolvimento Econômico e Social (BNDES), então BNDE, "num período de grande desenvolvimento do país". Sua participação constante nas atividades externas desta instituição financeira, que representou em grupos de trabalho e comissões, rendeu-lhe o conhecimento com o chefe da Casa Militar do presidente Castello Branco, general Ernesto Geisel, que, em 1970, já no governo Médici, ao assumir a presidência da Petrobras, convidou-o para ser diretor da Petrobras Química S.A. (Petroquisa). Posteriormente, tornou-se secretário-geral do Ministério das Minas e Energia, de onde se afastou para ocupar o cargo de diretor financeiro da Petrobras, que exerceu ao longo dos governos de Figueiredo e Sarney.

Adotando posição refratária à atuação no âmbito da política partidária, Paulo Belotti define sua participação na administração pública durante 33 anos como voltada para o desenvolvimento econômico do país e restrita à implementação de programas governamentais envolvendo atividades técnicas, embora requeressem capacidade política de convencimento. Não nega que o êxito de sua ação administrativa deveu-se, em grande parte, ao alto conceito que conseguiu desfrutar junto aos escalões superiores do governo federal, traduzido em respeito à sua prática gerencial.

Para gerenciar a coisa do serviço público é necessário ter conceito, evidentemente, estar preparado, estudar os assuntos, conhecer a área, e organizar uma equipe de suporte altamente especializada e imbuída do mesmo espírito. Sem conceito, não se faz nada na administração pública. E é preciso também ter coragem e ousar cometer irregularidades para superar os entraves impostos pelos controles e a legislação que regem o setor.

Dedicado atualmente à iniciativa privada, em uma empresa ligada ao ramo petroquímico, a Norcel, Paulo Belotti não deixa de lembrar com orgulho o período de sua participação no governo, defendendo a intervenção do Estado na economia como responsável pelo "grande progresso que tivemos nas bases de energia por mais de três décadas. Com a privatização das estatais, vamos regredir alguns anos na retomada do crescimento".

Sérgio Rudge

Sou um atropelador da burocracia. Sempre fui direto ao papa.

Ter jogo de cintura, distanciar-se da política partidária e superar a burocracia da máquina estatal são características consideradas essenciais, pelo médico Sérgio Rudge, ao êxito da prática de administrador no serviço público brasileiro. Diretor do Hospital de Traumato-Ortopedia (HTO) aos 37 anos, conseguiu, em sua gestão, alçá-lo à categoria de excelência, o que exigiu habilidade para lidar com políticos e fornecedores, além de um trato especial com a burocracia e a adoção de um comando descentralizado. "Se você centraliza tudo em suas mãos, não consegue fazer nada." Baseado no tripé humanização-aprimoramento técnico-espírito de equipe, transformou o HTO em um hospital de Primeiro Mundo.

Carioca, criado no Leblon, onde adquiriu o propalado "jogo de cintura", Sérgio Rudge inspirou-se, desde cedo, na figura do pai, o ortopedista Oscar Rudge, responsável pela formação de 11 filhos. Embora no ambiente familiar se adotasse uma disciplina rígida — na hora do almoço, os filhos eram chamados pelo toque de um sino, e deviam apresentar-se devidamente arrumados à mesa —, nos estudos, Sérgio se autodefine como um "aluno mediano", tendo freqüentado diversas escolas até ingressar na Faculdade de Medicina de Vassouras, o que lhe deu a oportunidade de morar sozinho, tornando-se mais independente. Formado em 1975, fez em seguida internato em dermatologia no Hospital Central do Exército, de onde se transferiu para o HTO, a fim de atuar na área de sua escolha, a ortopedia.

Eu vivi no submundo do HTO. Minha formação básica, minha plataforma de pouso foi toda construída lá; fui interno, residente, médico do staff, fui chefe de andar, substituto do chefe de serviço e, no entanto, jamais pensei em me estabelecer na vida pública. Meu caso era a iniciativa privada. Às vezes, eu chegava no hospital de manhã, encontrava o ambulatório cheio de doentes, e encaminhava-os todos para o meu consultório particular, onde os atendia de graça. Meu pai ficava maluco, porque eu misturava os seus clientes VIPs com os pacientes do Inamps. Hoje, o HTO é um hospital de referência nacional e atende também a uma clientela de classe média — médicos, dentistas, engenheiros —, mas, naquela época, os doentes que procuravam o Inamps eram pedreiros, carpinteiros, porteiros... Sempre gostei muito de ter o povão junto de mim.

Há sete anos, meu pai, que era o diretor do hospital, teve uma divergência com o então diretor da Divisão Médica, que deveria ser substituído. Como eu me relacionava muito bem com todos os médicos e os demais funcionários, quiseram me fazer diretor. Eu relutei, de início, achava que não daria certo como administrador, que acabaria jogando o nome do meu pai no chão, porém minha mulher me incentivou: "Por que não? Você se dá com todo mundo, conversa, tem jeito para a coisa. Esse é um cargo mais político..."

Sentei-me, então, na cadeira de diretor médico, mas não tomei uma atitude. Nada! Passei oito meses aprendendo a voar, a dirigir esse Boeing que é o HTO, e comecei a ver como funcionavam os diversos setores, como se configurava todo aquele processo. Quando faltavam cerca de dois anos para meu pai se aposentar pela compulsória, eu lhe disse: "Olhe, quero me sentar na sua cadeira". Meu pai, que era um homem safenado, sofria de problemas cardíacos, ficou branco, lívido, teve taquicardia... Houve até uma reunião familiar com todos os meus irmãos, que disseram: "Puxa, Sérgio, você quer derrubar o papai! Ele passou mal..." Eu retruquei: "Absolutamente! Papai vai ter que sair e, quando sair, vou querer o lugar dele". Seis meses antes de meu pai se aposentar, eu o procurei de novo e disse: "Sua compulsória está aí. Quero dirigir este hospital, tendo você por trás de mim.

Se eu fizer qualquer bobagem, você segura as pontas. Mas quero realmente administrar o HTO, tocá-lo, adotar uma burocracia diferente para conseguir tornar o atendimento mais ágil e eficiente". Eu ainda não podia voar sozinho, mas comecei a construir uma base de sustentação política e a desenvolver alguns procedimentos voltados para uma filosofia de humanização, aprimoramento técnico e espírito de equipe.

Com a saída de Oscar Rudge da direção do HTO, Sérgio Rudge o substituiu no cargo, imprimindo uma feição modernizante e de aperfeiçoamento profissional à sua gestão. O hospital "decolou, explodiu tecnicamente, tornando-se a segunda casa dos médicos", um lugar onde todos passaram a se orgulhar de trabalhar.

O entrave maior ao administrador está no próprio sistema, na burocracia que emperra o desenvolvimento do setor público. Na área de saúde, os hospitais estão sucateados, e os médicos, desestimulados, porque recebem péssima remuneração e não dispõem sequer de equipamentos para operar. E nossos cirurgiões são perfeitos, vão para o exterior e são bem-sucedidos, dão de 10 a zero nos demais. É necessário maior empenho e uma reestruturação da saúde em nível nacional. Sem saúde, não se consegue fazer um intelecto.

Realizar uma boa administração não é difícil; querendo, se faz. O caso é que todo mundo quer status, mas não quer se empenhar em realizar. Sou uma máquina de trabalho; trabalho no hospital, trabalho na clínica, trabalho em casa... A administração pública tornou-se, para mim, uma cachaça. Isso acarreta uma problemática familiar muito grande, pressões mais do que justas. É preciso saber separar as coisas e dar atenção também à vida pessoal. E praticar esportes; ando na Lagoa todo dia, gosto de correr de kart... Se não utilizasse essa válvula de escape, teria enfartado há muito tempo.

Depoimentos e interpretações

Compartilhar quadros de referência

A realidade sempre emergente de fatos, políticas, estruturas e mecanismos de gestão no setor público se desdobra continuamente, a partir da interação social de diversos atores. Localizados em diferentes espaços e camadas de interpretação, ação e decisão, os indivíduos interagem e se influenciam reciprocamente, num ciclo contínuo de construção e reconstrução social da realidade. Esta se torna mais rica e dinâmica na medida da intensidade e diversidade das interações, dado seu caráter promotor da evolução das interpretações que dela fazem os indivíduos. Mas cada espaço ou camada organizacional, mais ou menos especializado, tende a ser um limitador da realidade no sentido dos significados a ela atribuídos, uma vez que "interpretar significa codificar eventos externos em categorias internas que são parte do sistema de cultura e linguagem do grupo.[138] Os relatos de Irapoan Cavalcanti, Ozires Silva e Paulo Belloti, a seguir, são reveladores das sutilezas contidas nesse processo, e de como nele intervêm, construtivamente, administradores mais atentos e experientes.

Depoimento 1: Irapoan Cavalcanti de Lyra — Compartilhar quadros de referência

Ingressei na Comissão de Energia Nuclear em 1963 como datilógrafo e, quando saí, em 1967, era orientador de todo o sistema orçamentário. No ano seguinte, enquanto estudava administração na Fundação Getulio Vargas, atuei como consultor da comissão. Nesse período, aprendi uma coisa curiosa, que muito me ajudou, e que diz respeito às dificuldades com que se depara uma pessoa formada em administração, co-atuando com especialistas, em uma organização que produz um tipo de conhecimento alheio ao senso comum e, portanto, prerrogativa de uma parcela muito restrita da população, como é a questão da energia nuclear. Isto me marcou muito, num momento importante, pois estava em curso a tentativa de racionalização dos gastos públicos no Brasil, com a introdução formal do orçamento-programa.

Quando, em 1966, o então Ministério do Planejamento e Administração Geral pediu que cuidássemos da elaboração do orçamento-programa, ninguém sabia o que era aquilo e como fazer. Eu me aventurei a ler as instruções do documento, e percebi claramente a finalidade de orçar os objetivos, sistematizando-os. Fui então conversar com uma autoridade da comissão: "Vou fazer esse orçamento, mas preciso que o senhor me diga qual é o programa de energia nuclear do país, que objetivos se pretende atingir, para que possamos orçar". Ele me olhou e disse: "Irapoan, desde que você me arranje X cruzeiros para material de consumo, Y cruzeiros para mate-

---

[138] Daft e Weick, 1984.

rial permanente e Z cruzeiros para equipamentos, o resto você pode arrumar como quiser". Esta conversa mostra uma clara inversão de valores: eu, jovem, pensando em definir os objetivos da organização, enquanto seu dirigente considerava mais importante tratar dos elementos de despesa.

Ocupando a direção executiva da Casa de Rui Barbosa, ninguém sabia exatamente como funcionava uma fundação criada pelo governo, tanto que a primeira dotação que recebi foi através de um cheque, em meu nome. Fui a um guichê no Ministério da Fazenda, apresentei os documentos, deram-me o cheque, eu o assinei e depositei em nome da fundação. Encarregado de montar todos os serviços, sofri novo impacto, relacionado também à questão de um profissional da área de administração estar lidando com especialistas.

O mesmo padrão se repetiu no âmbito da Secretaria do Patrimônio Histórico e Artístico da União, onde, por duas vezes, foi necessário estabelecer uma aliança entre administrador profissional e intelectual — primeiro com o secretário Aloísio Magalhães e, após a morte deste, com Marcos Villaça, que o sucedeu —, essencial à condução de uma organização de grande renome técnico e moral.

Minha relação de trabalho com o Aloísio, de início meio fluida, foi se estreitando, a ponto de eu passar a trabalhar na sala dele, o que é uma coisa extraordinária para os padrões usuais brasileiros. Comecei a discutir os problemas que havia do ponto de vista da administração, e surgiram idéias muito curiosas, como a do funcionamento de uma organização sem estrutura, algumas coisas que fizemos e que provavelmente nunca haviam sido feitas no Brasil. Discutíamos até o futuro do sistema de cultura do governo. Eu tinha, talvez, a formação para perceber as coisas que o Aloísio colocava de um ponto de vista intelectual, e então conseguia transformá-las em elementos organizacionais.

O Patrimônio era uma organização por onde haviam passado pessoas notáveis e com interesse intelectual, como Oscar Niemeyer, Roberto Burle Marx, Carlos Drummond de Andrade e Lúcio Costa, mas que havia envelhecido muito do ponto de vista gerencial, pelos óbices do próprio governo. A estrutura de governo o tornara inviável. O primeiro desafio a enfrentar era achar uma nova forma gerencial que o viabilizasse. Isto suscitou a criação da Fundação Nacional Pró-Memória, que passou a realizar todos os serviços até então a cargo do Patrimônio, as pesquisas, os estudos, além de manter os acervos. O exercício do poder de polícia, envolvendo multas, e as restrições à propriedade permaneceram na Secretaria do Patrimônio, cujo titular ocuparia também, na concepção original, a presidência da fundação.

No caso da Fundação Casa de Rui Barbosa, eram importantes as relações que eu mantinha, na qualidade de diretor-geral, com o presidente da instituição e com o ministro da Educação e Cultura; na Fundação Nacional Pró-Memória e na Secretaria do Patrimônio, com o secretário de Cultura e com o ministro da Educação e Cultura, que também cobria a área; na LBA, com o presidente da instituição, quando eu ocupava a vice-presidência. Quando passei a presidente da LBA, assumiram centralidade as relações com o ministro da Previdência e Assistência Social e com o próprio presidente da República, em face do papel que cumpre, historicamente, junto à LBA a primeira-dama, figura igualmente relevante nesse relacionamento.

Tais relações precisam ser muito trabalhadas. Se as pessoas o respeitarem, você consegue muito mais facilmente mostrar que os procedimentos administrativos do governo podem embaraçar a sua ação, e obter, com esses dirigentes, apoio para as modificações necessárias.

Na LBA, por exemplo, o plano de cargos e salários, que foi um elemento importantíssimo para desenvolver a coesão interna e o respeito externo, teve como aliado o ministro Raphael de Almeida Magalhães — devo até chamá-lo de cúmplice. Discutíamos, e ele imediatamente levava nossos pleitos, nos indicava caminhos. Foi sempre uma relação muito boa.

No caso da criação da Fundação Pró-Memória e, depois, no seu fortalecimento, na solução dos problemas do Patrimônio Histórico, foi também uma relação amistosa e cúmplice com o próprio ministro Ludwig e com o secretário-geral do ministério, o Pasquale, que entendiam perfeitamente o problema, o que os levou a ajudar muito. O ministro Ludwig, que era um coronel, curiosamente, foi um dos melhores ministros da Educação que passaram por este país, e melhor ainda para a área da cultura. O pessoal gostava muito dele, por ser homem de grande sensibilidade, de visão democrática, embora servindo a um governo militar. Ele percebia o ritmo da história, abria a discussão, sentava com artistas, inclusive aqueles marcadamente de esquerda.

O Aloísio Magalhães e o Marcos Villaça eram pessoas que eu não conhecia antes de trabalharmos juntos. Marcos Villaça, hoje, é mais do que amigo, é um irmão. Quando eu lhes era subordinado, eram eles que me orientavam em uma série de coisas que, quando se está em nível mais baixo, não se percebe. Eles me davam as interfaces políticas, informações que eu não tinha sobre essas interfaces e que me iluminavam o caminho.

Principalmente na Pró-Memória e na LBA, onde eu trabalhei mais tempo com o Marcos Villaça, isso se fazia com maior facilidade. O Marcos é um grande administrador, um homem de grande descortino, que percebia claramente que essa relação com os superiores devia ser trabalhada. Ele fazia isso com mais competência do que eu. E é impressionante como se constitui em um mecanismo importante. Não basta ter razão; se não se tiver o canal próprio, a hora própria para mostrar que se tem razão, a razão desaparece.

Essa relação com a chefia imediata, o administrador tem que cultivar. É muito diferente do que se costuma chamar, jocosamente, de puxa-saquismo. Não se trata de fazer manifestações de apreço ao senhor diretor, como dizia o Carlos Drummond de Andrade num poema. Não é isso. É colocar ao seu diretor, ao seu ministro, ao seu presidente da República, se for o caso, o que você está fazendo, o que você pensa, e ouvir a opinião do outro, interagindo no trabalho. Essa interação é extremamente facilitadora. Comigo, chegou ao ponto da total confiança mútua; não uma confiança de mão única, mas uma confiança mútua. Eu dei sorte, porque sempre encontrei pessoas facilitadoras, que também estavam dispostas a esse contato, que queriam que as coisas fossem feitas, e por caminhos corretos.

Tanto na órbita da coesão interna quanto na do respeito externo, especialmente nas relações com superiores, é necessário ser absolutamente claro. Em nenhum momento você pode deixar dúvida sobre sua ação, pois, como diz o ditado popular, a mentira tem pernas curtas.

Depoimento 2: Ozires Silva — Ampliar os mapas cognitivos

Desde menino, sempre mexi com a área técnica. Com nove, 10 anos, eu já estava mexendo em motor. Quando comecei a pensar em fazer avião, a primeira pergunta que veio à minha cabeça foi: "Por que Santos Dumont, sendo um brasileiro, inventou o avião, e o Brasil não fabrica avião?" Uma pergunta óbvia, não é? Passei, então, a estudar todas as histórias de como isso aconteceu, a levantar documentação e tentar aprender o que os pioneiros, a partir de Santos Dumont, fizeram para construir avião. Descobri coisas surpreendentes. Uma delas, por exemplo, foi que, até 1960, o Brasil havia fabricado, e feito voar, 600 protótipos de aviões — protótipos! Cada um diferente do outro! —, e só tinha conseguido fabricar em série não mais do que 10 deles.

A primeira conclusão a que cheguei foi que criar um avião novo não é um grande problema, muita gente consegue fazê-lo. O que não se consegue é produzi-los para serem vendidos. A partir de então, dirigi minha atenção para os aspectos de marketing, vendas, posicionamento no mercado, custo do produto, e comecei a enfiar essas idéias na cabeça do meu time, que era do Centro Tecnológico da Aeronáutica — uma organização evidentemente tecnológica —, dizendo o seguinte: "Não é técnica que faz avião, é administração. Se tivermos um processo administrativo eficiente, será esta administração eficiente que poderá obrigar o sistema técnico a produzir avião".

E começamos a consultar as publicações americanas. Desde menino, fiz um enorme esforço para ter acesso à revista de aviação Aviation Week, que leio já há 40 anos. Fundada na década de 1920, é uma revista extraordinária, jamais publicou uma errata — aliás, eles são meus amigos e me mandam semanalmente a publicação.

A Aviation Week publica o orçamento norte-americano para a área de defesa todas as vezes que este é aprovado. E eu lia aquele orçamento, examinando o que continha de mecanismo, e observei que trazia um tipo de informação fundamental para a administração, a que eu chamei de lei dos quatro pês: preço, prazo, perfomance e peso. Peso apenas no caso do avião, porque o avião é o único produto que consome energia para obter sua componente vertical de sustentação. Em todos os demais, essa componente é gratuita.

Eu dizia para o meu time: "Temos que trabalhar nesses pontos: fazermos um avião competitivo, que tenha custos adequados e, em conseqüência, preços que possam assegurar a sua venda, e escolhermos o produto segundo técnicas de marketing, de forma que possamos ocupar posições de demanda no mercado internacional. É por aí que temos de entrar".

Foi assim, pela história do desenvolvimento da indústria aeronáutica brasileira, em que, de 600 protótipos fabricados, apareciam 590 fracassos, que ficou claro para as nossas cabeças o que fazer.

E eu acrescentava: "Os 10 sucessos foram como um ciclo que nasceu, cresceu, desenvolveu e morreu. Nós temos de levar em consideração não só que queremos um ciclo desses, mas que, quando entrarmos com o primeiro, teremos de entrar com outro, de modo que a atividade seja sustentável. É aí que entram os conceitos tradicionais de inovação, criatividade e de deslocamento de um empreendimento de acordo com a volatilidade da demanda".

Foi assim que comecei a desenvolver essas teses fundamentais de pesquisa de mercado e caminhamos na direção da administração. Jamais pensei que as coisas fossem impossíveis, embora pudessem ser difíceis. Lembro-me que, em 1975, eu queria vender o Bandeirante para os Estados Unidos, e consegui, com os meus rolos, conversando com todo mundo, que viesse ao Brasil um inspetor da Federal Aviation Agency — a FAA é o órgão norte-americano de homologação —, cujo nome era Keith Blass. O Keith *passou uma semana conosco. Ao final, chegou na minha sala, nesta mesma sala, que aliás tinha os mesmos móveis, tudo igualzinho, e de pé, nesse canto aqui, disse: "O Bandeirante jamais poderá ser homologado nos Estados Unidos depois dos meus findings". Eu perguntei: "Por quê?" E ele: "Porque o avião precisa sofrer uma quantidade imensa de modificações para voar nos Estados Unidos". Eu disse: "Imensa significa um milhão?" Ele respondeu: "Não, não um milhão, mas..." Eu falei: "Ótimo, vamos sentar e o senhor me diz qual é a primeira". Ele levou um susto: "Mas o senhor está brincando?!" Eu respondi: "Não, a não ser que o senhor esteja". Ele ficou me olhando e disse: "Não, não estou. Mas o senhor jamais vai conseguir". Eu retruquei: "O jamais conseguir é problema meu. O senhor me diz quais são as mil modificações e vamos começar". Quatro anos depois ele voltou ao Brasil e, nesta mesma mesa, orgulhosamente, assinou o certificado de homologação do Bandeirante nos Estados Unidos.*

Ainda hoje de manhã, na reunião de diretoria, um dos diretores disse: "Mas isso é a longo prazo". Eu insisti: "Pois é, mas se ficarmos dizendo que é a longo prazo e nunca começarmos, vai ser sempre um longo prazo. Se começarmos logo, um determinado longo prazo se torna hoje, não é verdade?"

Para isso, foi muito importante a formação técnica. O Keith Blass, quando estava conversando comigo, não estava conversando apenas com o administrador, mas com o engenheiro aeronáutico que conhecia a questão. Então, quando ele começava a colocar os pontos técnicos, eu entrava, debatia, rebatia. Acabei ficando muito amigo do Keith e aprendendo muito dos americanos com ele, porque o americano é diferente de nós, brasileiros; ele não leva desaforo para casa. Um brasileiro chega para o senhor e diz: "Isso nunca vai poder acontecer, é impossível." Se o senhor conseguir, a despeito desta afirmação, ele se vinga, criando-lhe todo o embaraço possível. O Keith, não. O Keith fez aquela afirmativa e, a partir do instante em que eu decidi caminhar no assunto, ele ficou em dúvida, voltou para os Estados Unidos em dúvida, porém jamais se tornou um opositor. Ao contrário, quando assinou o certificado de homologação do Bandeirante, ele assinou com orgulho. É uma diferença fundamental de comportamento, o que me entristece muito ao pensar no Brasil. Porque o que constrói um grande país é uma soma de sucessos, se possível, da maioria da população.

Depoimento 3: Paulo Vieira Belotti — Realizar rodízio de cargos e funções

O exemplo, no Brasil, tem que partir do presidente da República. O exemplo de trabalhar, de se preparar, de saber das coisas, de se informar e participar das decisões em reuniões em pé de igualdade com os demais. Isso representa um esforço grande, muito estudo e um trabalho realmente cansativo. De nada adianta ter um chefe que não tem conhecimento, que não tem capacidade. O presidente Geisel era um exemplo: não se deixava envolver por lutas de poder, por malandragem, não caía nessas esparrelas, porque estudava os assuntos, levava para casa, lia, se situava, discutia, participava.

Eu assisti, certa vez, a uma discussão entre o Banco do Brasil e a Companhia Siderúrgica Nacional. O Banco do Brasil havia emprestado um dinheiro à CSN, chegara a época do pagamento e a empresa não podia pagar. Então queria renovar o empréstimo, e o banco se opunha, porque precisava do dinheiro. Foi uma confusão... O presidente foi intermediar a questão, mas os valores eram altos, e ele não conseguia convencer nenhuma das partes. Até que, em dado momento, disse: "Já sei o que vou fazer: vou trocar vocês de posição". Virou-se para o Ângelo: "Ângelo, você vai ser presidente da Siderbrás, e você, Américo, agora é presidente do Banco do Brasil. Assim, cada um vai começar a entender o problema do outro para poder decidir".

Num primeiro momento, o relato de Irapoan realça a perplexidade do, à época, jovem e inexperiente técnico, ainda em fase de formação acadêmica em administração pública, a quem foi solicitado formalizar objetivos, metas, programas, projetos e atividades de uma proposta de orçamento concebida dentro de uma nova lógica. Certamente, o conceito de orçamento-programa, gerado em outro país, havia sido objeto de interpretações, ações e decisões, conduzidas nos espaços político-administrativos especializados, que o levaram à existência normativa e à possibilidade de adoção formal por todas as organizações da administração pública brasileira. Nada que um jovem inteligente, compromissado e estudioso da administração não pudesse fazer, no sentido de preencher formulários, com alguma ajuda de especialistas da área, ainda que no complexo âmbito de uma Comissão de Energia Nuclear. O jovem Irapoan percebeu, no entanto, que, entre a adoção formal do orçamento-programa pela comissão, em cumprimento à norma, e o orçamento-programa vir a tornar-se uma realidade, um intenso processo interativo de construção deveria ocorrer no desdobramento de vários ciclos orçamentários. Até que o orçamento-programa viesse a ser interpretado, de forma mais generalizada e estabilizada, como um instrumento de gestão, muita ação iria transcorrer, através dos anos. Não bastaria o entendimento que dele tinham os especialistas de outras esferas governamentais, nem o seu próprio, capaz de decodificar a essência do conceito com as categorias de que já dispunha em seu quadro de referência mais especializado em administração. Só a interpretação compartilhada determinaria futuramente a eficácia do novo sistema, e não a pretensa decisão de implementá-lo mecanicamente. A ação contínua, ainda que inicialmente de caráter burocrático, precederia a nova interpretação, bem como a verdadeira decisão, de tê-lo como um instrumento inovador, pleno de significado. Isto só seria possível como resultante de um processo de vivência interativa na implementação. Para o dirigente da comissão mencionado, o orçamento tinha um significado claro e essencial: uma chave do cofre que permitiria à comissão realizar suas atividades e, possivelmente, incrementá-las e melhorá-las:

"Irapoan, desde que você me arranje X cruzeiros para material de consumo, Y cruzeiros para material permanente e Z cruzeiros para equipamentos, o resto você pode arrumar como quiser."

No seu quadro de referência importavam, como não poderia deixar de ser, os recursos orçamentários a serem disponibilizados. Todo o resto era irrelevante, inclusive a possibilidade do uso do orçamento como instrumento de gestão, coisa que sequer fazia parte de seu universo de atenção e cogitação. Não passou despercebido ao jovem Irapoan, no entanto, o reverso da medalha, como facilmente se depreende de seu relato sobre a Secretaria do Patrimônio Histórico e Artístico da União. É comum especialistas em gestão não desenvolverem uma sensibilidade para as questões substantivas de políticas públicas, sonhos e metas visionárias de realização, bem como para as metas políticas assumidas pelos dirigentes, especialistas ou generalistas, politicamente designados. Falta-lhes a ampliação de seus quadros de referência, absorvendo novas categorias que lhes permitam compartilhar interpretações e reconstruções da realidade com seus dirigentes e pares oriundos de diferentes áreas do conhecimento. Nesse sentido, Irapoan passou a valorizar a interação profunda com os detentores de códigos substantivos para, na troca profícua de categorias e códigos de conhecimento, compartilhar interpretações conducentes à efetiva implementação de políticas públicas através de organizações burocráticas.

Minha relação de trabalho com o Aloísio, de início meio fluida, foi se estreitando (...) Eu comecei a discutir os problemas que havia do ponto de vista da administração, e surgiram idéias muito curiosas (...) Eu tinha, talvez, a formação para perceber as coisas que o Aloísio colocava de um ponto de vista intelectual, e então conseguia transformá-las em elementos organizacionais.

A criação de uma empresa para a fabricação e comercialização de aviões no âmbito do setor público, ainda que como empresa estatal, é, sob qualquer critério, tarefa de complexidade maior. Este foi o caso da Embraer, nutrida no caldo de instituições também governamentais, como o então Ministério da Aeronáutica, o Centro Tecnológico de Aeronáutica (CTA) e o Instituto Tecnológico de Aeronáutica (ITA). Este caldo de cultura tecnológica e burocrática resultou tanto em potencialidades quanto em restrições para o pleno desabrochar e desenvolvimento do sonho de uma indústria aeronáutica competitiva nos mercados interno e externo. Como agregar à competência tecnológica uma visão de "engenharia de negócios" e a sensibilidade às questões de gestão, como, por exemplo, as referentes ao gerenciamento dos rebates organizacionais decorrentes da engenharia simultânea no processo produtivo?

O relato de Ozires Silva revela sua percepção da centralidade da interação dos indivíduos no esforço de buscar uma concordância sobre certos significados e definições para a ação coordenada. O projeto da Embraer dependeria substancialmente da expansão e simbiose de universos culturais, de forma que os códigos de interpretação da realidade de engenheiros de alta especialização viessem também a assumir o compromisso com categorias de negócios e gestão, que não faziam parte de seu mundo técnico, científico e profissional. Ozires atribui a este ponto, ou melhor, à falta de preocupação com este ponto, o florescimento tardio de uma indústria aeronáutica no país. O papel do dirigente, na apresentação insistente a seus subordinados e associados de um mundo de múltiplas realidades, para ser vivenciado de forma compartilhada, parece ter sido definitivo na viabilização do empreendimento.

É interessante notar que Ozires inicia seu projeto, intuitivamente, com a busca de um significado (*meaning*) para o paradoxo de que o pioneirismo de um brasileiro, de lembrança oficial e popular cultuada, não tivesse gerado uma indústria aeronáutica digna do termo, do inventor e da capacidade industrial do país. Ozires não se contentou com as muitas formulações existentes, derivadas da aplicação das leis gerais da economia, para explicar as vicissitudes do processo de industrialização brasileiro. Elas certamente não teriam sido inspiradoras para sua ação. Não seria exagero afirmar que, mais do que de um tecnólogo especializado ou administrador, a busca de Ozires foi a de um hermeneuta, no afã de penetrar o significado profundo de uma realidade econômico-social da produção num setor até então incipiente e desorganizado. Como explicam Burrel e Morgan a disciplina e o método da hermenêutica:

é largamente pelo trabalho de Dilthey que a hermenêutica obteve o *status* de escola de pensamento dentro do contexto da teoria social contemporânea. Nas mãos de Dilthey, ela foi essencialmente uma metodologia para o estudo das objetivações mentais. Ela teve um papel central em seu esquema geral de produção de saber objetivamente válido, nas *Geisteswissenschaften* (ciências filosóficas), pelo método do entendimento (*Verstehen*). O entendimento (*Verstehen*) é o meio pelo qual compreendemos o significado de uma situação histórica ou social, ou de um artefato cultural (...) um método de entendimento baseado no revigoramento (*re-enactment*). A fim de ser compreendido, o objeto de estudo precisava ser reavivado na vida subjetiva do observador. Através deste processo, Dilthey alegava, o saber objetivo poderia ser obtido.

Dilthey sustentava que uma das avenidas principais para o entendimento (*Verstehen*) passava pelo estudo das afirmações vitais empíricas — instituições, situações históricas, língua etc. — que refletiam a vida interior de seus criadores. O estudo destas criações sociais era visto como a avenida principal para a compreensão do mundo da mente objetiva. Tal era o método da hermenêutica.[139]

    O longo trecho citado sobre hermenêutica justifica-se por bem esclarecer a ênfase dada por Ozires a seus esforços para entender (*understanding*), no sentido mais profundo do termo, o processo que estava em curso no Brasil de uma embrionária indústria aeronáutica, embora ainda subjacente à realidade objetivamente percebida. O cuidadoso estudo de documentos referentes à história de cada um dos 600 protótipos desenvolvidos revelou uma linguagem muito distinta daquela, também intensa e sistematicamente estudada, da revista *Aviation Week*. Os cotidianos daqueles que vivenciavam as experiências da construção de aeroplanos no Brasil e nos Estados Unidos revelavam-se extremamente diferenciados, separados por um enorme fosso cultural, detectável nas referências, categorias, conceitos e tipificações revelados nas análises documentais. Mas Ozires ganhou inspiração realizadora, ao perceber que a grande diferença não estava no domínio da província de significados referentes à cultura tecnológica, mas sim na província dos significados referentes aos negócios e à administração, praticamente inexistentes na área aeronáutica, no Brasil. Ao desenvolver para si esta consciência e estabelecer, no plano subjetivo da intencionalidade, a ponte entre os

---

[139] Burrel e Morgan, 1980:236-237.

dois mundos, já estabelecida com sucesso em outras áreas no país, Ozires pôde articular um discurso capaz de mobilizar superiores, pares e subordinados, para objetivar o projeto da produção e comercialização sustentada de aviões civis e militares no país.

As interpretações, construções e intercâmbios de quadros de referência, que Irapoan Cavalcanti e Ozires Silva perseguiram como elemento crítico na eficácia da gestão, parecem sustentar a importância dos pressupostos alternativos apresentados por Weick àqueles comumente presentes em estudos de modelagem organizacional. Aqueles estudos, para o autor, tendem a adotar pressupostos equivocados sobre a natureza da modelagem organizacional. Primeiro, assumem que "decisões determinam a eficácia". Segundo, que "o propósito da modelagem é facilitar a tomada de decisões". Terceiro, que "as pessoas decidem e depois agem". Na visão da modelagem organizacional como improvisação, que Weick submete aos estudiosos do tema, seria mais adequada a adoção de outros pressupostos. Primeiro, seria mais válido pressupor que "as interpretações determinam a eficácia". Segundo, admitir que "o propósito da modelagem é facilitar a interpretação". Terceiro, que "as pessoas agem e depois interpretam".[140]

Administradores, como Irapoan e Ozires, estão diretamente envolvidos no negócio da interpretação, da busca constante do entendimento (*Verstehen*) que os ajude a modelar e remodelar, continuamente, estruturas mutantes, formais ou informais. Na qualidade de "cientistas sociais" de plantão, são observadores intuitivamente engajados numa espécie de "círculo hermenêutico"[141] do conhecimento, em que não se determinam pontos iniciais de entrada, e convive-se com incertezas e pressupostos provisórios. Esses administradores não estão tão preocupados em reviver ou entrar nas experiências subjetivas dos outros para "conhecer", como propõe a abordagem metodológica de Dilthey. Mas seguramente, como relatado nas histórias, para eles, a apreensão da situação complexa a ser "conhecida" requer o intercâmbio de quadros de referência entre observador (administrador) e observado (superiores, pares, subordinados, parceiros, concorrentes etc.).[142]

O relato de Paulo Belotti sobre a troca de papéis entre os dirigentes do Banco do Brasil e da Companhia Siderúrgica Nacional, proposta

---

[140] Weick, 1995:360.
[141] Dilthey, 1976.
[142] Gadamer, segundo Burrel e Morgan, 1980:238.

pelo presidente Geisel, no sentido da superação de um difícil impasse, dá bem a medida dos limites impostos por quadros interpretativos de referências restritas em decisões governamentais de amplo espectro e graves conseqüências. No caso, só a vivência da responsabilidade dos cargos poderia gerar a sensibilidade interpretativa capaz de promover a decisão eficaz, expandindo o mapa cognitivo dos atores, pela inclusão de novas categorias interpretativas capazes de melhor avaliar as condições presentes à situação.

Explorar os limites da formalidade

Mesmo quando modelando mecanismos formais de gestão em suas organizações, parametrizados por normas mais gerais, como ocorre no âmbito do setor público, dirigentes criativos e ousados buscam identificar e explorar ao máximo os graus de liberdade de que possam dispor. Este é o caso de planos de cargos e salários. No entanto, há situações em que essa exploração não pode, por outro lado e no momento seguinte, render-se aos cânones técnicos das especializações, desenvolvidos a partir de pressupostos equivocados. Os saberes técnicos tal como os teóricos — embora em menor escala, mas não tão pequena em áreas menos exatas como a administração — primam por fazer o singular, o individual e o particular serem tragados pela generalização, na busca da padronização protocolar ou da universalização conceitual. O depoimento de Irapoan Cavalcanti bem ilustra este ponto.

Depoimento 4: Irapoan Cavalcanti — Explorar os limites da formalidade

Na Fundação Casa de Rui Barbosa fizemos, se não me engano, em 1968, um plano de cargos e salários com um sistema de promoção por mérito. Historicamente, não sei como se poderia situar este plano, mas até hoje a maioria dos órgãos não possui um plano de cargos e salários, e já estamos em 1992. O plano admitia dois pressupostos básicos: a pessoa que permanecia no emprego agregava sempre algum tipo de conhecimento, por menor que fosse, que devia ser recompensado; e alguns agregavam maior contribuição ao serviço do que outros. Então havia o sistema do mérito excludente, era competição mesmo, para não corrermos o risco de promover um grande empate. Era o sistema da curva forçada, unitária. Para 10 fun-

cionários, 10 pontuações diferentes na avaliação do desempenho. E obrigava-nos, também, à publicação dos resultados. Jogo limpo: quem avaliava tinha que mostrar a avaliação. Isto criou um bem-estar na organização, pois cada funcionário passou a perceber que, produzindo, seria recompensado. Alguns, ainda bem jovens, chegaram rapidamente ao topo da carreira.

Com isso, estabeleceu-se um clima de euforia. As coisas eram editadas, e demos início a uma série de atividades culturais sem paralelo no Brasil. Os primeiros concertos em museu foram dados na Casa de Rui Barbosa; foi nossa a iniciativa de um museu ter concerto de música clássica e popular. Havia o medo de que pudessem quebrar as coisas, mas eu disse que não iam quebrar, e jamais quebraram nada; os jovens iam lá, sentavam-se no chão e se comportavam com o maior respeito.

Também na Legião Brasileira de Assistência, o instrumento formal utilizado para melhorar o moral do pessoal e permitir o comprometimento com metas mais ambiciosas foi um plano de cargos e salários, elaborado e implantado de forma gradual.

Foi criado um sistema de pessoal que previa carreiras, um sistema de promoção, de recompensas gerais e benefícios, avaliação participativa, treinamento e a garantia de que, até certo nível da estrutura, obrigatoriamente, os cargos seriam ocupados por funcionários de carreira e, no nível superior, dois terços seriam também a eles dedicados, restando apenas um terço para ocupação política por quadros externos à instituição.

Se fôssemos fazer um plano tradicional, levaríamos dois anos para tê-lo pronto, com seus diagnósticos, dimensionamento da força de trabalho etc. Porém, em seis meses poderíamos ter uma listagem racional de cargos, porque até então reinava o ilógico: um funcionário era datilógrafo, outro, operador de máquina de escrever, e recebiam salários diferentes. Fizemos uma listagem de cargos com salários idênticos para as mesmas funções, e propusemos realizar o plano em etapas, para tê-lo implantado ao cabo de dois anos. Do ponto de vista técnico, parecia uma heresia, mas os funcionários aceitaram a proposta. Com isso, aqueles blocos foram imediatamente igualados: todos os que batiam à máquina passaram a ganhar igual, de saída; todos os assistentes sociais também. Como foi estabelecido um valor relativo, o digitador de micro deixou de ser o maior salário. Isso fez com que os funcionários acreditassem no plano e se transformassem em seus grandes aliados.

Quando deixei a Fundação Casa de Rui Barbosa, seus funcionários eram os que mais ganhavam no setor cultural. Quando deixei a Fundação Pró-Memória, também os seus funcionários eram os mais bem pagos no setor. *O mesmo se deu com a Legião Brasileira de Assistência, então na área do Ministério da Previdência e Assistência Social.*

Isso exige trabalho, requer negociação. Por que esses órgãos conseguiram pagar salários mais altos dentro da legislação? Por que outros não conseguiram? Porque talvez não tenham explorado melhores possibilidades. Por que alguns desses órgãos que dirigi já não estão na mesma posição de vanguarda? Talvez porque não tenham sido continuamente exploradas essas possibilidades.

Mesmo que haja um limitador, deve-se perceber que, historicamente, o limitador tem um tempo, vai durar apenas alguns anos. Não se tem notícia de nenhum limitador que tenha durado a história toda. É necessário ter essa visão temporal e adaptar-se historicamente ao contexto. Há uma forte tendência — e nós, técnicos, somos dados a isso — de se perder esta perspectiva, que deve ser explorada nos casos das limitações burocráticas. Se tenho um limitador hoje, vou explorá-lo ao máximo. Daqui a dois anos o mundo é outro, e talvez o limitador também seja outro. Então deve-se atuar historicamente no momento. Quero dizer o seguinte: se você dispõe de um nível X de salário, pode fazer o seu sistema de promoções funcionar mais rapidamente. Um especialista poderia argumentar que, se isto for feito, em cinco anos ter-se-á esgotado a capacidade de as pessoas serem promovidas. Mesmo assim, tudo bem, porque quem garante que, em nossa realidade, dentro de cinco anos, o limitador não será outro? As mudanças da sociedade certamente levarão à mudança do limitador. Neste caso, far-se-á outro sistema. O importante é que o grupo esteja satisfeito, recompensado adequadamente por seu trabalho, e que se mantenham os limites éticos ao se promoverem os instrumentos de gestão.

O depoimento de Irapoan realça o argumento técnico reticente, que poderia obstaculizar suas ações pragmáticas para acelerar a evolução de uma situação organizacional mais equilibrada e em patamares mais elevados entre contribuições e recompensas.[143] A restrição de um modelador especializado em planos de cargos e salários seria, certamente, à possibilidade de que um funcionário ascendesse ao cargo mais alto de sua carreira muito antes da aproximação de sua aposentadoria. Isto estaria comprometendo a lógica do plano na sua capacidade futura de gerar recompensas. Para Irapoan, no entanto, o foco de sua *atenção* estava em como atrair talentos e recompensá-los da melhor forma possível, num contexto de médias salariais muito baixas, para obter desses

---

[143] Barnard, 1968.

funcionários o melhor comprometimento. Aqui e agora, ou no menor espaço de tempo possível, caberia levar aos limites, impostos pelos dispositivos formais e capacidade orçamentária específica, as possibilidades de remuneração.

Seu pressuposto se move da crença de que a modelagem é um plano (*blueprint*), como tendem a assumir os especialistas, para entendê-la com uma receita (*recipe*).[144] Esta é uma forma de mudar a atenção da visão estática para a abordagem dinâmica da modelagem organizacional.[145] Para Irapoan, a receita para a estrutura de cargos e salários seria pagar mais e no menor tempo, tanto quanto possível, aos melhores funcionários. Para muitos especialistas da modelagem, o plano de cargos seria o objetivo, e a receita o meio de alcançá-lo. Nesse sentido, tendo em vista um plano estável, de longa vida, para os especialistas as receitas que o compusessem teriam de com ele guardar coerência. Weick esclarece bem este ponto:

> Projetos, planilhas, organogramas, partituras musicais, gravuras, diagramas e fórmulas químicas, todos apreendem e capturam como sentimos o trabalho. Estes instrumentos e recursos ajudam-nos na identificação e na rotulação do que vemos (...) Mas o que projetos e planilhas não podem fazer é apreender e capturar como esse mundo sentido começou a existir. Precisa-se de uma receita para se fazer isso (...) Arquitetos podem lidar com projetos e planilhas como "concretudes", mas as pessoas comuns, que só podem improvisar com elas, tratam-nas como "emergentes". "Concretudes" — para pessoas que improvisam — são receitas e rotinas pelas quais tais indivíduos conseguem gerar ações que poderiam se tornar qualquer um dos vários projetos e planilhas diferentes.[146]

Como Irapoan observa:

Um especialista poderia argumentar que, se isto for feito, em cinco anos ter-se-á esgotado a capacidade de as pessoas serem promovidas. Mesmo assim, tudo bem, porque quem garante que, em nossa realidade, dentro de cinco anos, o limitador não será outro?

Comprometido com uma modelagem emergente e mais contínua, sensível a pequenas mudanças nas condições locais, Irapoan compreende que a modelagem é continuamente atualizada conforme mu-

---
[144] Weick, 1995:348.
[145] Ibid., p. 350.
[146] Ibid.

dam as pessoas e as condições. Como Weick, Irapoan parte do pressuposto de que "modelagens são relativamente transitórias", e não "relativamente permanentes", como muitos especialistas e estudiosos assumem.[147]

Ao referir-se ao sistema de administração de pessoal da Legião Brasileira de Assistência, "elaborado e implantado de forma gradual", o que poderia ter sido considerado uma heresia técnica, Irapoan revela a disponibilização do espaço e *timing* necessário para que os funcionários, aos poucos, no desdobramento dos fatos, nele ganhassem confiança e a traduzissem em apoio, comprometimento e contribuições à própria modelagem do plano. O sistema foi composto por "um sistema de promoção, de recompensas gerais e benefícios, avaliação participativa, treinamento". Parafraseando Weick,[148] uma receita típica para a modelagem, neste caso, seria: considere o componente promoções e o compatibilize com os tempos médios para aposentadorias; considere as compensações e os salários e os achate; considere as avaliações e as torne negociáveis; considere o treinamento e o universalize. Em cada caso, um ponto de partida é especificado — promoções, salários, avaliações, treinamento. E uma ação também é especificada — compatibilizar, achatar, negociar, universalizar. O que está em pauta, aqui, não é o mérito da recomendação. Mas, como Weick observa:

> o que não é especificado de antemão são as estruturas que emergirão à medida que estas ações e pontos de partida são misturados. Mesmo quando projetos e planilhas pormenorizados supostamente conduzem ao processo de modelagem, esta mesma qualidade ilimitada (*open ended*) se faz presente. Os acontecimentos se põem em movimento, mas a regularidade (*orderliness*) que eles estabelecem permanece por ser descoberta.[149]

No caso, como relata Irapoan:

Fizemos uma listagem de cargos com salários idênticos para as mesmas funções, e propusemos realizar o plano em etapas, para tê-lo implantado ao cabo de dois anos. Do ponto de vista técnico, parecia uma heresia, mas os funcionários aceitaram a proposta. Com isso, aqueles blocos foram imediatamente igualados: todos os que batiam à máquina passaram a ga-

---

[147] Weick, 1995:371.
[148] Ibid., p. 350.
[149] Ibid.

nhar igual, de saída; todos os assistentes sociais também. Como foi estabelecido um valor relativo, o digitador de micro deixou de ser o maior salário. Isso fez com que os funcionários acreditassem no plano e se transformassem em seus grandes aliados.

A nova ordem que se foi desdobrando e revelando, no espaço aberto para a interpretação dos funcionários, correspondia a uma expectativa de valorização relativa das funções substantivas de uma organização de assistência social (social workers), em face de outras supervalorizadas, numa visão pura de mercado, por serem novas, como a de operadores de computador. A adesão dos funcionários alimentou eventos do processo relevantes para a modelagem e implementação do plano que evoluía em etapas.

Fazer o jogo da burocracia

Muito já se escreveu, em teoria das organizações, sobre uniformidade e padronização nas organizações, e sobre os resultados patológicos produzidos pelo modelo burocrático nos valores, atitudes e comportamentos dos burocratas.[150] Entretanto, menos se conhece sobre as estratégias usadas pelos administradores para lidar com situações concretas, considerando-se os embates, no fluxo contínuo das ações, com as inflexibilidades normativas a que estão sujeitos no setor público. Pode o administrador comprometido com a ação aceitar passivamente as injunções da padronização? Para um administrador mais atento, a padronização de procedimentos pode converter-se em importante oportunidade? Podem os canais de comunicação ser sustentados pela formalidade da modelagem estabelecida?

Depoimento 5: Irapoan Cavalcanti — Tirar vantagem da padronização

No Patrimônio Histórico — só para falar da vertente chamada Pedra e Cal —, tínhamos que lidar com decisões sofisticadas, impossíveis de se objetivarem. Muitos gostariam que se criasse um código, estabelecendo como se objetivam as decisões no Patrimônio. Uma tolice. Um edifício pintado de

---

[150] March e Simon (1981); Thompson (1961).

amarelo em determinado lugar pode não causar problema; em outro, causa. Não existe sistema objetivo para se lidar com volumetria. Um edifício de grande volumetria pode não criar problema em um lugar e criar em outro. São questões tão sofisticadas que só um quadro de recursos humanos igualmente sofisticado pode proceder à sua análise. No Patrimônio, o nível de sofisticação que o objetivo requeria não se fazia acompanhar por um sistema de recompensa que levasse à promoção de um quadro de pessoal sofisticado. Porque um arquiteto do Patrimônio tinha que ganhar o mesmo que um arquiteto encarregado da manutenção dos prédios na Esplanada dos Ministérios, quando são duas atividades diferentes. Ambos são arquitetos, mas realizam atividades diferentes.

As normas para compras e licitações de serviços, bem como aquelas referentes a sistemas de recompensas, de modo geral, também não estão em sintonia com as necessidades dos serviços.

Logo que chegamos no Patrimônio, Ouro Preto estava vindo abaixo. Tinha havido uma grande chuva, e os morros estavam literalmente escorrendo. Era necessário fazer imediatamente uma obra de sustentação das encostas. E foi uma confusão muito grande, porque os sistemas de aquisição desses serviços são lentos. Como era uma obra de grande porte, devíamos submeter-nos a processos tão demorados que, quando afinal fôssemos realizá-la, os morros já teriam escorrido.

Ainda no Patrimônio, havia uma história muito engraçada. O nosso Roberto Burle Marx, sem dúvida o maior paisagista do país, não podia fazer a manutenção dos jardins do Palácio da Cultura, criados por ele, porque tínhamos que chamar uma concorrência pública, que ele naturalmente perderia, porque outros apresentariam preços mais baixos. Então, sua própria obra não poderia ser por ele conservada, porque os sistemas administrativos não permitiam. Quer dizer, o importante, que era conservar aquele desenho original com fidelidade, era dificultado pelas regras gerais da administração.

No Brasil, faz-se uma confusão muito grande entre relatórios gerenciais e contabilidade. Enquanto não se fecha a contabilidade, não se tem o relatório gerencial na área financeira. Por quê? Porque muitas vezes está faltando acertar a irrisória diferença de cinco cruzeiros.

Enquanto o bom senso diz que o ex ante deve ser genérico e o ex post detalhado, em nosso meio burocrático o planejamento tem que ser tão detalhado que se torna uma carta de brincadeira para cumprir as necessidades da burocracia. O planejamento não é propriamente um planejamento, mas uma contabilidade do que se vai fazer. E todas as organizações cumprem o mesmo nível de detalhamento, muito embora tenham diferentes *produtos. A mesma planilha usada por uma organização de pesquisa é usada por uma organização que presta serviços repetitivos. Se você só recebe os recursos se preencher a planilha, você é induzido a preencher aqueles elementos mesmo que não os conheça ou não tenha nenhuma idéia sobre eles. Então você os inventa. Isso desmoralizou o sistema de planejamento no país. O setor público é variado e tem sistemas uniformes. É como se todas as pessoas devessem calçar número 40, independentemente do tamanho de seus pés.*

Na Fundação Casa de Rui Barbosa, eu tinha um grande problema: precisávamos fazer uma reforma na sua parte histórica, isto é, na casa em que Rui Barbosa realmente viveu, e pretendíamos que a Casa crescesse como instituição, ampliando suas atividades. Assim, além da obra de restauração do patrimônio histórico, queríamos melhorar as instalações administrativas. Fazia-se necessário pedir um dinheiro especial para a reforma.

Eu percebia que o procedimento para coisas do gênero era idêntico e tratado juridicamente. Quer dizer, o analista da área da educação e cultura me recebia da mesma forma que recebia o diretor de um organismo muito maior. O tempo que ele levava discutindo comigo era o mesmo que levava discutindo com o reitor da Universidade do Brasil, sendo que, à época, eu tinha, se tanto, uns 50 funcionários. O mesmo número de formulários que eu deveria preencher seria o que ele preencheria para um projeto muito maior, a meu desfavor. Os procedimentos eram os mesmos. Pensei... pensei... pensei naquilo e concluí: "Se vou ter o mesmo tempo para discutir, se vou preencher os mesmos formulários, passar pelas mesmas dificuldades, que tal expandir isso de uma vez? Que tal construir um prédio que permita a expansão das atividades da fundação, liberando o prédio histórico para seus propósitos adequados? Porque estou vendo que vou despender o mesmo esforço e o mesmo tempo para negociar um gasto de 10 ou de mil". Decidi fazer a proposta de gastar mil. Deu certo, aprovaram.

Depoimento 6: Irapoan Cavalcanti — Utilizar o elemento-surpresa das práticas inovadoras

Outra estratégia utilizada para driblar os tentáculos da padronização é o embate respaldado no discurso e na prática da inovação. A inovação encerra sempre um elemento-surpresa que lhe garante maior probabilidade de vitória, pelo menos por algum tempo, no embate com a burocracia.

Como a Casa de Rui Barbosa foi a primeira fundação, de início tudo era invenção. Fui chamado ao Conselho Federal de Cultura para fazer uma exposição sobre como a instituição estava funcionando vis-à-vis as exigências burocráticas tradicionais. Eu tinha sempre embates muito fortes, argumentando com base na nova fórmula institucional de fundação adotada e nas iniciativas pioneiras.

Isso é muito interessante, porque hoje a administração central, com seus sistemas, já está limitando as flexibilidades que existiam nessas fórmulas institucionais inovadoras da fundação pública, da própria autarquia e até mesmo das empresas estatais. Aquele primeiro momento foi, de alguma maneira, um momento privilegiado, em que os tentáculos ainda não nos haviam alcançado e era possível dar combate quando tentavam nos enquadrar.

Quando cheguei à Casa de Rui Barbosa, não havia um sistema de pessoal que beneficiasse esse profissional. Todos os funcionários eram tratados da mesma forma. O pesquisador tinha as mesmas gratificações e o mesmo sistema de horários do porteiro — estou citando casos extremos de uma situação que comportava nuances, mas cuja lógica essencial era esta. Isso é uma grande besteira! Eu preciso que o porteiro bata o ponto porque faz-se necessário que ele abra a porta às oito horas para o público entrar, mas não posso estabelecer que um pesquisador ligue sua imaginação às oito horas e a desligue às seis da tarde.

Em face dessa realidade, eu precisava que os preparadores de texto tivessem dedicação exclusiva à Casa. Por quê? Primeiro, por se tratar de uma revisão altamente especializada, que implica um profundo conhecimento do texto, um trabalho, talvez, da melhor qualidade que se faz no país. Eu não poderia admitir que aquele profissional, ao sair de lá, fosse para outro emprego se cansar. O risco era muito grande, e não tínhamos como consertar os erros. É diferente de uma linha de montagem industrial, em que se pode tirar fora a unidade defeituosa. Com o livro, só se vai perceber que ele está ruim depois de impresso. É impossível se fazer a revisão da revisão.

Criei, então, uma gratificação de dedicação exclusiva para revisores e pesquisadores em geral. Quando fui buscar dinheiro no governo, tive de enfrentar resistências e brigar muito.

Depoimento 7: Sérgio Rudge — Varrer a burocracia para o lado

Se tenho de falar com o ministro, não vou pedir autorização ao secretário de Saúde, vou direto ao homem. Essas besteiras de que o papel tem *de passar por aqui, por ali, eu não aceito, mando direto. Eu atropelo, sei que sou um atropelador nesse sentido. Já me disseram: "Um dia você vai se arrebentar". Mas há sete anos estou administrando o HTO e, até hoje, não fiz nenhuma besteira em atropelar a burocracia emperrada. Porque se você manda um processo para o escalão superior, esse processo demora 60 dias. O que eu faço? Pego o processo, boto debaixo do braço e vou a Brasília pedir a assinatura. Se não puder ir, mando um diretor ou um outro funcionário de nível técnico, conforme o caso. Isso na época do Inamps, porque há um ano, desde que passamos para o estado, ficamos meio sem pai e sem mãe. Naquela época, eu tinha de mandar o processo para a Superintendência; da Superintendência, ele passava por 10 ou 15 seções... Eu então pegava o processo, ia ao superintendente, ele assinava na minha frente, e eu perguntava: "Tenho que ir agora na sala de quem?" Ele respondia: "Na sala de fulano". Eu ia lá e colhia a assinatura, não deixava o processo rodar pelos setores burocráticos do Inamps, porque os funcionários são mal remunerados, muito mal-humorados, e cada dia tem um que não está, que ficou doente ou não foi trabalhar por algum motivo. Então eu ia direto ao papa. Com isso, consegui administrar o hospital e colocá-lo da maneira que está. Eu atropelei a burocracia no bom sentido. Acho que nunca prevariquei, nunca fiz nada de errado; tudo o que fiz foi para o bem da instituição, e jamais nos faltou alguma coisa.*

No ano passado, eu estava quebrando, com as mudanças que o ministro da Saúde, Alceni Guerra, fez. Decidi então ir ao presidente do Inamps, mostrar-lhe que o meu hospital era referência nacional, que eu fazia medicina de Primeiro Mundo, e que as operações que o hospital realizava não constavam na tabela do Inamps, que era uma tabela de 1976, portanto, 15 anos defasada. Disse-lhe que, mantendo-se esse regime, eu iria quebrar. Outros quebraram. Ele, então, colocou o seguinte: "Olhe, Rudge, sei que você faz medicina de Primeiro Mundo, mas nós vivemos num país de Terceiro. Eu tenho que pensar em termos de massa". Eu retruquei: "Fico muito surpreso com o que estou ouvindo, porque o senhor é o presidente de uma instituição, e eu acho que o único hospital que pode dar alegria ao Inamps é o meu. Eu vou ao ministro!" Na hora em que me levantei, o pessoal que estava comigo disse: "Quando você chegar ao Rio, está exonerado".

Fui ao ministro Alceni Guerra e lhe disse: "Alceni, o problema é o seguinte: eu faço medicina de Primeiro Mundo e, com o dinheiro que vocês estão me pagando em AIH e UCA, não dá para tocar o hospital. Estou inadimplente e preciso de Cr$1 bilhão, urgente, senão eu vou quebrar e terei que dizer aos jornais que quebrei porque estou inadimplente com todo mundo".

Em 72 horas ele mandou o dinheiro. Se eu tivesse ficado sentado no gabinete, esperando, fazendo apelos por telefone ou por memorando, não teria conseguido nada, porque essas questões não chegam às mãos do ministro. Se eu não for ao homem-chave dizer as dificuldades da administração, ele não vai ficar sabendo, porque está dirigindo um universo! Ele tem problemas no país inteiro, o HTO é apenas uma ilhazinha.

Os caminhos da burocracia são longos, cheios de obstáculos e impessoais. Para forçar decisões a serem tomadas, especialmente aquelas referentes a recursos, é preciso adotar estratégias que podem levar o administrador, independentemente de seu *status*, a agir como um simples mensageiro ou bravo guerreiro, cuja determinação funciona como um aríete rompedor das portas dos castelos burocráticos. O relato de Sérgio Rudge ilustra este ponto, quando coloca documentos e realizações "debaixo do braço", como uma lança, para pressionar dragões e sacar autorizações e decisões superiores, onde quer que estejam. Somado ao relato de Irapoan, ambos chamam a atenção para aspectos de interesse para o entendimento da modelagem organizacional como improvisação.

Irapoan revela que o sentido do novo e do inusitado pode deixar os sedimentados esquemas burocráticos em apoplexia, abrindo espaço para inovações, como sucedeu com a adoção em maior escala das fundações públicas como modelo institucional — que foi o caso da Fundação Casa de Rui Barbosa.

Mais importante, porém, ele revela que, de um embate com as normas e procedimentos, no simples desdobramento de eventos relacionados com uma busca burocrática de recursos, foi possível surgir uma nova modelagem para a Fundação Casa de Rui Barbosa. A residência do grande político, jurista, intelectual e diplomata, transformada em museu dedicado ao cultivo de sua memória, teria condições de expandir significativamente seu repertório de contribuição cultural, ao converter-se, também, em centro de pesquisas jurídicas e filológicas, editora etc. Haveria espaço para tal, na construção anexa, concebida inicialmente como tímido abrigo de instalações administrativas que liberassem a Casa para sua finalidade principal. É interessante relacionar o relato com as idéias correntes sobre planejamento estratégico e sobre como as concepções se transformam em ação racional, através de intervenções planejadas. Mudança planejada, enfim, é outra denominação para racionalidade, na costura de intenções e ações inovadoras. A lógica de desdobramento dos fatos, na realidade da administração, no entanto, parece ser outra. Uma lógica em que a oportunidade surgida e percebida no desdobramento natural de eventos pode atiçar a imaginação inovadora, por mais paradoxal que possa parecer uma inovação ter como fonte uma exigência de cumprimento de trâmites burocráticos. Nesse sentido, o papel do administrador, como um modelador organizacional com o sentido da improvisação, pode fazer diferença. Aquele que o desempenha cresce, ganha dimensão e substância, como alguém capaz de implementar efetivamente políticas públicas.

No caso, como sugere Weick, não faria sentido perguntar: "Quando foi decidido, definitivamente, fazer essa mudança?"[151] Poder-se-ia, sim, perguntar a Irapoan ou a Sérgio Rudge: "Quando foi decidido definitivamente que essa mudança foi feita?"[152] A resposta mais provável à pergunta poderia ser, no caso de Irapoan: "Com a concessão dos recursos", cuja finalidade foi "construída", em larga medida, em razão de uma avaliação impressionística de custos e benefícios do esforço burocrático para alcançá-los, e com investidas bem-sucedidas de Sérgio Rudge. Esta última pergunta sinaliza o caráter emergente e retrospectivo da origem da modelagem organizacional. Como Weick observa:

> A idéia de que a modelagem é um processo de codificação começa com a noção de que eventos e acontecimentos, com freqüência, simplesmente se desvelam. Quando vistos retrospectivamente, com uma estrutura específica em mãos, eventos já passados parecem combinar (coerir), como se tivessem sido modelados. A combinação (coerência) é em parte um artefato da atenção seletiva; em parte, também, é o artefato de ações que por si mesmas se transformam em hábitos, padrões e rotinas. Não é pelo fato de que a coerência seja submodelada. Antes, a fonte da coerência na modelagem repousa em outro lugar que não a intenção. Não houve uma transição da imaginação, através da intenção, para a execução. Em vez disso, houve uma interpretação imaginativa da execução que atribuiu coerência suficiente à execução, de modo que ela pudesse facilmente ser confundida com a intenção.[153]

Hoje, a Fundação Casa de Rui Barbosa é uma belíssima e produtiva instituição, no âmbito do Ministério da Cultura. E, se os cânones mais correntes da modelagem organizacional fossem tomados como referência, o diretor executivo que a ajudou a ter forma e expressão, Ira-

---

[151] Weick, 1995:351.
[152] Ibid.
[153] Ibid.

poan Cavalcanti, poderia ser equivocadamente reverenciado por virtudes outras que não foram as que o ajudaram a construir a instituição.

Induzir o envolvimento dos outros

As disfunções (*flaws*) inerentes ao modelo burocrático, principal inspirador das organizações públicas, já foram largamente estudadas e são bem conhecidas. Entre elas, é digna da maior atenção uma relutância, senão resistência, dos gerentes em aceitar a responsabilidade de tomar decisões. E isto acontece mesmo quando os dirigentes estão convencidos da necessidade de descentralizar e desejosos de delegar poder de decisão. Este fenômeno é menos estudado do que a falta de predisposição dos dirigentes em delegar. A relutância ou a resistência em aceitar poder decisório parece ser muito mais induzida pelos próprios atributos do modelo,[154] do que geradas por deficiências pessoais dos agentes. E, considerada a lógica do próprio modelo burocrático, pautada na hierarquia, quanto mais baixo o escalão hierárquico de um funcionário ou gerente, é de se supor que menor seja sua predisposição a tomar iniciativas, decidir, e muito menos inovar. Ou, na forma inversa, maior é sua relutância, ou mesmo resistência, a aceitar responsabilidade decisória. Quando está em questão a especialização e, portanto, a imanente "autoridade" que tem como fonte o conhecimento, a resistência pode ser menor. Entretanto, a relutância, inspirada pelos padrões culturais do modelo burocrático, tende a se manifestar, tanto no comportamento de técnicos como de gerentes, favorecendo a sustentação, de difícil rompimento, do modelo.

É importante ressaltar, portanto, que a descentralização, quando vista na perspectiva formalista da modelagem, não significa real inclusão dos atores no processo decisório. Mais do que disposições formais, é necessária, para que ela prevaleça de forma sustentável, uma construção social de suas bases. A ação do administrador, nesse sentido, parece determinante.

Os relatos de Irapoan Cavalcanti, Paulo Belotti e Sérgio Rudge, a seguir, revelam a sensibilidade desses administradores ao caráter social, e, portanto, dependente de inclusão, da modelagem organizacional. Suas crenças dão lugar a ações de inclusão dos outros, até mesmo na

---

[154] March e Simon (1981); Thompson (1961).

adoção consciente do *low profile*, para viabilizá-la de fato e reforçá-la. Apesar de a autoridade formal lhes emprestar ascendência maior, têm claro que só uma modelagem organizacional socialmente construída encontra sustentação, a despeito de regimentos, normas e procedimentos formais. Sabem, portanto, que só a vivência compartilhada de problemas, informações, expectativas, interpretações e decisões no dia-a-dia pode sobrepor-se à cultura burocrática firmemente estabelecida, criando e sustentando uma nova, mas sempre precária e mutante, modelagem.

Depoimento 8: Irapoan Cavalcanti — Induzir o envolvimento dos outros e promover a integração participativa

Na Fundação Casa de Rui Barbosa, que era uma organização pequena, o contato pessoal facilitou muito isso. O fato de eu viver chamando a atenção para este ponto levou as pessoas a um grande entusiasmo, passado o momento inicial de perplexidade. Elas perceberam que eram donas do seu destino. O custo de um livro, por exemplo, envolvia um time-sheet semanal, em que o pesquisador declarava em que e quantas horas havia trabalhado. Ele podia dizer o que quisesse, pois o time-sheet era o único instrumento de controle — melhor dizendo, de autocontrole, uma vez que o próprio pesquisador o preenchia. Ninguém ia olhar, eu jamais admiti que alguém espionasse. Isso criou um grande entusiasmo. Cada indivíduo passou a sentir que era o responsável pelo seu trabalho.

Coisas desse tipo fizeram da Casa de Rui Barbosa uma das organizações mais importantes na área de cultura, e é muito provável que o trabalho que realizei tenha me conduzido ao cargo de secretário do Patrimônio Histórico e Artístico Nacional.

Nessa questão de planejamento, a estratégia que adotei em relação aos níveis superiores foi generalizar o máximo possível as informações oferecidas. Percebi que, se eu generalizasse as informações, teria um campo interno mais amplo para lidar com os dados. Se conseguisse colocar tudo em um bolo só, seria melhor para mim. Esse movimento de generalização da informação para o exterior se fazia acompanhar sempre de um movimento de detalhamento interno.

O estabelecimento dessa estrutura me levava a perceber aquele universo fragmentado de forma a focalizar a atenção nos pontos relacionais essenciais, enquanto os responsáveis por cada um dos programas gerenciavam as relações internas de cada um. Na Empresa de Correios e Telégrafos também foi assim.

Nos Correios também ocorreu um exemplo muito interessante dessa relutância em decidir. Nós fizemos a nova estrutura regionalizada. No primeiro ano, realizado o primeiro balancete, eu notei que algumas regionais não haviam feito despesas, a não ser pagar a luz e coisas do gênero. Fiquei apavorado! Peguei o telefone e liguei para um gerente regional: "Escute, seu balancete está a zero, o que houve?" Ele respondeu: "Estou esperando autorização de gastos". Eu disse: "Meu Deus do céu! Você não precisa de autorização para gastar! Não há uma programação com você que diz que devem ser transportadas 10 mil contas? Eu não lhe dei Cr$200 mil para este fim? O problema é seu, meu amigo!" O fato é que esse gerente, para fazer qualquer coisa, tinha que perguntar à sede. Não estava acostumado a assumir responsabilidade. No início, as pessoas são muito tímidas nisso.

A filosofia que empreendemos quando na presidência da LBA foi a seguinte: a preocupação do presidente seria o programa Primeiro a Criança, que ficou famoso no Brasil à época — aumentamos o número de crianças em creche de 200 mil para 2,6 milhões; e as questões de compra de material, além de outras, sujeitas aos controles, passaram para o campo de preocupações do secretário de Administração. Invertemos o procedimento tradicional. Quando se muda a estrutura de poder que se ocupa desses elementos, as coisas melhoram. É evidente que eu preferia ter um outro sistema, sem tantos controles incidindo sobre nós. Mas, como presidente, não iria me preocupar com a compra de material, então deleguei este encargo ao secretário de Administração, que era homem de minha confiança.

Na Casa de Rui Barbosa, eu me preocupava, a partir da estrutura programática, com os objetivos e as relações entre pesquisa e documentação; dentro da pesquisa, entre pesquisa filológica, jurídica e histórica; na documentação, entre documentação museológica e arquivística. Objetivos e metas eram discutidos com os especialistas das áreas. Uma vez definidas as pesquisas a fazer e em que prazos, por exemplo, estabeleciam-se relações diretas entre os setores para a obtenção dos meios necessários, sem precisar de autorização minha, e, no âmbito de cada setor, cada chefe administrava como bem quisesse sua força de trabalho.

As pessoas não estavam treinadas para entender essas coisas, e eu tentava ser exemplar nessa ocasião. Lembro-me do caso de uma pessoa que veio me consultar: "Dr. Irapoan, o senhor acha que eu devo comprar X ou Y para tal projeto?" Eu me neguei a discutir a questão: "Essa pergunta eu não respondo". "Mas, como, o senhor não responde?" E eu: "Não respondo nem discuto; a senhora resolva". O sistema brasileiro é presidencialista por sua própria natureza até nas organizações. São muito poucas as organizações em que as decisões são tomadas em colegiado. Mas não acredito que o processo seja altamente hierarquizado; acredito, sim, que as pessoas o fazem hierarquizado. É evidente que existem chefias, subchefias, supervisões etc., mas nada impede que o processo de tomada de decisão seja compartilhado, mesmo dentro do serviço público. Nada impede a mim, presidente, chamar meus diretores, ou a estes convocarem suas chefias subordinadas, para discutir os assuntos. Não há qualquer impedimento legal. É lógico que, no processo do serviço público brasileiro, a responsabilidade é do presidente, mas o processo de tomada de decisões não precisa ser necessariamente centralizado. Os regulamentos estabelecem responsabilidades claras, até os limites da obviedade — compete à secretária do diretor secretariar o diretor —, mas isso não quer dizer que o processo de tomada de decisões deva ser centralizado. Não conheço nada que obrigue a isso. A meu ver, trata-se de um fator cultural, algo que se transmitiu culturalmente. É claro que a personalidade das pessoas influencia muito. Na Fundação Casa de Rui Barbosa, todos os dias, praticamente, eu despachava com os diretores. Jamais tive papéis acumulados em cima da mesa. Eu procurava conversar com todos e pedir sua opinião sobre os documentos.

Na LBA, adotei o mesmo procedimento. A estrutura era muito maior, mas nós discutíamos muito as questões com os secretários dos estados e recomendávamos que tivessem o mesmo procedimento com os seus subordinados. Não se pode cair no extremo do assembleísmo, mas nada impede que se pegue um ou dois escalões abaixo para que também discutam o assunto, e assim sucessivamente. É possível adotar esse tipo de procedimento. As pessoas confundem o fato de alguém ser o responsável pela decisão com o processo centralizado de tomada de decisão. Se a tomada de decisão for entendida apenas como o ato final da decisão e não incluir os procedimentos antecedentes, aí, sim, o ato final é sempre do dirigente superior. Compartilhar o processo decisório é um mecanismo de coesão e se faz necessário até porque o dirigente não entende de todos os assuntos e agride os subordinados quando desconsidera, a priori, suas contribuições.

Depoimento 9: Paulo Vieira Belotti — Compartilhar hierarquicamente decisões democratizadas

Consegui imprimir as diretrizes de governo sempre com um segredo que eu tinha: a participação de todos. Não se consegue absolutamente nada, em nível de governo ou de empresa, com decisões isoladas. Haja vista a Petrobras. Se um diretor apenas manda fazer as coisas, nada acontece, absolutamente nada. Então é necessário garantir a participação das pessoas no processo decisório. Todo mundo deve ser ouvido. Acho mesmo que, na participação das decisões, não é preciso considerar muito o nível hierárquico; deve-se ouvir as pessoas de uma certa forma democrática. Se existe um determinado problema, cada um, em seu campo de atuação, tem acesso a um nível de informações e, com isso, forma a sua idéia a respeito da questão. Outro, em uma escala superior, tem um nível diferente de informações, opinião diversa. Se algum deles não tiver a oportunidade de exprimir sua opinião na esfera compatível de informação, certamente ficará frustrado, abstendo-se de prestar sua colaboração para uma decisão a ser implementada. Se você chamar as pessoas para discutir, debater, mesmo aqueles que tiveram voto vencido vão trabalhar pela decisão tomada, porque tiveram a oportunidade de dizer o que pensavam e suas opiniões não foram aceitas em meio ao debate e à discussão. Quando não se administra a variedade de pessoas, as diferenças e a cooperação construtiva no trabalho, aqueles que não foram ouvidos sabotam as decisões da chefia. Na discussão, todos se igualam. É nesse momento que se deve tentar fazer com que as pessoas falem tudo aquilo que não gostam de escrever — porque escrever as coisas é muito complicado — e que se deve tentar convencê-las com as informações maiores que se tem, em função dos interesses da empresa. Sentados à mesa, eu ficava em posição igual para discutir o assunto. Na hora de analisar, deve-se criar um espaço para deixar as pessoas dizerem o que não querem colocar no papel. Por isso, às vezes, eu digo: carta anônima tem muita verdade, não é?

Outra diretiva importante é prestigiar a hierarquia. Em um assunto específico, eu jamais me dirigia a um funcionário subalterno, sempre aos chefes imediatos, responsáveis pelo serviço de baixo. Eu nunca telefonava para um chefe de setor, telefonava sempre para o chefe de departamento. Na discussão, sim, falam quase todas as pessoas, independente de hierarquia. Mas não a toda hora. Se não houver isso, o respeito acaba, e respeito é fundamental.

Depoimento 10: Sérgio Rudge — Descentralizar e informatizar os serviços

Quando me sentei na cadeira de diretor, a primeira coisa que fiz foi descentralizar. O hospital era muito centralizado nas mãos de meu pai —

era ele quem fazia as cirurgias de grande porte, por isso o número era pequeno. Dividi o hospital em grupos: grupo de quadril, grupo de joelho, grupo de ombro, grupo de coluna, grupo de escoliose, grupo de mão, grupo de tornozelo, grupo de fixação externa, grupo de alongamentos ósseos e grupo de tumores. E distribuí médicos e enfermeiras pelos grupos.

Se eu faltar 10 dias, não vou dizer que tudo vá funcionar redondinho — funcionários vão sair meia hora mais cedo; no dia de fazer 20 cirurgias, vão fazer 18 —, mas a roda vai girar. Eu descentralizei, dei autonomia a cada setor. Uma vez por mês, sento com os responsáveis para conversar sobre os problemas, almoço com todos.

Fiz uma coisa muito importante, cuja origem ocorreu por acaso. Eu havia comprado quatro computadores para instalar em nossa clínica particular, e meu pai não permitiu que o fizesse. "Você só vai colocar isso aqui depois que eu parar". Então eu tinha quatro máquinas paradas dentro da clínica, porque ele não queria financiar o custo da implantação do sistema e opunha resistência. Peguei as máquinas e as levei para o hospital, porque um hospital, por melhor que seja, se não estiver informatizado, passa para o segundo time. Eu informatizei o HTO, começando pelas consultas, as cirurgias, o estoque de material, as compras, informatizei a saída de ambulâncias para saber quantos litros de gasolina estavam gastando, e hoje o hospital é informatizado até na alimentação. Com isso, fui enxugando, vendo o que desaparecia do estoque sem ninguém saber o destino, comecei a verificar tudo, a checar tudo. Ficava em cima. Ia ao hospital todos os dias e todas as noites. Eu saía com minha mulher à noite e, no retorno, de madrugada, eu ia até o hospital. Subia ao quarto andar e descia andar por andar, para dar uma circulada. Comecei a fazer isso junto com o diretor da Divisão Médica. Disse-lhe: "Quero que você faça isso nas segundas-feiras". Pedi aos chefes de serviço que fizessem nas terças-feiras, e solicitei o mesmo aos chefes de andar.

Não sei se devo contar como fiz os médicos chegarem até o meu gabinete. Meu pai tinha cinco secretárias muito idosas... eu as substituí por cinco brotinhos. Os médicos passaram a querer falar comigo, na verdade para admirar as garotas nos tempos vagos, sem pauta de assuntos específicos. Para justificar a visita, acabavam por fazer comentários sobre os andares do hospital, os serviços e, assim, eu ia pegando as falhas que ocorriam. Parece brincadeira, mas deu certo. A mulher ainda é a mola do mundo.

O primeiro ponto de interesse que aflora no depoimento de Irapoan reside no fato de que existe uma grande distância entre a intenção do dirigente em delegar, mesmo quando apoiado por disposições descentralizadoras de responsabilidades decisórias formalizadas em regimentos e manuais mediante esforços de modelagem organizacional (reforma administrativa), e a efetiva sanção (*enactment*) desta realidade. A construção desta nova realidade é cotidianamente desenvolvida, e sujeita a interpretações e reinterpretações, nas quais as ações do dirigente constituem foco de determinante atenção dos subordinados — gerentes e técnicos. A própria cultura burocrática, baseada na hierarquia, empresta esta aura simbólica de construtor de realidades ao desempenho sinalizador e exemplar do dirigente. Não obstante este fato, novas realidades auto-sustentadas, como a emergência e efetivo funcionamento de um modelo organizacional alternativo, ainda que efêmero em sua natureza, só ganham existência social com o envolvimento de todos. Nesse sentido, Irapoan desenvolve ações cotidianas, usando os atributos simbólicos de sua posição de dirigente, para envolver os subordinados na assunção de responsabilidades, sem o que sabe impossível a construção da nova realidade, a existência do novo modelo organizacional. A existência deste novo mundo independe exclusivamente de suas intenções, ainda que detentor de autoridade formal, ou apoiado por regimentos e manuais. Mas, sim, depende de pequenas ações e gestos cotidianos de inclusão, comunicação, do compartilhamento de valores e expectativas, e até mesmo de auto-exclusão. Como Irapoan relata:

Na Fundação Casa de Rui Barbosa, que era uma organização pequena, o contato pessoal facilitou muito isso. O fato de eu viver chamando a atenção para este ponto levou as pessoas a um grande entusiasmo, passado o momento inicial de perplexidade. Elas perceberam que eram donas do seu destino.

Somente a vivência do sistema de autocontrole através dos *timesheets*, reforçada pela comunicação cotidiana do dirigente e pelo grau de confiança estabelecido, "criou um grande entusiasmo. Cada indivíduo passou a sentir que era o responsável pelo seu trabalho".

No HTO, com a intenção de aumentar significativamente o número de cirurgias, assegurar a capacidade de desempenho em cirurgias complexas, como o transplante de ossos, e realizar com sucesso o controle de metas, como a drástica redução dos níveis de infecção e de custos em geral, Sérgio Rudge também focou seus esforços em superar restrições impostas pelos padrões existentes de divisão do trabalho e da autoridade e pelos deficientes canais de comunicação.

Quando me sentei na cadeira de diretor, a primeira coisa que fiz foi descentralizar (...) Dividi o hospital em grupos: grupo de quadril, grupo de joelho, grupo de ombro, grupo de coluna, grupo de escoliose, grupo de mão, grupo de tornozelo, grupo de fixação externa, grupo de alongamentos ósseos e grupo de tumores. E distribuí médicos e enfermeiras pelos grupos.

O discurso de Paulo Belotti acusa tal comprometimento com a inclusão, a ponto de a considerar "um segredo que eu tinha", o que também revela, ao menos na sua percepção, a desconsideração com a questão da parte de outros administradores no setor público brasileiro.

Consegui imprimir as diretrizes de governo sempre com um segredo que eu tinha: a participação de todos.

A história de Sérgio Rudge, criando equipes autodirigidas, favorecendo o controle pela própria especialização; o relato de Paulo Belotti sobre as reuniões constantes, com participações independentes de níveis hierárquicos; e tanto a história de indução da inclusão de pesquisadores para tornar o autocontrole (preenchimento dos *time-sheets* sem verificação) uma realidade na Casa de Rui Barbosa, como a história do gerente regional da ECT, para "fazer acontecer" a descentralização formalmente definida, contadas por Irapoan — todos esses depoimentos contêm elementos relevantes em relação aos pressupostos de modelagem organizacional envolvidos.

Karl Weick submete dois pressupostos alternativos àqueles implícitos no pensamento corrente em modelagem organizacional, no que diz respeito aos gerentes (*managers*).[155] Ao afirmarem que a "modelagem influencia a habilidade dos gerentes individuais", os estudiosos da modelagem estão implicitamente pressupondo, *primeiro*, que a modelagem "afeta a habilidade gerencial" e, *segundo*, que a "ação gerencial" é individual. Para Weick, do ponto de vista da modelagem como improvisação, a direção do impacto é oposta. Os pressupostos seriam, *primeiro*, "habilidade gerencial afeta a modelagem" e, *segundo*, "ação gerencial é social".

Para Weick, o sentido mais profundo em que a habilidade afeta a modelagem decorre do fato de que a habilidade afeta a percepção e o estabelecimento de objetivos: "as pessoas enxergam só as coisas sobre as quais podem fazer algo (...) as pessoas sentem que devem fazer apenas aquilo que elas podem fazer".[156] O que as pessoas são capazes de perceber e sentir como objeto de sua responsabilidade tem um impacto maior na construção da modelagem como uma realidade social, do que uma mera formalização de relações e responsabilidades que possa tor-

---

[155] Weick, 1995:357.
[156] Ibid., p. 358.

nar mais fácil ou difícil fazer com que as coisas aconteçam. A modelagem formal é capaz de prover maior ou menor poder discricionário para que o indivíduo faça aquilo que está mais apto para fazer, bem como propicia maior ou menor *feedback* corretivo. Mas o que define a situação, em última instância, é a habilidade do indivíduo, ou do grupo, ao perceber o que pode ser feito e sentir que deve fazê-lo. Suas interpretações seletivas da realidade podem ou não ratificar as intenções da modelagem formal. Mas certamente produzirão a dinâmica de uma modelagem em constante evolução. Nesta lógica, se o conteúdo da modelagem é afetado por coisas de que as pessoas são capazes de se dar conta, e se as pessoas se dão conta daquilo sobre o que podem fazer algo, quanto mais abrangente for seu repertório de respostas, maiores serão as opções percebidas, bem como maior será a variedade de possíveis modelagens. É nesse sentido que as organizações que valorizam a inovação e flexibilidade prezam a contribuição de generalistas, em face das limitações dos especialistas. Esta linha de pensamento leva Weick a uma conclusão que se constitui em valiosa recomendação: "Os aperfeiçoamentos na aptidão de modelagem devem provir, nem tanto da formação e treinamento na formulação de planos de modelagem, quanto do desenvolvimento de um repertório de respostas mais extenso".[157] Esta valorização dos atores que vivem o cotidiano da organização conduz à relevância do sentimento de "autocompetência",[158] igualmente importante na determinação da modelagem, em complemento às habilidades realmente desenvolvidas. Quando conhecimentos e habilidades são transformados em ação, é detonado no indivíduo um processo de autorreferência mediador desta transformação. O indivíduo desenvolve pensamentos sobre si mesmo e suas experiências pregressas, de sucesso ou fracasso, que, independentemente de suas habilidades, contêm elementos tais como: a capacidade percebida de se motivar, de controlar pensamentos perturbadores, de perseverar, de recuperar-se de fracassos e de exercer algum controle sobre seu ambiente.

Ao "livrar-se" de preocupações com processos burocráticos referentes a compras, sujeitas a controles restritos que irritam e desestabilizam emocionalmente administradores públicos menos experientes, fazendo-os perder foco, Irapoan demonstra sua competência. "A filosofia que empreendemos quando na presidência da LBA foi a seguinte: a preocupa-

---

[157] Weick, 1995:358.
[158] Bandura, 1986.

ção do presidente seria o programa Primeiro a Criança (...) Questões de compra de material, além de outras, sujeitas aos controles, passaram para o campo de preocupações do secretário de Administração." O senso de autocompetência promove a confiança necessária para lidar com os pensamentos perturbadores, delegando e não se envolvendo diretamente (retirando-se propositalmente da ação), no sentido de mobilizar inteiramente sua capacidade de liderar outros, como o presidente, em benefício do programa prioritário da organização. Weick entende que:

> Pessoas com sentimento de baixa autocompetência duvidam das suas capacidades de resolução de problemas, da sua controlabilidade do ambiente e da sua possibilidade de sucesso, e estas dúvidas se tornam autoconfirmantes através de seus efeitos debilitantes no agir. As dúvidas sugerem que a remodelagem seja infrutífera, e estas dúvidas se tornam pensamentos intrusivos, o que torna muito mais difícil visualizar e desenvolver qualquer modelagem que seja em si um aprimoramento. O processo de modelagem fica depauperado, não porque as pessoas careçam de habilidades para a modelagem, mas porque elas carecem das crenças e certezas que possam de fato converter essas habilidades em ação.[159]

O relato de Irapoan apresenta outra "retirada propositai da ação" de interesse para a análise do controle no contexto da modelagem improvisada, uma vez que esta qualificação não significa prescindir de controles. Como relata Irapoan:

> *As pessoas não estavam treinadas para entender essas coisas, e eu tentava ser exemplar nessa ocasião. Lembro-me do caso de uma pessoa que veio me consultar: "Dr. Irapoan, o senhor acha que eu devo comprar X ou Y para tal projeto?" Eu me neguei a discutir a questão: "Essa pergunta eu não respondo". "Mas, como, o senhor não responde?" E eu: "Não respondo nem discuto; a senhora resolva".*

Perrow identifica três ordens de controle: os controles de primeira ordem (ordens, supervisão direta e aplicação de normas), os controles burocráticos de segunda ordem (especialização, padronização) e os de terceira ordem (vocabulário da organização, rotinas substantivas e de procedimentos, canais preferenciais de comunicação, critérios de seleção, agendas de reunião, e práticas de socialização).[160] Estes últimos expressam quadros de referência que os participantes tomam por garanti-

---

[159] Weick, 1995:359.
[160] Perrow, 1986:129.

dos, caracterizando o que Weick chama de "controle pelas premissas" — uma forma de controle tão influente em moldar comportamentos quanto as anteriores e mais efetivamente sintonizada com a idéia da modelagem como improvisação.[161] O controle por premissas é mais sutil, menos intrusivo, mais cognitivo, mais relacionado à linguagem, e mais volitivo, da parte do controlado.

Ao negar-se a decidir, ou mesmo a ajudar a funcionária a decidir, Irapoan a estava empurrando para o quadro de referência que viria, no processo, a ser internalizado, e que se constituía em um dos principais controles de terceira ordem da Casa de Rui Barbosa: a estrutura programática, com expressão no orçamento-programa, que emulava todo o sistema de gestão em construção. Nesta mesma lógica de controle pelas premissas, podem ser compreendidas as reuniões participativas de Paulo Belotti, que alargavam o repertório do grupo e o mantinham comprometido com a implementação de decisões; bem como as visitas noturnas de Sérgio Rudge ao hospital, de grande efeito simbólico, e até mesmo a história anedótica do canal de comunicação estabelecido com os médicos, nas visitas erráticas à sala do diretor.

As três histórias contadas sublinham as sutilezas dos processos de descentralização e revelam estratégias cotidianas para sustentá-los, de forma a potencialmente desenvolver um novo modelo organizacional. Embora a literatura corrente de modelagem organizacional, com suas variações, seja analítica e normativamente prolixa nas virtudes da descentralização (*empowerment*), suas abordagens para capturar as dificuldades cotidianas e as estratégias gerenciais para com elas lidar têm suas limitações.

Promover a coesão interna

Como se viu anteriormente, quando foram revistos os fundamentos da modelagem organizacional corrente, os conceitos de "diferenciação" e "integração" desempenham um papel crucial no diagnóstico e na mudança organizacional planejada. A diferenciação depende de quais as características internas, em termos de práticas organizacionais formais e orientação dos membros, que cada grupo deve desenvolver para levar a efeito transações planejadas com a parte do ambiente que lhe corres-

---

[161] Weick, 1995:366.

ponde, segundo o grau de incerteza correspondente a estas transações.[162] As práticas organizacionais formais podem ser modeladas segundo uma lógica subjacente mais próxima ou distinta do modelo burocrático, isto é, mais mecanicista ou orgânica, em situações de menor ou maior incerteza ("congruência"). Correspondentes a estas formas organizacionais são observáveis as orientações dos diferentes grupos decorrentes do padrão de divisão do trabalho adotado, em relação a quatro variáveis: primeira, o grau de confiança em regras formalizadas e canais formais de comunicação dentro da unidade; segunda, o horizonte temporal dos administradores e dos profissionais do grupo; terceira, sua orientação em relação a metas, quer seja ela concentrada ou difusa; quarta, seu estilo interpessoal, quer orientado para a tarefa ou para o relacionamento.[163] Viu-se também, quando foi revista a evolução das reformas administrativas no Brasil, a preocupação constante com a busca de padrões mais adequados de diferenciação das macroestruturas do setor público. Neste nível sistêmico de análise, observou-se o aumento da administração indireta, com a criação de autarquias, fundações e empresas estatais, públicas e mistas, no afã de se abrirem espaços para práticas organizacionais mais orgânicas, protegidas das inflexibilidades burocráticas que caracterizam a administração direta. Viu-se também que estes movimentos estiveram sempre sujeitos a avanços e recuos.

Este segmento de nove histórias nos remete às questões da integração segundo a ótica da coesão interna, no plano organizacional. Como Lawrence e Lorsch observam:

> quando as unidades (devido às suas tarefas particulares) são altamente diferenciadas, é mais difícil atingir-se integração entre elas do que quando os indivíduos nas unidades têm maneiras semelhantes de pensar e de se comportar. Como resultado disso, quando numa organização há grupos que precisam ser altamente diferenciados, mas também precisam de uma firme e estreita integração, é necessário que a organização desenvolva mecanismos mais complicados de integração. O mecanismo organizacional básico para se atingir a integração é, naturalmente, a hierarquia da administração. Em organizações com baixa diferenciação, verificamos que freqüentemente isto é suficiente para se atingir a requerida colaboração intergrupal. No entanto, as organizações que se defrontam com as necessidades e as exigências de um alto grau de diferenciação e

---

[162] Lawrence e Lorsch, 1967:12-13.
[163] Ibid., p. 26.

de uma firme integração devem desenvolver planos integradores suplementares, tais como coordenadores individuais, equipes do tipo *cross-unit* e mesmo departamentos inteiros de indivíduos cuja contribuição básica é a de atingir a integração entre outros grupos.[164]

Entretanto, na perspectiva da modelagem como improvisação, em nível das organizações públicas brasileiras, os dirigentes entrevistados parecem recorrer a estratégias de caráter mais simbólico e/ou intangível, e menos estrutural, para lograrem a integração vertical, horizontal e regional. Parecem, também, encarar como maior desafio a integração vertical, obtida com estratégias que complementem, por serem mais efetivas, o simples uso da hierarquia. Isto se dá, possivelmente, pelas dificuldades de geração, em nível organizacional, de dispositivos diferenciados, uma vez que os contextos administrativos impostos por ferramentas administrativas disponíveis aos modeladores centrais são determinantes para as partes operacionais do governo. Estes instrumentos administrativos estão a serviço de uma "política de gerenciamento público" (*public management policy*). Como define Michael Barzelay:

> Este termo se refere às regras institucionais em toda a esfera da administração pública e às rotinas organizacionais, mais do que aos ajustes que são específicos às seções (ou organizações) governamentais individuais. Estas regras e rotinas são subdivididas nos seguintes grupos: o planejamento de dispêndios e do processo de gerenciamento financeiro, de pessoal e relações trabalhistas, mediação e intervenção, organização e métodos, auditoria e avaliação.[165]

Neste estudo, estes elementos são objetos de modelagem organizacional sistêmica do setor público como um todo, ainda que de efeitos mais ou menos restritos em se tratando da administração indireta, e fatores restritivos para a modelagem de departamentos e organizações públicas específicas. Este ponto é muito relevante para a compreensão da questão "diferenciação-integração" no contexto da administração pública. Enquanto na empresa privada a diferenciação se impõe e formaliza naturalmente, por força da natureza distinta das subatividades de uma empresa e das relações ambientais destes segmentos, na administração pública a diferenciação só se impõe como improvisação, em conflito com a política de gerenciamento público (*public management pol-*

---

[164] Lawrence e Lorsch, 1967:13.
[165] Barzelay, 2003:4.

icy), em geral de viés burocrático-mecanicista. Os segmentos organizacionais mais sujeitos a incertezas navegam sempre contra a corrente. Neste sentido, enquanto a diferenciação no setor privado se constitui numa solução para se lidar com incertezas e certezas paralelamente, bem como num problema técnico-factual para a necessidade de integração, no setor público a diferenciação tende a ser "bandida", como se verá no próximo segmento de entrevistas, no sentido de que "normativamente" pressupõem-se certezas e impõe-se o modelo burocráticomecanicista ao todo organizacional.

Tanto a Fundação Casa de Rui Barbosa quanto a Legião Brasileira de Assistência apresentavam, para seu dirigente, situações carentes de esforços e mecanismos de integração. A Fundação, ainda que sendo uma organização de menor envergadura, tinha sua administração enquadrada nos moldes burocráticos do setor público. Neste sentido, conviviam em interação segmentos de apoio administrativo de corte mais tradicional com uma casa museu, que promovia programações culturais, uma editora e diversificados núcleos de pesquisa, atividades que, por natureza, requerem maior flexibilidade. A gigantesca LBA, por sua vez, enfrentava incertezas diferenciadas em mais de duas dezenas de estados, nas condições mais diversas que um país de grandes proporções e diferenciações econômicas e sociais oferece, numa diversificada e polêmica área de política pública, como é a implementação de ações sociais. Com aproximadamente 10 mil funcionários e alcançando, como relata Irapoan, "os rincões mais distantes de todo o território nacional, sofrendo, portanto, forte tendência à fragmentação".

Depoimento 11: Irapoan Cavalcanti — Reiterar o marketing de objetivos

Como a Legião Brasileira de Assistência pôde crescer cinco vezes em matéria de resultados? Como se pode conseguir isso em um órgão público? Primeiro, é necessário ter a visão de que, em um órgão que tem 50 ou 100 pessoas, você é 1/50 ou 1/100 da força de trabalho. Em uma instituição de grande porte, você é quase nada. É preciso ter a humildade de perceber que, se o grupo não estiver do seu lado, ou grande parte do grupo, você não vai conseguir fazer nada. Um dos grandes erros é se chegar em uma instituição pública e passar a distribuir bordoadas, como se todos fossem ladrões ou incompetentes. Se eu era 1/50 na Casa de Rui Barbosa e 1/10.000 na LBA, eu não era nada. Eu tinha que fazer o grupo acreditar nos objetivos da instituição e acreditar que eu acreditava em seu potencial para realizá-los.

Quando eu dizia repetidamente Primeiro a Criança, Primeiro a Criança, Primeiro a Criança, não posso afirmar que os 10 mil funcionários entendessem, mas uma grande maioria se dava conta de que havia um programa chamado Primeiro a Criança. Se suas ações são fragmentadas, não agrupadas, os funcionários não percebem o objetivo e não caminham na direção daquele esforço. Se, ao contrário, suas ações enfatizam determinado propósito, há uma emulação do grupo; os limitadores continuam a existir, mas o grupo se sente orgulhoso, co-participante, e vai tentar ajudá-lo a alcançar o objetivo.

Depoimento 12: Irapoan Cavalcanti — Encorajar o associativismo

Como se pode falar com 10 mil funcionários? Não se fala com 10 mil funcionários. Então, na LBA, nós incentivamos a organização dos funcionários. É engraçado isso porque, em geral, os dirigentes tendem a ver as organizações dos funcionários como inimigas. Nós as víamos como amigas. Incentivamos seu desenvolvimento, incentivamos mesmo. Jamais — e a Associação dos Funcionários do Rio de Janeiro é testemunha — influenciamos uma eleição. Eu era sócio da entidade e dizia: "Vou votar em branco, não escolho nenhum de vocês". No dia da votação, quase sempre havia dois candidatos, e os dois iam comigo votar.

Incentivamos uma organização em cada estado, e incentivamos uma organização nacional. Eu comparecia sempre, a convite, às reuniões nacionais, em que estado fosse, e, nos meus pronunciamentos, creditava os resultados obtidos aos esforços internos dos funcionários.

O processo de construção da auto-estima encontrou na Associação dos Funcionários um poderoso instrumento de gestão coletiva, capaz de promover a conexão entre os resultados organizacionais e os interesses dos indivíduos. A associação funcionou tanto como um espaço para a comunicação de programas e objetivos organizacionais como de articulação de interlocutores para a negociação de recompensas e seus mecanismos, associados a resultados. Seu papel na formulação e implementação do plano de cargos e salários, por exemplo, foi definitivo.

Depoimento 13: Irapoan Cavalcanti — Garantir direitos e estabelecer deveres/metas

Para promover a coesão e a auto-estima, é importante cumprir os direitos das pessoas porque, parece incrível, mas, nas organizações brasileiras, há dirigentes que não cumprem sequer os direitos estabelecidos em lei. Quanto a esses direitos, não há o que discutir. O curioso é que existem administradores que não apenas discutem, mas negam esses direitos. Sempre parti do princípio de que o direito legal é indiscutível, tem de ser cumprido.

Freqüentemente se atribui a culpa desta distorção ao fato de que os deveres não estavam explicitados ao lobby dos funcionários. Penso que os dirigentes são os únicos culpados. Sabe por quê? O dever básico do servidor é realizar sua tarefa no menor tempo possível, com a melhor qualidade possível e o menor custo possível. Este é o dever, todos os demais são decorrentes. Ora, as organizações são muito frágeis no seu processo de planejamento interno, porque muitas vezes os dirigentes não conhecem seus objetivos ou percebem-nos tão fragmentados que não os identificam como tais. Conseqüentemente, o funcionário não sabe quais são as suas obrigações. Como um funcionário pode realizar um produto que ele desconhece, que não está explicitado? Se estou na LBA e não tenho os programas estabelecidos, como posso exigir do funcionário que execute aquelas metas por um custo baixo, com maior rapidez e eficiência, se não as explicito para ele? No momento em que dou as metas para a agência de Benjamin Constant, sabendo que a população local é X e que devo atender, num programa de suplementação alimentar, a tantas crianças, tantas nutrizes e tantas gestantes, o dever está estabelecido.

Os dirigentes, quase sempre por incompetência, preferem considerar o horário de trabalho como obrigação do funcionário. Como eu poderia controlar o horário de um funcionário em uma remota fronteira do país? Como poderia, por exemplo, cobrar deveres se não exigisse do setor de direito, no período X, a revisão da jurisprudência de tecnologia nos últimos cinco anos? Se o dirigente não transmite esse tipo de cultura organizacional, os demais escalões da organização ocupam espaço, enfatizando controles burocráticos processuais, que tendem muito mais a desagregar do que a agregar.

Se você estabelece metas e se, em cima dessas metas, promove recompensas, os resultados acontecem. Tal comportamento emula as pessoas, dá um sentido interno de competição saudável e de coesão em torno de objetivos.

Depoimento 14: Irapoan Cavalcanti — Reconhecer esforços individuais

Uma vez, no estado do Amazonas, encontrei um rapaz que, na minha época na LBA, era o responsável por um posto em uma daquelas ci-

dades fronteiriças. E esse rapaz foi falar comigo muito emocionado, porque lembrava que, em determinado momento, eu fui visitar aquele posto, onde pouca gente iria normalmente, muito menos um presidente da instituição. Ele não esquecia que havíamos atendido uma antiga reivindicação sua, que era ter um pequeno e modesto barco a motor que toca muito pouco a água, e que chamam por lá de voadeira. Nós atendemos a solicitação, porque era necessário, uma vez que do seu posto ele controlava uma série de cidades ao redor e havia muita dificuldade de transporte. Isso o deixou muito feliz. Para o trabalho, correspondia a um recurso material, mas para ele significava uma recompensa imaterial; seus esforços haviam sido tão reconhecidos a ponto de receber esse tipo de equipamento. Esse aspecto, na época, eu nem havia percebido.

Para garantir a adesão de segmentos importantes da estrutura ministerial às políticas de governo e o uso contínuo dessa estrutura pelo presidente da República, Belotti adotou três estratégias fundamentais, tendo em vista, eliminar ambigüidades nos processos de comunicação e decisão. Ele cuidadosamente esvaziou o papel dos assessores imediatos do ministro, assegurou a elaboração de propostas que estivessem sempre de acordo com as macropolíticas do governo e fortaleceu os talentos da casa, para obter seu compromisso com os objetivos governamentais.

Depoimento 15: Paulo Vieira Belotti — Esvaziar o papel dos assessores cortesãos

Eu fiz no ministério uma coisa interessante, que ajudou muito na obtenção de resultados. Quando o ministro me convidou para ocupar o cargo de secretário-geral do ministério, disse: "Como vamos fazer no ministério?" Eu respondi: "Vamos fazer o seguinte: você tem uma assessoria grande, que envolve açúcar, café, seguros, siderurgia, desenvolvimento industrial, borracha etc. Você vai acabar com esta assessoria e vai me dar todos esses cargos de direção e assessoramento superior — DAS —, para eu poder organizar o ministério e trabalhar". Ele retrucou: "Bom, mas..." Eu disse: "Você fica com o chefe de gabinete, uma secretária e um assessor de imprensa. Você fica livre, eu fico com o resto todo". Ele perguntou, então, como iríamos fazer a administração. Respondi: "Os seus assessores para esses assuntos específicos serão os presidentes desses órgãos: o assessor para seguro será o presidente do Instituto de Resseguros; o assessor de siderurgia, o presidente da Siderbrás... Se você tiver um assessor para cada uma dessas áreas, poderá criar um campo de atrito, porque esse assessor pode ter opiniões diferentes das orientações emanadas do órgão representativo do setor. Então, vai haver uma confusão danada. O ministro disse: "Está bom. Mas e você?" Eu respondi: "Olha, ministério e secretário-geral não existem. Existe ministro. Eu não existo. Agora, se você quiser que as suas decisões tenham conseqüência, você me chame e diga o que fazer". Desta forma, havia conversações, decisões e execução de medidas sem brigas entre ministro, chefes de repartições e dirigentes de órgãos e empresas.

Depoimento 16: Paulo Vieira Belotti — Sintonizar propostas e ações às macropolíticas

Eu tinha um tratamento de distinção por parte do ministro, que me levava para todas as reuniões e para despachos com o presidente, em função da atividade que se procurava exercer, do desenvolvimento daqueles programas. Eu conhecia o presidente Geisel, sabia de sua missão, de sua visão estratégica do Brasil, então já encaminhava mais ou menos as decisões dentro daquele conceito. Ele achava, por exemplo, que devia descentralizar o desenvolvimento nacional, considerava a concentração em São Paulo uma coisa perigosa inclusive para a unidade da Federação — era esta a sua visão. Então, empreendimentos, principalmente na área industrial no Pará, na Amazônia, no Nordeste, na Bahia, no Rio Grande do Sul, no Paraná, ganhavam logo sua simpatia. Com a agricultura, ele procurou desenvolver o cerrado no Centro-Oeste. E sempre presente, em seus projetos, uma certa visão militar estratégica do desenvolvimento nacional.

Como eu também tinha isso na cabeça, já encaminhava as coisas, vamos dizer, dentro da melhor decisão técnica, tendo em vista essa macropolítica. Por exemplo: chegou a época de decidir sobre a instalação de uma fábrica de caminhões no Brasil. A Mercedes-Benz queria fazer a fábrica em outro lugar, por uma série de motivos, e a Volvo entrou com uma proposta. As propostas foram encaminhadas aos conselhos, e a da Volvo foi aprovada para o Paraná. Evidentemente, buscou-se diminuir a amplitude do projeto, que teve as melhores características e envolveu um certo favorecimento... mas estava consoante com uma visão maior do problema. E assim foi em relação à decisão de localização do pólo petroquímico no Rio Grande do Sul, ou de fazer a Açominas, ou uma fábrica no Rio Grande do Norte, no Pará... Prevalecia essa visão macro.

Depoimento 17: Paulo Vieira Belotti — Reconhecer talentos locais

No ministério, a recompensa que as pessoas tinham naturalmente era o salário, o conforto dos apartamentos funcionais, os carros oficiais para os mais graduados, esse tipo de coisa, mas a grande recompensa era o fato de que os camaradas estavam imbuídos de sua missão, tinham um entusiasmo muito grande que lhes dava realização profissional. Até hoje, vêm me dizer: "Como era bom naquele tempo! A gente conseguia fazer as coisas". As pessoas têm orgulho do que fazem, e este é um aspecto muito sério a se considerar. O que produzia esse clima de satisfação e realização era o meu exemplo, era o exemplo do presidente da República, um homem destinado a desenvolver o país e que dava um exemplo de austeridade, de correção e apoio a todas as iniciativas. Iniciativas que, no fundo, partiam dele, mas a realização era nossa. Ele então distinguia as pessoas, e isso era o importante. Não a obtenção de qualquer recompensa material, porque o serviço público não tem nada disso.

Quanto às empresas estatais, trabalhei um pouco no Banco do Brasil, conheci bem a Petrobras e conheço as demais empresas por exercício de função no ministério. Todas essas companhias têm um grande grupo de empregados qualificados, dedicados e competentes que permitem à pessoa que for administrá-las ter sucesso; basta mobilizar os talentos existentes nas próprias empresas. Eu jamais entrei em qualquer lugar levando corriola. Entrei na Petrobras e me sentei com as pessoas da empresa. Não fui para lá levando os amigos do BNDES, secretário, motorista... Isso eu nunca fiz. Fiquei com a secretária do antecessor e, dos auxiliares, um ou outro saiu por outros motivos. Nunca levei parentes. Tenho cinco irmãos, sendo que dois destes são economistas e dois engenheiros. Nenhum deles jamais trabalhou em qualquer organização em que eu estivesse. Tenho filho formado em química e ele nunca trabalhou na Petrobras ou em subsidiárias da empresa.

Isto é o que mais desgasta o indivíduo dentro das organizações. A pior coisa que acontece quando se entra em uma grande empresa é começar a levar gente de fora, despreparada, para chefiar indivíduos que já estão lá, que sabem fazer o trabalho e que ainda vão ter que ensinar ao novato. Eu mobilizava as pessoas da própria empresa por informações de outras pessoas.

O sistema formal de recompensas na Petrobras inclui as promoções. Naturalmente, aqueles que se dedicam mais, estudam mais, acabam se destacando no processo, tendo acesso aos degraus mais elevados da carreira funcional. O sistema é por mérito e por tempo de serviço, com aquelas pontuações. Mas nesse sistema de promoções há falhas, como em todo lugar. A diretoria adotava, então, determinados fatores de correção de alguns dos desvios do sistema, procedendo a uma análise dos nomes, no caso de um grupo de funcionários mais importantes.

As relações de trabalho em organizações formais estão alicerçadas na troca contribuição-recompensa. Esta relação assume complexidade particular no setor público. Este setor tende a remunerar menos do que o setor privado, e esta realidade se agrava em relação às funções especializadas quantitativamente significativas. É o caso de professores e médicos quando comparados, por exemplo, aos procuradores. Estes últimos, por serem em menor número, tendem a ter remunerações mais compatíveis com a natureza de seus cargos, em face do menor impacto orçamentário dos níveis salariais para eles estabelecidos.

As disfunções decorrentes do problema são graves e, no seu limite, resultam no que se tem denominado "pacto calhorda", isto é, um ajuste inescrupuloso entre chefias pouquíssimo exigentes, que sabem representar um empregador que remunera irrisoriamente, e profissionais que ajustam seu desempenho aos baixos níveis de recompensa. Pouco se cobra porque pouco se retribui; e pouco se dá porque pouco se recebe. Na área médica, tendo em vista o nível de especialização dos profissionais e a relevância dos serviços, esta questão de modelagem estrutural representa um dos maiores desafios aos dirigentes de unidades públicas.

Obrigado a conviver com um problema cuja solução sistêmica estava fora de seu alcance, Sérgio Rudge adotou estratégias compensatórias orientadas para o treinamento dos recursos humanos e para o desenvolvimento tecnológico, capazes de reverter atitudes e comportamentos disfuncionais e impactar significativamente os níveis de desempenho individual e organizacional.

Depoimento 18: Sérgio Rudge — Recompensar através da excelência

Este era um hospital que fazia nove cirurgias por dia, e eu comecei a fazer crescer esse número. Você pode me perguntar como consegui fazer este número crescer, se os médicos são mal remunerados. Como consegui incentivar os médicos a ficarem dentro do hospital?

No HTO, não usamos sequer um parafuso nacional. Tudo é importado. Então, o que eu fiz? Escrevi cartas para todas as firmas norte-americanas, fornecedoras de material para o país, requisitando aprimoramento técnico para os meus médicos. Estávamos usando equipamentos deles, e eu precisava que os meus médicos se aprimorassem cada vez mais, vendo os serviços na Europa, na América, no mundo inteiro. Eles concordaram, porque sabiam que o hospital era reconhecido internacionalmente. No exterior, na área de ortopedia, só se conhecia o HTO; tínhamos trabalhos publicados, professores etc. Consegui este aprimoramento técnico de curta duração. Em dois anos, mandei meus 40 cirurgiões ao exterior, financiado pela Stryker, a Depuy, pelas grandes firmas multinacionais; não os fornecedores do Rio, mas os fabricantes. As firmas mandavam cartas convidando os médicos, e eu solicitava ao ministro a autorização. Todos os médicos querem se aprimorar tecnicamente, então começaram a dar o máximo de sua produção dentro do hospital. Consegui fazer isso com os médicos, com as enfermeiras — porque eu tinha que atingir todas as camadas.

O hospital, de novo, passou a fazer 12 cirurgias diárias, 15, 20, 25, foi crescendo, e eu comecei a preconizar uma filosofia de trabalho que envolvia humanização, aprimoramento técnico e espírito de equipe.

Com os salários que os médicos ganham, se não se der um aprimoramento técnico, eles não fazem nada, ficam desestimulados. Não adianta o prefeito ou o governador aumentarem os salários, que têm uma base irrisória, e não lhes dar material de trabalho. Que estímulo tem um médico do Hospital Souza Aguiar ou do Miguel Couto? O médico adora trabalhar, adora operar. É mesmo difícil dirigir essas estrelas, porque todos são, na verdade, superestrelas e cheios de suscetibilidades. Se você repreende um médico, é uma complicação desgraçada! Mas eu cheguei à posição de passar uma descompostura em um professor e ele ficar na dele. Briguei muito para conscientizar as pessoas sobre a necessidade da qualidade do atendimento ao cliente.

Com o aprimoramento do quadro médico e o uso de material cada vez mais sofisticado, o hospital começou a tomar vulto. Professores estrangeiros vieram nos visitar, e passei a receber médicos de fora para fazer aprimoramento técnico na casa. Fiz protocolo de intenções com a Universidade de Chicago, com a Universidade de Coimbra, com outros centros desenvolvidos, e ficamos conhecidos como o hospital-padrão do Brasil em ortopedia. Eu acredito que a ortopedia do Rio de Janeiro é líder da mesma forma que a cardiologia de São Paulo, e esta liderança tem expressão mundial. Organizei o hospital para ele explodir tecnicamente, e comecei a exigir dos meus médicos a publicação de trabalhos no exterior;

o material que temos, nossa tecnologia é de ponta, então tínhamos que apresentar nossa produção. Com isso, o hospital se transformou na segunda casa dos médicos.

Em face da tendência à centralização da gestão dos recursos humanos, no Brasil, e das restrições impostas ao funcionamento dos sistemas de recompensa, não apenas no âmbito dos órgãos da administração direta como das empresas estatais, Ozires Silva buscou apoio na motivação decorrente do próprio trabalho, como elemento ativador e agregador de seus subordinados, mediada pelo exercício da liderança. A chama é interna a cada indivíduo, mas cabe ao líder atiçá-la, compensando as deficiências dos sistemas formais de recompensa.

Depoimento 19: Ozires Silva — Apelar para o conceito de interesse público

No quadro geral do nosso setor público, pouca coisa se pode fazer com relação às recompensas. Mas eu diria que o mais essencial é fazer uma diferenciação entre o líder e o manager, entre o sujeito que é capaz de liderar e o que é capaz de gerenciar. Com liderança se consegue motivar a equipe, transformando o problema do salário, o problema da recompensa material, em algo menos importante. É necessário encontrar a motivação. No caso do avião, ela é óbvia: o avião motiva por excelência. Cada avião pronto que atravessa a linha amarela de saída constitui uma vitória particular.

Basta perguntar o que fez um Beethoven surdo, pobre, escrever as maravilhosas partituras que ele produziu. Que chama interna obrigou esse homem a fazer isso? É a vontade do criador. Acho que não existe coisa que mais dê ao ser humano capacidade de auto-realização do que a criação. Uma simples maquete dessas que estão em minha mesa, quando o sujeito que a fez a vê pronta, ele se realiza no produto acabado. É como o artista que dá a última pincelada no seu quadro, como um Michelangelo... A meu ver, é isto que compensa, e que se obtém pela liderança: fazer com que cada pessoa participe do empreendimento ligada e grudada a ele, e que tenha a satisfação de realizar.

Há muitos exemplos na minha vida, mesmo na administração pública direta. Quando fui ministro da Infra-Estrutura, soube que Vitória não era ligada a Belo Horizonte em razão da inexistência de 100km, talvez nem isso, 50km de estrada de ferro, que não eram construídos devido a uma disputa entre a Companhia Vale do Rio Doce e a Rede Ferroviária Federal.

Chamei o pessoal das duas empresas, que, com a integração do Ministério da Infra-Estrutura, estavam sob o mesmo comando, e comecei a incutir em suas cabeças o que significava aquela obra para milhões de pessoas, mostrando também que eles podiam ser seus realizadores. Num determinado momento, eu disse: "Em 13 de dezembro de 1991, portanto, daqui a um ano e meio, nós vamos inaugurar esse trecho de estrada de ferro". Minha escolha foi aleatória, mas todos se fixaram naquela data e foram com um esforço do diabo à tarefa.

No dia 12 de dezembro de 1991, eu já estava fora do ministério, e o meu telefone tocou. Era o presidente da Vale do Rio Doce para me dizer: "Ministro, estou telefonando para dizer ao senhor que a estrada está pronta".

Conseguir resultados no setor público é realmente difícil, mas não é inviável. Custa mais, demora mais, é frustrante, mas é possível quando se tem a motivação e quando se consegue convencer as pessoas. Eu acreditava no que estava falando.

Hoje, não vejo como um capitão pode falar com o ministro da Aeronáutica, mas naquela época eu era capitão e falava com o ministro. Em outubro de 1968, nós conseguimos fazer o Bandeirante voar. E as pessoas que nos desacreditaram muito quando começamos pararam de rir e passaram a nos ouvir. Não acreditavam ainda, mas já nos ouviam. Até que o ministro da Aeronáutica, o brigadeiro Márcio de Souza e Mello, acreditou na idéia, nos deu muita ajuda, e em 1970 criamos a Embraer.

Lembro-me de que, quando queríamos criar a Embraer, tive a oportunidade de ir falar com o Delfim Netto. E falei tanto aos borbotões, que ele acabou perguntando: "Mas por que você está me falando desse jeito?" Eu respondi: "Porque o senhor é ministro da Fazenda, tem pouco tempo, eu sei onde estou e não sei se vou ter uma segunda oportunidade". Ele retrucou: "Calma, tome um copo d'água, sente-se e me conte a sua história". Eu lhe contei a história, e ele então olhou para mim e disse: "Esta é a maior maluquice que já ouvi na vida, mas acho que pode dar certo".

Já o Hélio Beltrão, que hoje é um de meus grandes amigos, não aceitou a idéia de jeito nenhum. Quando Delfim insistiu, ele se opôs: "Não quero nem conversa".

As coisas foram acontecendo, até que, um determinado dia, eu me vi aprendendo a lei da sociedade anônima e, depois, escrevendo uma lei que está aí hoje. A lei de criação da Embraer fui eu que escrevi, e seu texto saiu mais ou menos como eu havia feito, com pequenas modificações. Escrevi também o estatuto da Embraer. E embora jamais tenha pensado que um engenheiro pudesse fazer coisas dessa natureza, nunca pus na minha cabeça que seria uma tarefa impossível. Talvez difícil.

Em seu relato, Irapoan revela quatro estratégias de ação voltadas para a integração, às quais rendia extrema atenção por seus efeitos nos resultados: reiterar o *marketing* dos objetivos; encorajar o associativismo; garantir direitos e estabelecer deveres/metas; e reconhecer esforços individuais.

As histórias de Paulo Belotti brindam este segmento com três estratégias integrativas: esvaziar o papel dos assessores cortesãos; sintonizar propostas e ações às macropolíticas; e reconhecer talentos locais.

Sérgio Rudge revela que buscou a integração por meio de recompensar através da excelência; e Ozires Silva procurou apelar para o conceito de interesse público.

Subjacente a essas estratégias de ação, está um pressuposto básico, profundamente assumido por todos os entrevistados, conforme revelam seus depoimentos; "a ação gerencial é social", e não "individual", como muito comumente assumido por estudiosos da modelagem organizacional.[166]

Como expõe Irapoan Cavalcanti, com uma lógica figurativamente quantitativa, mas de contundente expressão qualitativa, para efeito de argumentação: "Se eu era 1/50 na Casa de Rui Barbosa e 1/10.000 na LBA, eu não era nada". Embora possa parecer forte demais a expressão "eu não era nada", que parece desconhecer o peso da autoridade formal, ela encontra respaldo na interpretação acadêmica de Weick. Mais precisamente, ao analisar proposições básicas do Code, referentes à questão "Por que estudar modelagem organizacional?" A proposição dos estudiosos da modelagem, entre outros aspectos, contém este ponto de interesse que merece realce: "Em grande medida a modelagem de uma organização (...) influencia diretamente a habilidade de gerentes individuais tomarem e implementarem (...) decisões".[167] Com a mesma contundência de Irapoan, Weick rechaça esta proposição, afirmando que, "de muitas maneiras, a idéia de um gerente individual é uma ficção".[168] O argumento de Weick se sustenta em sua visão da gerência e da organização (*organizing*) como processos, o que, em decorrência, reduz a uma ficção o significado ontológico da expressão "gerente individual". Para Weick:

---

[166] Weick, 1995:357.
[167] Ibid., p. 349.
[168] Ibid., p. 359.

O gerenciamento é um composto de contribuições parciais feitas por muitos indivíduos cuja identidade é definida por suas relações sociais. O trabalho de gerenciamento é profundamente social, o que significa dizer que a dispersão e o significado de uma modelagem não são facilmente controlados. Modelagens não criam sistemas sociais; elas são criadas por eles. E a eficácia da modelagem é determinada pelas relações sociais existentes utilizadas pela modelagem.[169]

A consciência da fonte (relações sociais) de sua real identidade no processo de gerenciamento, da dependência que têm desta mesma fonte a fragmentação e o significado da integração, enquanto modelagem de difícil controle, bem como do papel desta mesma fonte na determinação da eficácia da integração, explica as estratégias de ação valorizadas tanto por Irapoan como pelos demais depoentes.

A modelagem organizacional é construída por entidades sociais, tais como o *top managemt team*,[170] pelas ligações das díades verticais entre superior e subordinado,[171] bem como pelas relações intergrupais horizontais mobilizadas pelas lideranças. É este "saber que depende dos outros para realizar" que leva Irapoan, por exemplo, a concentrar grande energia, de forma profissionalmente detalhista, em coisas que, aos mais desatentos e desconhecedores do cotidiano gerencial de grandes sistemas, podem parecer piegas ou simples demais, carentes de sofisticação técnica. Quer seja ao compartir decisões — "no processo do serviço público brasileiro, a responsabilidade é do presidente, mas o processo de tomada de decisões não precisa ser necessariamente centralizado (...) Na Fundação Casa de Rui Barbosa, todos os dias, praticamente, eu despachava com os diretores" —, quer seja ao encorajar o associativismo — como "um poderoso instrumento de gestão coletiva, capaz de promover a conexão entre os resultados organizacionais e os interesses dos indivíduos" —, quer seja ao respeitar o composto direitos-obrigações dos funcionários — para "promover a coesão e a auto-estima, é importante cumprir os direitos das pessoas (...) eu sempre parti do princípio de que o direito legal é indiscutível, tem de ser cumprido" —, quer seja, ainda, ao demonstrar empatia com o mais longínquo funcionário, ao fazer a leitura de suas necessidades concretas de apoio operacional e integrá-lo, pela recompensa em reconheci-

---

[169] Weick, 1995:359.
[170] Hurst et al. (1989) segundo Weick, 1995:358.
[171] Graen e Scandura (1987) segundo Weick, 1995:360.

mento a sua contribuição, aos esforços organizacionais — para "o seu trabalho, ter um pequeno e modesto barco a motor, que chamam por lá de voadeira, correspondia a um recurso material, mas para ele significava uma recompensa imaterial; seus esforços haviam sido tão reconhecidos a ponto de receber esse tipo de equipamento" —, em todas estas instâncias, ações de caráter integrativo, fundamentadas na dinâmica relacional, produziram modelagem. Como Burns e Stalker lembram, "decisões são tomadas na presença de outros, ou com o conhecimento destes para implementá-las ou entendê-las ou aprová-las".[172] Com Weick vemos que:

> As modelagens são formadas a serviço daqueles que realmente nos importam, da mesma forma que esses outros que nos importam são por si mesmos formados pelas modelagens que eles constroem. A modelagem reflete os interesses sociais, e ela também estrutura interesses sociais. Qualquer ato praticado por um "gerente individual" é realmente um ato oriundo de um ente representativo, cuja estatura e pertinência como membro de um quadro estão num nível hierárquico (...) O que é irreal é considerá-la uma atividade de uma pessoa só.[173]

Em se tratando da equipe diretiva, Paulo Belotti radicaliza a idéia da interdependência, ao proclamar uma completa identidade, que está longe de ser mera subserviência à autoridade:

"*Olha, ministério e secretário-geral não existem. Existe ministro. Eu não existo. Agora, se você quiser que as suas decisões tenham conseqüência, você me chame e diga o que fazer.*"

Para Sérgio Rudge, do êxito no desafio de ter a assiduidade garantida, no simples comparecimento ao hospital, do corpo médico, dependeu a base para viabilizar as formas organizacionais e os procedimentos operacionais inovadores. Como se sabe, e por mais absurdo que isso possa parecer, o comparecimento institucionalmente comprometido de médicos aos hospitais públicos brasileiros se constitui em grave problema, que encontra suas raízes na gestão pública.

Nesse sentido, os relatos merecem reflexão mais aprofundada ao ressaltarem a reiteração perseverante de imagens, objetivos e metas, pelos seus atributos de gerar o compromisso e suas conseqüências, de estabilização e amplificação de padrões de comportamento e de in-

---

[172] Burns e Stalker, 1961:18.
[173] Weick, 1995:360.

duzir a convergência integradora e promotora de resultados.[174] Segundo Irapoan:

> Quando eu dizia repetidamente Primeiro a Criança, Primeiro a Criança, Primeiro a Criança, não posso afirmar que os 10 mil funcionários entendessem, mas uma grande maioria se dava conta de que havia um programa chamado Primeiro a Criança. Se suas ações são fragmentadas, não agrupadas, os funcionários não percebem o objetivo e não caminham na direção daquele esforço.

Diferentes graus de compromisso produzem diferentes padrões e sentidos do que está acontecendo. Com esta gerência de significados, dirigentes competentes exercem sua liderança, gerando um ponto de referência em relação ao qual um sentimento de organização e direção emerge, dentro das restrições naturalmente impostas. Como Staw observa: "Quando a tecnologia é ambígua e os produtos estão sujeitos a preferências valorativas, o compromisso com os objetivos e procedimentos, quaisquer que eles sejam, é suficiente para o adequado ajustamento à ambiência".[175]

Este é, definitivamente, o caso das políticas de assistência social, sempre envolvidas com acusações de "assistencialismo", "clientelismo" e polêmicas em relação aos sistemas alternativos de prestação dos serviços. Sem dúvida, o desafio de implementação de um programa nacional, com envolvimento de mais de duas dezenas de superintendências estaduais, operando em ambiências políticas, econômicas e sociais diversas, carece de mecanismos de integração compatíveis com a diversificação de soluções locais freqüentemente sujeitas às pressões dispersivas dos interesses políticos locais.

Criar escudos contra as transgressões

A corrupção, o controle político faccioso da máquina administrativa e o nepotismo são expressões do comportamento transgressor comumente associadas à administração pública de países em desenvolvimento. Enquanto esses comportamentos são considerados práticas excepcionais nos países mais desenvolvidos, no Brasil, país em transição, esses padrões de comportamento podem ser sistêmicos ou não, de-

---

[174] Weick, 1995:363.
[175] Staw, 1982:116.

pendendo de uma multiplicidade de fatores, entre os quais as orientações estratégicas dos dirigentes. Os relatos de Irapoan Cavalcanti e de Paulo Belotti apontam para a importância das transações ambientais na abordagem do problema, promovendo alguns *insights* merecedores de análise aprofundada, numa visão mais dinâmica da modelagem organizacional.

Depoimento 20: Irapoan Cavalcanti — Projetar uma imagem de correção e eficiência

Demiti muita gente por justa causa e, no entanto, na véspera de eu sair da presidência da LBA, fui homenageado pela Associação Nacional dos Funcionários. Botei gente na rua por roubo. Onde eu peguei, jamais transigi: assinava a portaria. Se, depois, o funcionário recorria à justiça, era problema dele. Mas, comigo, não. Tive até alguns casos de pessoas ligadas a políticos. Quando o governo quis terminar com a acumulação indevida de cargos, também demiti muitos por acumulação, e os funcionários ficaram do meu lado. Porque esses casos são minoria, é isso que se precisa saber. Agora, se alguém protege os seus e dá pau nos outros, aí todo mundo fica contra.

Um fator preponderante para explicar essa questão é o respeito externo. Na medida em que se consegue tornar uma organização eficiente, esta começa a ser vista externamente com respeito, como uma organização que atinge suas metas e tem lisura nos procedimentos. É necessário projetar uma imagem sustentável de respeito.

No início do meu trabalho de reforma da Empresa de Correios — e me cabia nessa reforma ser consultor da área de finanças —, as minhas primeiras conversas no Ministério do Planejamento foram muito difíceis. Eu ia discutir créditos, e parece que as pessoas se lembravam de todas as cartas que haviam enviado um dia e que não chegaram a seu destino; de todas as cartas que disseram lhes ter mandado e não foram recebidas. O serviço era tão ruim que muita gente nem mandava cartas, e mesmo assim atribuía a culpa ao Correio. Então, quando eu ia discutir créditos, era muito mal recebido, as pessoas não tinham boa vontade. À medida que a organização reverteu este processo — parece que logo no primeiro ano —, o déficit acabou e as cartas começaram a chegar com regularidade. Aí eu já passei a ser bem recebido, uma vez que a empresa conseguiu angariar respeito externo.

Com a LBA, a situação foi semelhante. A LBA aumentou sua produção em cinco vezes. Então, quando se atinge esta aura, que não é um escudo imbatível, mas que dá um certo resguardo, as pessoas já vão pedir as coisas com certo cuidado. Eu nunca recebi um deputado, um senador que me fizesse uma proposta imoral. Nunca, nunca, nunca! E esta aura era curiosa, porque eu recebia inclusive parlamentares de oposição ao governo. Quando ouço falar que um parlamentar fez isso, fez aquilo, só posso dizer que comigo nunca aconteceu. Os parlamentares que me procuravam levavam propostas, às vezes mal formuladas tecnicamente — então eu os orientava e eles as reformulavam —, mas sempre no campo de atuação da instituição.

Depoimento 21: Irapoan Cavalcanti — Garantir critérios técnicos na compra de bens e serviços

Quanto aos fornecedores — fala-se muito nisso, e os jornais publicam casos quase que diariamente —, acho que, quando o dirigente transmite uma mensagem de correção, não corre o risco de receber qualquer proposta indevida. Nunca tive esse problema na minha vida, qualquer tipo de aproximação sequer ou uma possível insinuação.

Na LBA, que movimentava somas relevantes, a regra do jogo foi estabelecida desde o início. Eu disse a todos, claramente, que seriam atendidos com toda a correção, teriam seus direitos garantidos, mas que eu só os receberia como associação, e não individualmente. Então, jamais enfrentei qualquer tipo de insinuação. É evidente que, algumas vezes, tive oferecimento de produtos até de outros países; eu os mandava examinar sob o ponto de vista técnico e, se não eram adequados, não os aceitava. Mesmo esses pequenos mimos — para usar uma palavra antiga — que as pessoas costumam presentear, isso não havia comigo. A regra era tão clara que eles não se davam sequer a esse trabalho, no que faziam muito bem.

Existe um tipo de pressão no sentido de se alterarem programas ao sabor do interesse de fornecedores. Mas esta é uma questão que fica a cargo da integridade pessoal do dirigente. Se este tiver uma atitude de resistência muito firme, termina perpassando-a pela organização. Não quero dizer que é possível evitar a pequena corrupção em nível hierárquico inferior. Não se tem controle disso numa grande organização, seria inocência pensar assim. Mas as ações perpassam; se, ao primeiro sinal, você punir, esta atitude se transfere dentro da organização.

Depoimento 22: Irapoan Cavalcanti — Neutralizar pressões políticas e ideológicas

Na Fundação Casa de Rui Barbosa, não havia questão política, referente a correntes políticas, em termos de indicação para os cargos. Primeiro, o presidente da instituição, professor Américo Jacobina Lacombe, seu criador, era um homem inatacável, de uma dedicação extraordinária, e um especialista, talvez o maior especialista brasileiro na área. Então ele era um grande guarda-chuva contra pressões. Os diretores de centro eram todos pessoas também absolutamente respeitadas em seus campos de conhecimento.

Do ponto de vista eleitoral, vamos dizer assim, nenhum benefício resultava do nosso trabalho. Editar um livro sobre ecdótica, por exemplo, não traz benefício eleitoral a ninguém. Restava a questão ideológica, mas sempre tentamos manter uma neutralidade nesse campo, mesmo nos tempos mais difíceis, que foram os tempos, quando dirigi a Casa, do regime autoritário. Nessa época, fizemos um seminário a que compareceram pessoas que talvez não fossem aceitas pelo governo de então, como Antônio Cândido. Dr. Lacombe, que é reconhecidamente um liberal, afirmava ter o maior respeito pelo Astrogildo Pereira, um dos fundadores do Partido Comunista — um dos exemplares da obra completa do Rui Barbosa é um prefácio à obra de autoria do Astrogildo Pereira. Tínhamos ou convidávamos pessoas de todas as tendências, cujos conhecimentos eram reconhecidos.

A LBA é um sistema em que se tem uma superintendência por estado, o que constitui um instrumento muito poderoso do ponto de vista da política eleitoral. A composição dos dirigentes — e eu chamo a atenção para este fato — sempre se dará por indicação. Porque ninguém tem condição — eu desafio quem disser o contrário — de escolher um dirigente por estado em todo o país na sua área de atuação. O problema que resulta é de onde vem a indicação. Pode-se consultar um amigo, a associação local, mas sempre se busca apoio em uma indicação. Nessa questão, que envolve interesses eleitorais, a indicação é sempre política; fatalmente se faz uma composição.

A primeira questão que considero básica, fundamental, é se compor um modelo político em cada estado que garanta a qualidade do serviço. Para isso, existem algumas táticas possíveis. Não se pode aceitar a indicação *de qualquer pessoa sobre a qual perpasse alguma dúvida quanto à honra, quanto à correção. E ainda há a questão da eficiência; muitas vezes, a articulação política local escolhe uma pessoa não tão eficiente como se pretenderia. Acontece, aconteceu comigo. Então é necessário criar um mecanismo que consiga suplementar esta ineficiência. Tal mecanismo pode ser, por exemplo, colocar como o segundo na hierarquia um funcionário técnico. Se isso for de todo impossível, pode-se manter rédeas mais curtas naquele estado — é outro mecanismo compensatório. A rédea curta pode-se exercer de muitos modos: por exemplo, o contato telefônico constante, pessoal, para saber o que está acontecendo. Eu trabalhei com os dois modelos.*

Quando se tem muito medo de uma região, deve-se encarregar uma pessoa de confiança para fazer uma revisão de todos os procedimentos locais, determinando ainda que, ao serem transmitidos, passem por um único canal. Isto porque, quase sempre, na administração central, a organização dos controles é mais fluida e segue a lógica de procedimentos, e não a lógica regional. Desta forma, mantém-se uma supervisão muito mais forte sobre aquela região.

Isto se pode evitar quando se faz um acordo político, esclarecendo: "Dr. Fulano, o senhor vai me indicar o superintendente. Agora, por favor, dê-me uma pessoa eficiente e correta". Eu tive muitos exemplos desta situação, e o respeito aos termos do acordo é grande. Às vezes, mesmo que a pessoa indicada represente um grupo, ela percebe, pelo seu discurso, que deve atender também às demais facções, desde que tragam bons projetos. Esse respeito faz com que os diversos interesses sejam contemplados. É lógico que não se consegue cem por cento de êxito nisso, mas pode-se criar um mecanismo compensatório nessas questões políticas: um sistema que atenda diretamente aos outros grupos.

Na LBA, no caso do Rio de Janeiro, por exemplo, o governo do estado era de um partido político e o prefeito de outro, opositor ao governo federal. Eu atendia aos dois grupos e nunca tive problemas com nenhum deles. Desde que os projetos fossem corretos, nós atendíamos. Lembro-me bem de um caso em que havia um político — não vou citar o nome porque não seria eticamente correto — de quem muita gente não gostava, e que nos enviou um projeto. No início, me disseram: "Mas é de fulano, vai examinar?" Respondi: "Não me importa se é de fulano, vou mandar para os setores técnicos examinarem, do mesmo modo que examinam o de sicrano, que todo mundo gosta de receber e dar tapinha nas costas". Quando chegou a análise técnica, disseram: "Dr. Irapoan, o projeto está correto". Eu concluí: "Se está direito, vamos atender". As próprias pessoas começam, então, a se policiar.

Depoimento 23: Irapoan Cavalcanti — Obstruir o nepotismo através de mecanismos institucionais

Pedido de emprego é uma peste. Se alguém tem que atender a um pedido de emprego, que tente admitir pessoas eficientes. Esta é a primeira tentativa. Se tem que admitir o ineficiente, faça aquilo que no livro Peter's principles é chamado de arabesco lateral: coloque esta pessoa fora do processo produtivo. Eu dispunha de um escudo melhor quanto a isso: um plano de cargos e salários, com normas de admissão claramente estabelecidas, implantado há anos.

Um fato muito engraçado ocorreu com uma figura extraordinária da cultura brasileira, o professor Adriano da Gama Kury, um dos maiores especialistas em lingüística do país. Eu o convidei — depois de fazer o plano de cargos e salários — para formular o concurso para admissão de pessoas na área de filologia. Depois de ver os benefícios que os pesquisadores teriam, ele disse: "Eu não quero formular o concurso, quero ser candidato".

O dirigente tem que ter um sentido para essas coisas. Não se vai submeter uma pessoa como o Adriano da Gama Kury a uma prova; não se vai submeter um Lúcio Costa a uma prova de arquitetura. Seria de um ridículo formal extraordinário! Para esses casos do chamado notório saber, o plano de cargos e salários deve ser de tal sorte que possa absorver uma comissão que tenha condições de declarar essas pessoas isentas de concurso. Elas estão acima do conhecimento normal, não precisam provar; suas vidas já provaram que elas sabem.

Então, o melhor escudo que existe para o pedido de emprego, que pode levar ao desmoronamento de um sistema pelo ingresso de pessoas inadequadas, é fazer de saída um plano de cargos e salários. Se quiser ser gentil com as pessoas, pode dizer: "Eu gostaria muito de atendê-lo, mas infelizmente o plano não permite".

Da mesma forma que ocorre quando os objetivos e metas de um programa são atingidos, o plano de cargos contribui para o respeito externo, induzindo as pessoas a não ousarem fazer propostas. Eles servem interna e externamente.

Depoimento 24: Paulo Belotti — Utilizar crédito acumulado

Tenho uma marca na minha carreira, que é uma grande amizade e distinção, usadas para a vida pública, e que se solidificaram na relação com o presidente Geisel. Por força das funções que desempenhei, fiz grande conhecimento e criei um conceito pessoal dentro da administração pública; então, algumas pessoas me distinguem e me chamam para isso e para aquilo. Minhas ações, porém, sempre foram ligadas a uma atividade técnica profissional e a uma atividade política relacionadas ao desenvolvimento econômico do país — eu participei, praticamente, de todos os programas de desenvolvimento do governo: do siderúrgico, de celulóide, de petroquímica, de fertilizantes. Atividade política de convencimento, de conseguir fazer as coisas, e não de política partidária. Jamais tive indicação partidária para nenhum cargo que ocupei. Fiz uma carreira no regime militar e, depois, no regime civil, fui amigo de confiança do governo na época do Sarney. Saí agora, com o Collor, e entrei na área privada.

As carreiras de prestígio meramente político dificilmente conseguem concretizar alguma coisa, a não ser que os objetivos coincidam com os objetivos das organizações; porque estas têm uma vida própria, pelo menos as mais importantes, determinada pelo corporativismo, que é inteiramente necessário, no bom sentido.

Pela via do conceito, o indivíduo, para chegar a diretor de qualquer empresa de um desses setores especializados, deve ter formação profissional adequada, experiência na área acumulada ao longo de vários anos, e dedicação. O preparo é muito importante. E o esforço para a acumulação do conhecimento depende, naturalmente, da leitura e do trabalho de anos.

É muito difícil para uma pessoa gerir uma empresa de petróleo se não entende de petróleo, se não entende da Petrobras. O indivíduo recebe a autoridade formal, senta-se na cadeira, começam a chegar as solicitações, e ele tem a responsabilidade de tomar as deliberações, porque a empresa não pode parar. Não se pode, como está acontecendo hoje, pegar um camarada que foi colega de banco escolar e colocá-lo na presidência de uma empresa. Vai dar confusão, o indivíduo vai se sentir atrapalhado, desconfiado, querendo saber das coisas, se está sendo enrolado ou não... Ele pode sair assinando papel, uma vez que tem o poder formal, mas isso não vai garantir o planejamento estratégico. É necessário ter estudo, tradição. Eu não poderia, amanhã, dirigir uma empresa telefônica. Na direção, a pessoa tem que entender do negócio.

Depoimento 25: Paulo Vieira Belotti — Transformar crédito em reputação

Se você tem conceito junto ao governo, consegue realizar coisas porque, primeiramente, sua ação depende muito de outros órgãos, ou seja, depende do Ministério da Economia, do Banco do Brasil, do Banco Central...

Se você não tiver conceito na esfera federal, não consegue nada. Faz as coisas, e elas são torpedeadas. Nos governos de que participei, eu tinha conceito, tinha relacionamento de confiança com o presidente da República. E todos sabiam que eu usava dessa prerrogativa para o trabalho e não para outras finalidades. As decisões fluíam, porque havia uma equipe de pessoas também dedicadas e com formação. Nesse governo Collor eu não faria absolutamente nada.

Para escapar ao controle da Sest, no caso da Petrobras, quando eu era diretor e encarregado desta área, e estávamos com um conceito muito alto no governo, conseguíamos as coisas com o ministro Delfim Netto, a quem eu conhecia bem. Eu ia primeiro àquele Mortada, da Sest — um chato —, depois acabava conversando com o Delfim. E o Delfim teve muita compreensão, pois viu que a Petrobras ia produzir muito petróleo, tinha as reservas, então, de certa forma, foi liberal conosco. Fizemos uma espécie de contrato informal de gestão, e obtivemos os US$10 bilhões de que precisávamos para levar a termo nosso projeto de produzir 500 mil barris. Como o governo estava apoiando o programa e o ministro Delfim o considerava importante para o balanço de pagamentos, a Petrobras partiu para produzir 500 mil barris, mas os outros setores, como o de energia elétrica, de siderurgia, ficaram numa situação terrível. Foi uma lástima. Dizem que por culpa da administração, mas na realidade por culpa do governo, dos controles idiotas, burros, muito embora não se possa negar a existência de administrações clientelistas e incompetentes.

Um ministro, quando assumia e enquanto estava com força, fazia logo um decreto para o presidente da República assinar, submetendo as tarifas, os preços dos combustíveis, os salários dos empregados das estatais e não sei mais o quê à sua aprovação, ouvido este ou aquele conselho. Depois retirou-se do texto o "ouvido o conselho", e ficou uma subordinação total. Então não se faz nada, não se chega a conclusão alguma, e fica-se nesta coisa que está aí agora, nesta luta de poder, nesta malandragem. As autoridades faziam decretos de 500 artigos, mas reservavam sempre um para os casos excepcionais, em que decidiriam a contratação de pessoas, a aprovação disso e daquilo... Para os outros, a lei. Todos faziam. O Delfim, então, era mestre nisso, sabia fazer essas coisas, conhecia a burocracia. Se queria controlar as empresas, bastava um decreto com um artigo: todo empréstimo a ser contratado no exterior precisa de aprovação do ministro do Planejamento. Ele botou todas a empresas sob controle. Fez muito disso.

Depoimento 26: Paulo Vieira Belotti — Evitar o favoritismo

Evidentemente, na minha atuação como diretor na Petrobras e como presidente na Petroquisa, eu recebia pedidos políticos. Certa vez, um governador me abordou: "Eu queria ter um diretor do estado participando dessa empresa, que é do meu estado". O presidente olhou para mim. "Veja o que o fulano está querendo". Eu então disse que estava bem, que atenderia o pedido de colocar um diretor do estado, mas deixei claro: "Quem vai escolher a pessoa sou eu". O governador concordou, eu fui ao Banco de Desenvolvimento do tal estado, onde me chamaram, e lhe disse: "Quero o fulano de tal". O governador reagiu: "Esse não pode ser, porque é o meu braço direito". Eu me propus a estudar outro nome, e novamente fui lá: "Meu velho, então me mande o sicrano". "Ah!, esse também não posso." Então eu disse: "Faça o seguinte: pegue esse cara que você quer me indicar, que é muito bom, ponha no lugar do que escolhi, e me ceda o que eu quero". Aí ele desistiu.

Mais uma vez entrou em cena a questão do conceito e do prestígio, porque o presidente me perguntou: "E o fulano? Você o atendeu?" Eu respondi: "Olhe, fiz uma outra sugestão, ele também não aceitou, e não posso aceitar o homem que ele quer me dar". O presidente concordou: "Está certo, você agiu bem; quis escolher uma pessoa competente, atendendo também ao aspecto político. Mas colocar uma pessoa... Se ele não quis aceitar sua indicação, não tem direito de se sentir preterido". Então, se esse governador fosse reclamar ao presidente, ia escutar: "Ele escolheu as melhores pessoas e você não quis ceder, portanto..." Esta questão do conceito é fundamental, porque em outra época o governador poderia pedir minha demissão por não atender o pedido da forma que ele queria.

Outra coisa que eu fazia muito. Chegava um político que eu tinha de atender, e queria ser presidente, diretor de uma determinada empresa etc. Eu dizia: "Está bem". Aí fazia uma reforma no estatuto da empresa, e o presidente passava a não ter poder de nomear, de demitir, de fazer contratos... Era um presidente com representação, com carro e tudo o mais, porém sem aqueles poderes de que eles tanto gostam. Eu negociava isso com o ministro Aureliano. Aí o sujeito não aceitava, porque não queria perder status, e era uma luta.

O filtro de proteção da Petrobras é o presidente da Petrobras. Então tem que ser uma pessoa de confiança do presidente da República e do ministro do setor. Se for um presidente de empresa sem prestígio e conceito, vai querer compatibilizar as coisas, vai acabar cedendo às pressões e não vai saber dizer não. Isso não pode acontecer. Ele tem que chegar lá, ouvir os pedidos e ir dizendo: "Não vou fazer isso, não. Nem pensar".

Depoimento 27: Paulo Vieira Belotti — Ousar transgredir para realizar

Outra coisa que se tem de fazer no serviço público, e que na minha época se fazia muito, é cometer irregularidades, é ter coragem de cometer irregularidades. O serviço público é de tal forma controlado, legislado e permeado por uma série de entraves que, se a pessoa não cometer irregularidades, fica permanentemente procurando ouvir isso, tentando fazer aquilo, e não faz absolutamente nada. Evidentemente, para se cometer irregularidades, é preciso ter coragem, ousadia e conceito. Porque se está cometendo irregularidades, mas não se está tirando qualquer vantagem.

Vou dar um exemplo: no ministério, se eu precisasse de gente qualificada, eu contratava pessoas mediante convênios fictícios com organizações-fantasma... e também fazia convênios com as organizações privadas para pagar o pessoal. Convênio oficial, segundo todas as normas... Não existia prestação de serviço, era para pagar os funcionários que haviam trabalhado. Eu precisava desse expediente.

Naquela época, não se falava nem se levantava suspeição acerca da honorabilidade das pessoas que estavam à frente da administração federal — o que hoje é um problema sério —, porque todos recebiam um salário decente, moravam em apartamentos decentes em Brasília, tinham seu carro à disposição. E o interessante é que se tomavam as decisões com uma dose enorme de arbítrio. As seleções que se faziam das empresas eram em bases, digamos, bastante empresariais. Mas sempre se abria o assunto ao debate, com um grande número de pessoas, e se chegava a um consenso. Porque você pode tomar uma decisão a mais arbitrária, porém, se 10 pessoas participam do acordo e chegam àquela conclusão, torna-se um procedimento mais correto do que qualquer concorrência pública, e de maior aceitação. Para dar respostas mais rápidas, a concorrência podia não estar formalizada, podia não estar atendendo ao requisito formal da norma, mas utilizávamos a estratégia compensatória de dar uma transparência maior, por outro lado, com a participação dos envolvidos e a garantia de uma decisão técnica de alta qualidade, que constituía o elemento compensador.

Para se fazer, por exemplo, uma seleção de empresas para o processo petroquímico com 30 concorrentes... simplesmente mandava-se publicar um edital no Diário Oficial, para cumprir a formalidade, e convidavam-se as empresas interessadas, marcava-se uma data, recebiam-se os projetos... Depois começava-se a fazer o estudo, a verificação, a negociação, e um dia sentava-se à mesa com aqueles grupos e se decidia: "Vai ser fulano". O interessante é que os perdedores não faziam nenhum ataque. A arbitrariedade estava em não seguir os trâmites das concorrências públicas. O serviço de engenharia da Petrobras, por exemplo, faz diversas concorrências, com uma seriedade enorme, e tem mais problemas com o conluio dos concorrentes do que com o processo de exame e decisão da coisa. O problema maior é com o conluio dos participantes.

O Collor fez e desfez, e ninguém quer ir trabalhar em Brasília; quando um sai, ninguém mais quer ir para lá. Convida-se alguém para ser diretor da Comissão de Valores Mobiliários, e não há quem aceite. Os salários são baixos e o indivíduo, ao se transferir, não tem apartamento, não tem carro, não tem nada.

Em relação às irregularidades para viabilizar ações, tenho a impressão de que hoje, com o clima "democrático", basta um datilógrafo denunciar qualquer coisa à imprensa que se torna um processo complicado. É uma situação louca, porque há um desinteresse, a gente não sabe a quantas anda.

Em seu relato, Irapoan associa a percepção externa da eficácia de uma organização à sua vulnerabilidade a propostas transgressivas (por exemplo, corrupção, nepotismo, clientelismo).

Um fator preponderante para explicar essa questão é o respeito externo. Na medida em que se consegue tornar uma organização eficiente, esta começa a ser vista externamente com respeito, como uma organização que atinge suas metas e tem lisura nos procedimentos. É necessário projetar uma imagem sustentável de respeito.

Em sua interpretação, a vulnerabilidade de uma organização ao assédio transgressor sistemático, e a resistência igualmente sistemática aos pleitos legítimos da organização da parte de segmentos de sua pretensa ambiência, são faces de uma mesma moeda. A frouxidão ineficiente é convidativa à transgressão. A incapacidade da organização em alcançar níveis aceitáveis de eficácia a impede de transacionar com alguns ambientes importantes, quer como geradores de insumos (recursos, apoio político etc.), quer como receptores de seus serviços. Estes ambientes lhe negam reconhecimento. Ou, de forma mais precisa, a organização é incapaz de sancionar (enact) um dado ambiente, embora considerando-o um lócus desejável de transações valiosas. Como relata Irapoan, "no início do meu trabalho de reforma da Empresa de Correios — e me cabia nessa reforma ser consultor da área de finanças —, as minhas primeiras conversas no Ministério do Planejamento foram muito difíceis (...) quando eu ia discutir créditos, era muito mal recebido, as pessoas não tinham boa vontade". Essa situação só foi revertida por força da credibilidade alcançada com as efetivas transformações que tiveram lugar na empresa. Nesta mesma lógica, a organização ineficaz sanciona uma ambiência de focos ambientais comprometidos com valores transgressores, que lhe fazem o assédio sistemático, por entendê-la como campo acolhedor e promissor para enriquecimento ilícito. Este ponto é interessante porque parece confirmar, em tema pouco abordado na teoria das organizações, um dos pressupostos alternativos submetidos por Weick para a modelagem organizacional: "Modelagens constroem ambientes para se adequarem às organizações".[176] Esta perspectiva se opõe ao pressuposto corrente na literatura da modelagem organizacional que, na lógica adaptativa da metáfora biológica,[177] considera que as modelagens constroem organizações para se adequarem aos ambientes. O relato da situação vivida por Irapoan na interface Empresa de Correios e Ministério do Planejamento demonstra o quão importante era a necessidade de a empresa em transformação "fortalecer o que ela já tinha no lugar, (...) fortalecer a sua cultura, tornar-se mais proativa, agir como um ente verdadeiro, intensificar a racionalidade de ação, e reafirmar seus compromissos, tudo num esforço para transformar as crenças e ações dessas pessoas que compõem o seu meio".[178]

Ou, dito de outra forma, quão importante era a necessidade de sancionar um ambiente, até aquele momento refratário ou mesmo inexistente para a empresa, porque até então ela não o via nem com ele comungava valores. Conclui-se com Weick que, "se assumirmos que o propósito da modelagem é construir ambiências que se adequem às organizações, então a questão-chave não é exatamente 'O que está acontecendo lá fora?' e sim 'O que está acontecendo aqui dentro?'. O que a organização tem disponível afeta o que ela enxerga do lado de fora".[179] Este ponto é ainda mais bem esclarecido com o entendimento da reciprocidade envolvida nas relações ambientais.

Recorrendo aos escritos de March e Olsen sobre instituições políticas,[180] Weick ressalta suas observações de que

---

[176] Weick, 1995:371.
[177] Morgan, 1996:43-80.
[178] Eccles e Crane (1988), segundo Weick, 1995:373.
[179] Weick, 1995:373.
[180] March e Olsen, 1989:46.

as ações de cada participante são freqüentemente parte do ambiente de outras pessoas. Isto significa que os ambientes de cada pessoa são parcialmente autodeterminados, já que cada um reage ao outro. Quando os ambientes são criados, as ações levadas a efeito para a "adaptação" a um ambiente específico são parcialmente respostas às nossas próprias ações prévias refletidas no ambiente. Um resultado comum disso é que pequenos sinais são amplificados até se tornarem bem maiores.[181]

Paulo Belotti aborda esta mesma questão em nível pessoal, ao enfatizar o crédito do administrador junto à autoridade superior, que lhe transfere prestígio conversível em ação, bem como a importância da reputação pessoal construída no meio profissional.

Tenho uma marca na minha carreira, que é uma grande amizade e distinção, usadas para a vida pública, e que se solidificaram na relação com o presidente Geisel. Por força das funções que desempenhei, fiz grande conhecimento e criei um conceito pessoal dentro da administração pública (...) Atividade política de convencimento, de conseguir fazer as coisas, e não de política partidária.

Da mesma forma que Irapoan Cavalcanti, Paulo Belotti estabelece uma relação clara entre a eficácia pessoal e organizacional, e a capacidade de "sancionar" ambientes, constituindo-se a reputação de honestidade em elemento importante da relação. Em pauta está não apenas a capacidade de "sancionar" um segmento desejável do ambiente, como também vetar (*de-enact*) um segmento indesejável, no caso, a Secretaria de Controle das Empresas Estatais.

Se você tem conceito junto ao governo, consegue realizar coisas porque, primeiramente, sua ação depende muito de outros órgãos, ou seja, depende do Ministério da Economia, do Banco do Brasil, do Banco Central (...) Se você não tiver conceito na esfera federal, não consegue nada (...) Nos governos de que participei, eu tinha conceito, tinha relacionamento de confiança com o presidente da República. E todos sabiam que eu usava dessa prerrogativa para o trabalho e não para outras finalidades (...) Para escapar ao controle da Sest (Secretaria de Controle da Empresas Estatais), no caso da Petrobras, quando eu era diretor e encarregado desta área, e estávamos com um conceito muito alto no governo (...) que teve muita compreensão, pois viu que a Petrobras ia produzir muito petróleo.

---

[181] Weick, 1995:372-373.

Irapoan parece entender bem este fenômeno quando, cuidadosamente, sinaliza os padrões de ação aceitáveis pela organização, para os atores do ambiente, sejam eles fornecedores ou políticos. Referindo-se ao relacionamento com fornecedores, relata:

Na LBA, que movimentava somas relevantes, a regra do jogo foi estabelecida desde o início. Eu disse a todos, claramente, que seriam atendidos com toda a correção, teriam seus direitos garantidos, mas que eu só os receberia como associação, e não individualmente. Então, jamais enfrentei qualquer tipo de insinuação.

Em outra passagem, Irapoan se refere a projetos apoiados por políticos de outros partidos que não o do governo: "o projeto está correto, então vamos atender". Referindo-se aos pedidos de emprego, afirma: "o melhor escudo que existe para o pedido de emprego, que pode levar ao desmoronamento de um sistema pelo ingresso de pessoas inadequadas, é fazer de saída um plano de cargos e salários. Se quiser ser gentil com as pessoas, pode dizer: 'Eu gostaria muito de atendê-lo, mas infelizmente o plano não permite'". Todas as passagens representam pequenos sinais que são amplificados em sinais maiores em seu conjunto, com a capacidade de "sancionar" ambientes desejáveis e "vetar" outros, indesejáveis. Fornecedores corruptores e políticos dados a negociatas e práticas menos ortodoxas demonstram uma leitura interpretativa muito refinada das organizações. E esta leitura precede tanto o assédio de uma organização como a passagem ao largo da mesma. A questão teórica mais ampla, que o relato de um executivo como Irapoan parece confirmar, é assim colocada por Weick:

> Se as pessoas sancionam (*enact*) e organizam seus ambientes, então uma clara perda de ajuste entre a organização e o ambiente toma um novo sentido. Uma perda de sentido significa que a organização desenvolveu capacidades, recursos e limitações que não foram ainda representados no ambiente. O ambiente continua a demandar da organização capacidades que já não mais possui. Mas a origem deste descompasso repousa no interior da organização, não fora dela. O problema não é um ambiente turbulento. O problema é uma organização turbulenta.[182]

Como Ranson e colaboradores mostram, do ponto de vista da análise sociológica:

---

[182] Weick, 1995:372-373.

A análise organizacional está se tornando cada vez mais consciente da tradição francesa (cf. Crozier, 1964; Touraine, 1964; Karpik, 1972, 1978; Callon e Vignolle, 1977), que tem sido sempre sensível à idéia de que as organizações estão contidas num contexto societário bem mais amplo e de que, na sua estruturação, elas geram e reelaboram a ordem contextual de dominação.[183]

Mas o ponto crítico, aqui, é exatamente como os bons administradores públicos, do ponto de vista da análise administrativa, não "sancionam" (*reenact*) uma ordem contextual de dominação, isto é, como eles e suas organizações podem limpar, passo a passo, uma área num campo minado, criando um contraponto, que vise uma nova ordem contrária à ordem vigente de dominação, evitando sua reprodução.

Nos países em desenvolvimento, são precisamente muitos dos aspectos "estruturais" da ambiência contextual que devem ser vetados (*de-enacted*). Trata-se de um tipo de campo minado que requer uma tarefa diária de detecção e desativação de minas, uma a uma, sem ruídos ou movimentos desnecessários que gerem distração ou alterações fatais. Quando alguém está num campo minado, é parte dele.

Entretanto, escudos defensivos e comportamentos simbólicos, garantidores dos termos de relação desejáveis com segmentos selecionados da ambiência, nem sempre são medidas e ações suficientes para superar ataques. Persistem sempre problemas internos, originados de relações ambientais inerentes à natureza política da administração pública e de uma certa carência de quadros político-administrativos em um país como o Brasil. Como relata Irapoan, "muitas vezes, a articulação política local escolhe uma pessoa não tão eficiente como se pretenderia. Acontece, aconteceu comigo". Como a modelagem, na visão da improvisação, funciona nesses casos?

Para casos incontornáveis de indicação política de um "cacique" regional, Paulo Belotti relata a conduta de não abrir mão da escolha, embora entre membros de uma dada facção. Eventualmente, conforme relata, pode ocorrer a desistência da indicação, sem o ônus de uma negativa peremptória: "Então, pegue esse cara que você quer me indicar, que é muito bom, ponha no lugar do que escolhi, e me ceda o que eu quero".

Irapoan relata três procedimentos de seu repertório, utilizáveis de acordo com a gravidade da situação, que era definida pela avaliação do

---

[183] Ranson et al., 1980:12.

grau das limitações de alguém, politicamente designado, em relação à relevância do estado em que estava a superintendência da LBA: "colocar como o segundo na hierarquia um funcionário técnico"; "o contato constante, pessoal (...) quando se tem muito medo de uma região"; e "deve-se encarregar uma pessoa de confiança para fazer uma revisão de todos os procedimentos locais, determinando ainda que, ao serem transmitidos, passem por um único canal". Esta última opção é justificada porque "quase sempre, na administração central, a organização dos controles é mais fluida e segue a lógica de procedimentos, e não a lógica regional".

O uso destas práticas foi cumulativo, em função da gravidade da situação, segundo o relato de Irapoan, e representa um bom exemplo da modelagem como improvisação. Ele ilustra a importância da *collateral organization*,[184] ainda que para controle e supervisão mais restritos, atendendo a uma necessidade específica e localizada. Ilustra também a gênese de uma das modelagens que comporão o quadro de múltiplos arranjos conviventes num dado momento de uma realidade organizacional sempre em evolução. Demonstra, ainda, que a modelagem pode ter como origem imposições incontornáveis da realidade político-administrativa, sendo fruto de manifestações recíprocas das relações sociais em evolução. Revela, também, que o dirigente tem recursos para agir e reagir, mas está longe de poder impor, unilateralmente, uma modelagem que tenha como ideal. Se isto é verdadeiro para o dirigente, por certo o é muito mais para pretensiosas equipes técnicas de modelagem organizacional e reformadores da administração pública.

André Gidde sentenciou que *"L'interessant c'est de dire justement ce qu'il est convenu de ne pas dire"*. Nesse sentido, a afirmação de Paulo Belotti sobre a necessidade, quase imperativa, de o administrador público ter de transgredir para realizar está longe de ser uma apologia à conduta ilegal, não ética, ou mesmo pautada numa ética simplista em que os fins justificam os meios.

Superar restrições internas

A consciência das restrições estruturais internas pode ser para muitos dirigentes, na administração pública, uma desculpa para a omis-

---

[184] Huber, 1984:941.

são. Para outros, estas mesmas restrições podem ganhar outros significados. Elas podem representar desafios a serem superados e se constituírem em fatores indutores de soluções inovadoras, verdadeiras catapultas que lançam a organização para novas lógicas de funcionamento. No Brasil, a Legião Brasileira de Assistência foi inovadora no que hoje se chama de *open public administration*, desde meados dos anos 1980. A busca de parcerias na sociedade para a implementação de políticas sociais sacudiu duas noções comumente tomadas por garantidas no país: o governo tudo pode e sabe fazer, e administração pública é sinônimo de administração pelo governo.

Capacidade de obter recursos, certa continuidade no cargo e prestígio para superar barreiras burocráticas são alguns elementos relevantes para o sucesso do dirigente no setor público. Isto porque a existência de um orçamento autorizado não significa a liberação automática de verbas; e a alternância acelerada de dirigentes, respaldados por precários e facilmente mutáveis acordos políticos, pode frustrar até mesmo os projetos de curto prazo e de menor complexidade; finalmente, seguir religiosamente os passos de procedimentos administrativos pode significar a opção por uma via-crúcis que conduz o dirigente a lugar nenhum.

Para Sérgio Rudge, a busca de apoio político, mantendo-se, no entanto, apartidário, constituiu uma estratégia fundamental para o sucesso de sua administração à frente do Hospital de Traumato-Ortopedia, capaz de compensar disfunções relevantes de caráter estrutural no setor público.

Sérgio Rudge estabelece uma vinculação direta entre os resultados significativos alcançados pelo HTO e a constante divulgação dos mesmos — utilizando-se, em certa medida, de deliberado "oportunismo pirotécnico" — à capacidade de obtenção dos insumos necessários à gerência, essenciais à sobrevivência e desenvolvimento da instituição: recursos financeiros, apoio político e de fornecedores, reconhecimento da comunidade médica nacional e internacional, apoio da comunidade beneficiada.

No plano dos resultados, as principais metas atingidas visando ao fortalecimento da imagem do HTO foram a redução dos índices de infecção hospitalar, que são altamente preocupantes nos hospitais brasileiros, a realização de cirurgias sofisticadas e o ingresso na era dos transplantes, todos fartamente registrados na imprensa e demais meios de comunicação.

Depoimento 28: Irapoan Cavalcanti — Superar restrições internas

Na LBA, nós descentralizamos tudo para as superintendências estaduais, e o aumento da ação se deu usando os mecanismos da sociedade civil. Tínhamos três estratégias possíveis, não necessariamente excludentes: poderíamos aumentar a produção com aumento do quadro de pessoal ou da produtividade; poderíamos transferir à sociedade civil esta produção; ou, ainda, as duas coisas somadas. Preferimos transferir a produção à sociedade civil. Fizemos acordos com todas as formas organizadas da sociedade civil. Não víamos o credo e não tínhamos preconceito. Fazíamos acordo com a Igreja Católica, com sociedades protestantes, clubes de mães, clubes de serviço, como o Lions, clubes de futebol, escolas de samba, com qualquer tipo de organização da sociedade civil. Desde que ela se prestasse àquele tipo de tarefa, nós fazíamos um acordo.

Muitas vezes isso pareceu estranho, pois as pessoas estão acostumadas, no Brasil, à prestação de serviço público feita apenas por órgão público. Isso é uma besteira, uma tolice. Jamais me deparei com qualquer restrição de caráter formal, porque não encontrei nas leis e nos regulamentos nada que objetasse esse tipo de ação. Mas a tradição não é essa. Quando fiz acordos com a Igreja Católica, não houve muita resistência. Quando os protestantes começaram a se organizar, já surgiu um certo murmúrio na imprensa com o trabalho dos deputados protestantes. Eu conversei com alguns deles, e me lembro muito do Salatiel Carvalho, de Pernambuco, homem que fazia seu trabalho com a maior seriedade.

A Mangueira tinha uma creche; deu a área, gente para ajudar, então fizemos um acordo. A Vila Olímpica da Mangueira, a meu ver um dos projetos mais bonitos desse país, foi parcialmente financiada com recursos da LBA. É muito bom para os meninos de rua o trabalho que se faz na Mangueira.

Tínhamos programas com clubes de futebol, como o Flamengo, o Vasco da Gama, o Fluminense. Eu até brincava com o pessoal porque não consegui fazer nenhum acordo com a minha escola de samba preferida, que é a Portela, nem com o meu clube de futebol, que é o Botafogo. Se eles estivessem dispostos a entrar no nosso programa de trabalho, faríamos acordos, sem nenhuma restrição.

Há algumas organizações inquestionáveis e admiráveis, como a Sociedade Pestalozzi do Brasil, a Associação de Pais e Amigos dos Excepcionais (Apae). O presidente da Apae era um deputado do Partido Democrático Trabalhista (PDT) de São Paulo, Nélson Seixas, um homem da maior decência, da maior correção, com quem mantínhamos as melhores relações. No Rio de Janeiro, a deputada Benedita da Silva, do Partido dos Trabalhadores (PT), era recebida, e fizemos trabalhos com a Associação dos Moradores do Morro Chapéu Mangueira, onde ela exercia certa liderança. Ainda no Rio, fizemos trabalhos com a ABBR e com o Asilo São Luís, notáveis organizações. Agora, quando se começa a usar outras estruturas da sociedade civil, surgem desconfianças. Eu não tinha esse problema, acertava o programa e dizia: "Vamos fazer e vamos fiscalizar". Temos que fiscalizar.

Internamente, os projetos dessas organizações eram sempre examinados com base nos mesmos critérios que exigíamos para as organizações dos estados. Passavam pelos mesmos escalões. Jamais assinei um projeto que não fosse submetido à apreciação dos setores técnicos. Na LBA, isso nunca aconteceu, bem como na Fundação Pró-Memória. Este procedimento diminuía a desconfiança interna, demonstrando claramente que a fiscalização devia se realizar sobre essas organizações da mesma forma como se fazia em relação às demais.

É lógico que tínhamos um problema. Com 2,6 milhões de crianças em creche, não se consegue fiscalizar todas. Tínhamos que adotar um sistema por amostragem, que não fosse controlado externamente, para fazer a fiscalização. Mas, mesmo que houvesse perda do sistema — e deve ter havido, porque o país é enorme e a capacidade de fiscalização, limitada —, eu diria, como administrador público, o seguinte: se houve perdas, estas foram amplamente compensadas pelos ganhos. Se, numa longínqua creche do interior, em vez de 10 crianças, havia oito, esta diferença era amplamente compensada pelo ganho. Se não tivéssemos feito acordo com a creche local, teríamos a produção zerada. Numa linha de produção industrial não existem perdas? É claro que temos que lutar tenazmente para evitar as perdas. Mas, em se tratando de crianças, em se tratando de pessoas do quarto estrato da população, eu prefiro ter oito e perder dois, do que ter zero e não perder nada.

Depoimento 29: Sérgio Rudge — Construir a base de apoio político suprapartidário

A melhor coisa que pode existir para um hospital público é ter um diretor que seja cirurgião, que opere e tenha articulação política. Articulação política sem aspiração política. O fundamental de minha adminis-

tração sempre foi não me meter em política partidária. Este foi o meu grande tento: minha filosofia suprapartidária. Já me deram fichas de inscrição de quase todos os partidos, fui convidado a me candidatar a vereador, a deputado.

Cerca de seis meses antes de meu pai sair da direção do HTO, pela aposentadoria compulsória, eu estava sentado na cadeira de diretor da Direção Médica, quando recebi um telefonema do presidente do Inamps, Ézio Cordeiro, pedindo-me um remédio para sua esposa, que estava com uma crise lombar. Eu disse: "Presidente, me dê o endereço de sua casa, que eu vou examinar a sua mulher". Chegando lá, fiz uma medicação que a aliviou. No dia seguinte, entretanto, ela acordou com muitas dores, e eu a internei no hospital. À noite, o presidente quis levá-la para casa, mas eu avisei: "Só se for por autoridade sua; por ordem médica, ela não sai".

Assim foi minha entrada na política. Comecei a ver que, para sentar na cadeira de diretor, eu teria que construir uma base de sustentação política. Comecei, então, ainda como diretor da Divisão Médica, a fazer contatos políticos, atendendo a todos os parlamentares que queriam encaminhar doentes, porque o Ézio passou a se reportar a mim.

Quando meu pai se aposentou, fizeram uma grande festa para ele. O Raphael de Almeida Magalhães, então ministro da Previdência e Assistência Social, estava presente e, num discurso maravilhoso e emocionante, disse: "O hospital vai ter continuidade com o seu filho". E, na mesma hora, me nomeou diretor do HTO. Por diversas vezes quiseram me tirar do cargo com alegações do tipo: "A direção do hospital é hereditária, passou de pai para filho. Isso não existe na história!" Mas, como não me meti em política partidária e transito muito bem no centro, na direita, na esquerda, fiz uma base política muito grande para poder administrar. Cada deputado que telefonava pedindo a internação de alguém, recebia uma solicitação minha: "Você tem que falar com o ministro, porque estou sem dinheiro, o hospital está quebrando". Então, conseguia recursos através dos políticos, mostrando que o hospital era um hospital de referência, um hospital de Primeiro Mundo etc., e atendendo a seus pedidos. Na realidade, não estou fazendo clientelismo, porque estou atendendo o doente que agoniza na ponta do sistema. Por exemplo: um doente está arrebentado no Hospital Souza Aguiar há 10 dias, precisa ser transferido para o HTO e entra com o pistolão de um deputado... é feita a transferência. Com isso, fomos tocando o hospital, modificando o hospital, e conseguimos superar a burocracia da máquina. Eu nunca dei bola para a burocracia. Sempre atropelei todo tipo de entrave burocrático.

Depoimento 30: Sérgio Rudge — Relatar resultados

Já em época anterior, tínhamos no HTO um índice de infecção hospitalar baixo, de 7% . Hoje temos um índice de 1,4% a 2% na ferida operatória. Todos os meus funcionários, mesmo aqueles provenientes de firma contratada para prestação de serviços, antes de assumirem, são treinados pelo centro de enfermagem a como lavar as mãos, como pegar um saco de lixo, como lavar uma comadre, como se aproximar do doente... Cortei literalmente a visita ao paciente, e mudamos todo o sistema de vestimenta dentro do centro cirúrgico: passamos a operar com capacete tipo astronauta, com traquéias — o ar que o cirurgião respira é expirado para fora da sala. Começamos a sofisticar cada vez mais, para chegar a um índice de infecção desses. Temos salas que chamamos de Green House, dotadas de equipamentos que filtram partículas de até 0,2 micra. Para se ter uma idéia, uma bactéria que flutua no ar tem mais ou menos 11 micra .

Conseguir o transplante foi complicado. Primeiro, eu tinha que entrar para o Transplante-Rio, para o que era necessário participar do Programa de Imunogenética de Transplantes de Órgãos (Pito), que funcionava no Hospital dos Servidores do Estado. Fui ao Pito, na época dirigido por um médico muito arrogante. Minha aproximação foi infeliz, porque cheguei meio por cima, e o homem me deu uma paulada nas costas. Pensei: "Entrei mal nesse cara, perdi a parada". Mas esse médico foi para os Estados Unidos fazer um aprimoramento técnico de um ano de duração, e umas doutoras passaram a tomar conta do Pito. Eu disse a mim mesmo: "Vou jogar charme, vou jogar tudo, mas agora entro naquele programa". Fui conversar com as doutoras, levei-as para conhecer o hospital, disse de que precisava, que eu já havia criado o banco de ossos, que estava pronto para fazer o transplante e só precisava de doador e de um respaldo para executá-lo.

Acho que sou o único cirurgião brasileiro que tem seguro contra erro técnico para os pacientes operados na minha clínica privada e no HTO. Fiz esse seguro para poder fazer o alongamento de 20cm de uma anã, o que consegui, e para poder fazer o transplante que meu pai não acreditava que pudéssemos fazer — o coitado morreu seis meses antes. Quando inaugurei o banco de ossos, ele disse: "Sérgio, não vou a essa inauguração porque não acredito nisso. Vou para Angra dos Reis, está um sol maravilhoso". E não compareceu à inauguração do meu banco de ossos no HTO.

Eu criei uma rotina dentro do hospital com doador vivo, toda a rotina foi baseada no Hospital de Oncologia de Massachusetts. Funcionamos dois anos como essa rotina de doador vivo, mas como se se tratasse de um doador cadáver. Então, minha enfermagem, os meus médicos responsáveis pelo banco de ossos, todos já estavam preparados para um doador cadáver. Um dia, conseguimos entrar para o Pito. Um dia, recebemos no HTO um paciente nordestino com um sarcoma na cabeça do fêmur. Indicação: amputação. Eu disse: "Este é o cara, o transplante vai ser agora!"

Estaremos realizando no HTO o II Congresso Internacional de Cirurgia do Quadril e do Joelho. Quinze cirurgiões estrangeiros devem comparecer, e nós vamos apresentar toda a nossa casuística, toda a nossa estatística, todas as nossas operações. São as fábricas estrangeiras que estão bancando o congresso, que deve custar mais ou menos uns US$450 mil. Estão bancando a vinda desses médicos ao Brasil, pois, como nós, eles são usuários do material das empresas em seus respectivos países. Para o Brasil, o congresso é muito importante e, para o Rio de Janeiro, é mais importante ainda termos um hospital como o HTO. Um hospital que não pode acabar, que representa 18 anos de cultura ortopédica. Jogar isso no chão é fácil. Se a situação atual persistir, em seis meses o hospital pode estar no chão. E nós iremos queimar uma biblioteca. Por isso estou fazendo esse congresso, que não era para acontecer em maio, mas em agosto. Se eu esperasse agosto, morreria na praia. Já embuti o pessoal de São Paulo, do V Congresso Brasileiro de Patologia do Quadril, juntando os dois congressos, que estavam previstos para agosto; eu antecipei os eventos e disse que conseguia bancar o negócio sozinho. Numa época de recessão como esta... Fiz contato com as fábricas, que se propuseram a mandar cirurgiões, montar estandes e bancar tudo. Um congresso desse porte dá Jornal Nacional, dá RJ-TV, dá o Hoje, dá canal 2, canal 6, canal 7, canal 11, canal 13, dá tudo. Dá, porque eu já armei para o pessoal assistir a umas cirurgias no Green House, e vou conseguir trazer a televisão também. Quero ver se, com isso, sensibilizo as autoridades estaduais, uma vez que o processo de estadualização do hospital foi uma arbitrariedade enorme, uma má-fé do governador Moreira Franco, em quem eu votei. Quinze dias antes de acabar o governo, esse hospital foi estadualizado, e eu passei o ano seguinte sem o orçamento. Não havia orçamento do estado para o meu hospital. Tive que ir a Brasília mais de 20 vezes pedir dinheiro para tocar o trabalho.

O depoimento de Irapoan reflete uma condição muito comum às organizações do setor público brasileiro, que se confrontam com uma realidade de demanda muito superior a sua capacidade instalada de atendimento. Sujeitas a restrições orçamentárias, sempre graves, aos rígidos procedimentos burocráticos de controle comuns à administração pública, e à permanente crítica ao aumento de seus quadros, as organizações do setor público, sobretudo na esfera da política social, vivem em crise. É importante registrar, no entanto, que, com o processo de redemocratização do país, um campo imantado se estabeleceu, reaproximando inexoravelmente organizações governamentais e a sociedade civil, em suas múltiplas expressões, entre as quais as emergentes ONGs. Em entrevista concedida quando de sua passagem pelo III Fórum Social Mundial de Porto Alegre, Fritjof Capra realça a importância da sintonia do líder com a espontaneidade da modelagem coletiva em evolução:

> Grandes empresas são, cada vez mais, redes descentralizadas de unidades menores. Qualquer grupo social é formado por uma rede de unidades formais e informais que se comunicam constantemente. Formadas por regras, normas e regulamentos, as redes formais se contrapõem às estruturas informais, caracterizadas pela criatividade, pela espontaneidade, pela fluidez e pelo seu caráter flutuante. Essas estruturas informais incluem até mesmo formas não-verbais de solidariedade. Portanto, líderes de qualquer organização formal — seja ela uma escola, uma família, ou um país — devem ficar atentos a essas manifestações para poderem integrar os fatos, os grupos ou as redes sociais gerados espontaneamente.[185]

O caso relatado por Irapoan revela este aspecto fundamental da modelagem como improvisação, que é justamente a sensibilidade dos modeladores para facilitar o fluxo natural de tendências emergentes, que em dado momento parecem competir com as estruturas estabelecidas. Isto se dá numa espiral de tensões e acomodações que geram o amadurecimento e legitimação da integração do novo ao fluxo mais vital das formas estabelecidas, que tendem a livrar-se dos anacronismos, para que o todo se recomponha em novas bases. No caso, Irapoan se deixa levar pelas possibilidades da expansão das fronteiras de seu sistema organizacional, através de parcerias. Essas parcerias formavam com a LBA uma rede, cuja natureza de estrutura e ação organizacional brotava, espontaneamente, da interação de fatores sociais, políticos, econômicos e culturais,[186] no momento da transição democrática. A LBA manteve seu papel de planejamento e apoio à formulação da política social do governo, mas transferiu, tanto quanto pôde, a operação dos programas para as organizações da sociedade civil, cooperando assim para seu crescente fortalecimento. Os mecanismos de coordenação e controle da rede (convênios, monitoração financeira, supervisão técnica e avaliação de projetos), como relata Irapoan, não se diferenciaram

---

[185] *O Globo*, 1 fev. 2003. Caderno Prosa & Verso.
[186] Powell e DiMaggio, 1990.

dos tradicionais, mas se evitaram auditorias burocraticamente restritivas, que, em nome da excelência, inibissem resultados satisfatórios.

O relato de Irapoan sugere, também, que disfunções internas da organização podem ser o moto para mudanças verdadeiramente inovadoras, que transcendem o simples ajuste ou rearranjo da máquina administrativa. Tais rearranjos, embora envolvendo novas formatações, mantêm a lógica subjacente ao modelo em vigor, não representando algo que possa ser classificado como inovação. No caso, as deficiências quantitativas de pessoal e os limites a níveis maiores de produtividade, decorrentes da lógica inerente a organizações governamentais, podem ter acurado a leitura de Irapoan e sua equipe, das oportunidades que se apresentavam nas evoluções externas da ambiência organizacional.

Para Sérgio Rudge, no HTO, a superação de restrições internas ensejou sua aproximação de políticos e dirigentes que, de alguma forma, poderiam advogar o apoio às metas de aprimoramento e desenvolvimento de um hospital que lhes era "funcional". O recurso a parcerias de empresas fornecedoras do exterior, para viabilizar o treinamento e o desenvolvimento dos quadros, num contexto de recompensa para garantir maiores níveis de motivação e comprometimento, constituiu-se também em estratégia para superar restrições, assim como a promoção de eventos capazes de galvanizar a atenção externa, identificando a instituição com padrões de excelência superior.

Tanto Irapoan Cavalcanti como Sérgio Rudge relatam suas experiências em organizações sujeitas a ineficiências e carências derivadas de condições estruturais sempre presentes no setor público de países emergentes.

O ponto da ineficiência como uma fonte de mudança e inovação é explorado por Weick, ao observar que "uma das ironias de um modelo organizacional bem-sucedido é que a sua verdadeira eficácia torna a aprendizagem e o desenho mais difíceis".[187] Nesse sentido, Weick propõe pressupostos alternativos àqueles implicitamente assumidos pelos estudiosos da modelagem organizacional. Aqueles estudiosos parecem assumir que: "Uma organização eficaz tem poucas crises e ineficiências; ineficiências e crises recorrentes reduzem a eficácia em curso; a modelagem organizacional adequada reduz as ineficiências em curso".[188] Alternativamente, seria mais próprio assumir, que: "Uma organização efi-

---

[187] Weick, 1995:369.
[188] Ibid.

caz tem muitas crises e ineficiências; ineficiências e crises recorrentes aumentam a eficácia futura; uma modelagem organizacional adequada explora as crises e ineficiências".[189] Isto é o que parecem assumir os administradores que logram resultados no setor público brasileiro, pois, em termos de aprendizado pessoal e organizacional, muitos concordariam que não seria exagero tomar por uma verdadeira universidade a administração pública do país nos mais diversos setores, em sua conturbada, mas, não raro, inovadora trajetória histórica.

Deixar as estruturas "florescerem"

Na grande maioria dos casos, os dirigentes se confrontam com a situação de assumirem organizações preexistentes. No relato, a seguir, tem-se a situação da criação de uma nova organização. Nesses casos, em geral, parte-se de modelos e padrões predefinidos, baseados em antecedentes referenciais. Este fato induz as pessoas a desenvolverem uma falsa noção de engenharia social e de arquitetura organizacional. Em primeiro lugar, e contradizendo esta idéia, uma vez "implantado", o modelo organizacional ganha vida própria imediatamente, por força da dinâmica social que se estabelece. Na realidade, isso se dá no próprio processo de implantação, cuja noção de finalização é absolutamente subjetiva, e de impossível determinação objetiva. Em segundo lugar, a adoção de um modelo induz que se tenha em primeiro plano as questões da modelagem organizacional, perdendo-se o significado da gênese do mesmo, que foi em algum momento e em algum lugar, ancorada no desenvolvimento de um trabalho, por um grupo social.

A dinâmica das relações sociotécnicas que geraram e sustentaram um dado modelo organizacional não estão embutidas no modelo e tampouco podem ser com ele "importadas". No caso relatado por Irapoan, além de não existirem antecedentes referenciais, os dirigentes praticamente assumiram, explícita e conscientemente, a determinação de não adotarem um modelo organizacional quando da criação da Pró-Memória. Praticamente assumiram, porque elementos de modelagem organizacional básicos estavam contidos no próprio modelo institucional, de uma fundação pública, que lhe conferiu existência jurídica. Todavia, por ser radical, o caráter extremo do caso ilustra, com tintas mais fortes, a visão da modelagem como improvisação.

---

[189] Weick, 1995:369.

Depoimento 31: Irapoan Cavalcanti — Deixar as estruturas "florescerem"

Na Casa de Rui Barbosa, uma instituição da administração direta — sequer uma autarquia — que se transforma em fundação, quando não havia tradição de fundações no Brasil, tive que modificar diversos aspectos da estrutura, conviver com outros tantos antes de poder modificá-los e absorver aquilo que me parecia corretamente estabelecido, como um centro de pesquisas criado pelo saudoso Thiers Martins Moreira, um homem extraordinário, que possuía uma visão muito clara dos problemas da área. Acho que não se deve ter o gosto do novo pelo novo — como diz o ministro Marcos Villaça, o gosto exótico do novo. Há que se ter o novo onde ele é necessário. Então procuro conviver com as estruturas, examinar as situações, e modificá-las se necessário.

No caso do Patrimônio, a modificação foi tão grande que mantivemos o Instituto do Patrimônio — então Secretaria do Patrimônio —, mas criamos uma fundação, a Fundação Nacional Pró-Memória, para dar sustentação técnica à Secretaria. Houve aí uma coisa extraordinária: a Fundação Pró-Memória, durante largo período, trabalhou sem estruturas formais definidas. Que razões nos levaram a isso?

Sempre entendi a estrutura administrativa como algo que surge a partir do ciclo de produção e não como mera questão de desenho de organograma. Faz-se o levantamento do processo de produção da organização e, em cima disso, cria-se a estrutura, agregando o trabalho pela complexidade da tarefa, pelo volume da tarefa, pela dispersão geográfica da tarefa, enfim há vários modos de agregação. Os níveis de chefia e supervisão, embora do ponto de vista da informação e decisão, também decorrem do ciclo de produção.

Não porque sua equipe pensasse assim, mas por uma série de razões, o Patrimônio vinha cuidando, nos anos que precederam nossa atuação, apenas do patrimônio edificado. Há diversas formas de patrimônio cultural, materializadas e não materializadas, sendo o patrimônio chamado de Pedra e Cal uma das formas do patrimônio materializado. O patrimônio musical muitas vezes está materializado em discos, fitas, o patrimônio bibliográfico, em livros... Mas só se tratava de patrimônio edificado.

No plano conceitual, Mário de Andrade já possuía esta visão mais ampla de patrimônio — basta ler seus escritos para ver que não se buscou inovar nada. Aloísio Magalhães e, depois, Marcos Villaça resgataram esta visão conceitual que vinha desde Mário de Andrade, de perceber o patrimônio cultural como todo o tecido cultural que dá tônus à nação.

Quando nos dedicamos a esta proposta de resgatar um conceito, tínhamos uma organização estruturada para a gestão do patrimônio edificado. Quer dizer, não sabíamos como ia se realizar nossa intervenção nas outras formas do patrimônio cultural, não tínhamos tradição no país em que nos apoiar, experiência de outro organismo. Este foi o motivo pelo qual funcionamos sem uma estrutura formalizada: eu não sabia como o processo de produção ia se dar.

Outra questão importante dizia respeito ao pessoal. Havia uma convivência, naquele momento, entre os funcionários tradicionais — aqueles que vinham do Instituto do Patrimônio Histórico, os provenientes do Centro Nacional de Referência Cultural e os que vinham do programa de cidades históricas: três organismos diferentes — e havia ainda pessoas novas, como eu. Então não conseguíamos distinguir claramente como essas pessoas se organizariam. Como se sabe, têm muita influência, dentro de uma organização, os chamados "grupos amorosos", que são as pessoas que têm uma tendência natural a trabalhar junto. E há também os "grupos conflitantes", aqueles que não trabalham juntos de forma alguma; às vezes são técnicos do mesmo nível e da mesma qualidade, mas não dá liga. Nós não sabíamos isso, e era muito perigoso impormos uma estrutura. Estrutura de quê, para quê, se nós mesmos ainda não sabíamos?

O projeto de produção foi sendo descoberto aos poucos. Nós preferimos fazer o seguinte: elaborávamos um programa de trabalho e pegávamos um grupo de funcionários para desenvolvê-lo — lá não havia funcionário da seção A, B ou C, não havia lotação de funcionários, como se diz no serviço público; era como se os funcionários estivessem numa bolsa só. Estabelecíamos o projeto, e a ele agregávamos as pessoas que julgávamos necessárias; terminado o projeto, porque atingiu seu objetivo ou por qualquer outro motivo, as pessoas voltavam à bolsa.

A Fundação Pró-Memória, durante esse tempo, não tinha chefes nem estrutura definida. Não havia uma estrutura matricial; quando muito, podia-se dizer que ela se organizava por projetos.

Em todas as organizações, na Comissão de Energia Nuclear, nos Correios, na Casa de Rui Barbosa, na Fundação Pró-Memória e na Legião Brasileira de Assistência, quando convivi com inadequações estruturais, adotei três comportamentos fundamentais.

Um deles era me preocupar muito mais com os objetivos do que com as estruturas. Nessas organizações, eu e as pessoas com que estive associado preocupamo-nos desde o início com a definição de um programa de *trabalho, que nos permitiria intervenções mais globalizantes. Se eu ficasse no bric-a-brac de cada caso, estaria perdido; se ficasse vendo cada ação pontual, cada livro editado na Casa de Rui Barbosa, cada creche na LBA, cada projeto de modernização nos Correios, isto seria me perder — e, aliás, é por onde muitos administradores presidentes de órgãos se perdem. Se o dirigente tem um plano de trabalho articulado, este plano lhe dá uma visão global da instituição; e, se ele dá mais força ao plano do que às estruturas, transforma-o em elemento compensatório, ao menos em parte, das disfunções que porventura estas possam gerar.*

Um segundo comportamento adotado era a tentativa de modernizar os procedimentos, apesar das estruturas com que se tinha de conviver. Mesmo em face de uma estrutura inadequada, é sempre possível eliminar procedimentos desnecessários, tornar outros mais velozes, introduzir equipamentos... Este é, portanto, outro elemento de compensação.

Mas, assim como alguns processos devem ser acelerados e outros conscientemente ignorados, retardados, desprestigiados ou eliminados, conforme as conveniências e possibilidades, há que se dar valores diferentes às estruturas. Se eu tinha uma seção que não representava nada, deixava-a de lado. Nos Correios, privilegiava São Paulo porque lá o volume de tráfego era significativo para o desempenho. Não se tratava de abandonar outras áreas. Mas não se trabalhava nelas com o enfoque jurídico, segundo o qual todas as superintendências regionais são iguais. No entanto, elas se diferenciam na essência. Então a atenção e energia do dirigente têm de ser orientadas para o que se revestir de maior importância e para o que for útil. Se um procedimento for mandatório, mas não for útil, que o façam; eu não lhe dou maior atenção.

Este relato de Irapoan revela alguns pontos de importância para a noção de modelagem que implica uma combinação de improvisação, visão retrospectiva e ordenamento emergente, proposta por Weick,[190] facilitada em seu alcance pelo caráter mais extremo da situação.

Nesta visão, a modelagem perde, sem dúvida, alguma força como uma condição propulsora para a mudança organizacional. Weick estabelece com clareza este ponto: "Se a modelagem torna-se completa, visível e influente, relativamente tarde na história de um grupo, então ela deve refletir fortemente os efeitos dos eventos que ocorreram desde cedo na história do grupo. Muito poucos desses eventos serão explicitamente direcionados às questões de modelagem. Ao contrário, a maioria

---

[190] Weick, 1995.

deles estará relacionada a, simplesmente, fazer o trabalho".[191] Trata-se de ver a modelagem, essencialmente, muito mais como um "resultado" do trabalho do que como um "insumo" para ele. O relato de Irapoan, como um executivo da administração, enfatiza este mesmo ponto. Ele revela uma situação em que os dirigentes do Patrimônio Histórico se negaram a embarcar na tentação de pretender tornar uma modelagem, parafraseando Weick, "completamente formada, visível e influente desde muito cedo", em função da originalidade do trabalho a ser feito e valendo-se das flexibilidades do modelo de fundação adotado no plano institucional. Uma idéia força, convertida em política cultural, deveria prevalecer como orientadora de todos os esforços organizacionais: o resgate de um conceito mais amplo e de maior alcance de patrimônio histórico, que contribuísse de forma mais viva para a identidade nacional e fosse mais eficaz na expressão da trajetória do país, ao entender e preservar seu passado, registrar seu presente e iluminar a construção de seu futuro, através das múltiplas manifestações culturais formadoras da nacionalidade.

    A tarefa deveria combinar recursos humanos de diferentes origens e especializações e envolveria pesquisar, inventariar bens culturais de diferentes naturezas, promover e apoiar iniciativas e ações dispersas, apoiar a regulação e a fiscalização etc. Entretanto, a indefinição de um "processo produtivo" antecedente, que pudesse servir de referência, deu lugar a uma bolsa de recursos humanos, ativada mais por projetos e adesões naturais dos funcionários, especializados ou não, do que por atividades burocráticas e designações.

    Uma das proposições dos estudiosos da modelagem organizacional, analisadas por Weick, indica que "a modelagem (*design*) de uma organização determina a distribuição de recursos, autoridade e informação".[192] Segundo ele, estão implícitos nesta afirmação três pressupostos caros aos estudiosos da modelagem: "uma organização tem apenas uma única modelagem; a modelagem determina a distribuição dos recursos; as modelagens são grandes estruturas que são estabilizadas".[193] Para Weick, pressupostos alternativos, mais sintonizados com a dinâmica das realidades organizacionais, vista como o exercício da improvisação, seriam: "uma organização tem múltiplas modelagens; a dis-

---

[191] Weick, 1995:354.
[192] Ibid.
[193] Ibid.

tribuição dos recursos determina a modelagem; as modelagens são pequenas estruturas que são amplificadas".[194]

Weick aponta três mitos associados à modelagem organizacional, que condicionam seus estudos, formulações conceituais e intervenções técnicas. O mito da "modelagem única", o da "dependência dos recursos" e o das "grandes causas". Para ele, a realidade contraria o que sugere a enganosa idéia de uma modelagem única, que trata de um pretenso ente monolítico ("o" modelo organizacional), baseado num pressuposto de homogeneidade. Deve-se, portanto, assumir uma pluralidade de modelagens na organização, construídas e reconstruídas nos diversificados fluxos de trabalhos, das múltiplas arenas de relações sociais e das interpretações retrospectivas que lhes dão forma, significado e efêmera sustentação. Seria, pois, desejável para os que conceberam a Fundação Pró-Memória especificar de imediato "o" modelo organizacional? Esta seria uma arquitetura organizacional abrangente, que daria conta das múltiplas diferenciações relacionadas à gestão de coisas díspares na sua natureza, que iam do chamado patrimônio de pedra e cal até o audiovisual, passando pelas manifestações folclóricas regionais. Ainda que possível um recurso à visão contingencial, e atenção ao conceito de diferenciação,[195] os dirigentes deram preferência a romper com a tradição e aderir à modelagem como um exercício de improvisação, pois não teriam como evitar as pressões burocráticas por um certo grau, indesejável, de homogeneização.

Referindo-se ao pressuposto da homogeneização, Weick esclarece que: "Este é o pressuposto de que a tecnologia de uma organização é essencialmente a mesma que permeia tarefas e grupos ocupacionais e a estrutura social é a mesma que permeia os grupos de trabalho".[196] A realidade, no entanto, é a da diversidade das tecnologias do fazer e dos padrões sociais do interagir. Nesse sentido, é mais preciso descrever as organizações envolvidas:

> como um grupo de grupos, ou um conjunto de coalizões mutantes, ou como uma federação de subculturas. Isto significa que as modelagens geralmente caracterizam grupos menores de pessoas executando tarefas mais específicas do que geralmente se depreende quando as pessoas descrevem uma modelagem organizacional como se ela desse conta da

---

[194] Weick, 1995:353.
[195] Lawrence e Lorsh, 1972.
[196] Weick, 1995:354.

organização como um todo. Qualquer tentativa para se construir "a" modelagem está condenada porque não existe tal coisa. Em vez disso, os modeladores precisam responder a seguinte pergunta: "Modelagem na concepção de quem?" Para responder esta pergunta, eles precisam saber que série de atividades, produzida por que pessoas, a serviço de quais objetivos, durante que período de tempo, tenha tido alguma modelagem atribuída a ela retrospectivamente, e que agora precise ver essa modelagem reespecificada.[197]

Esta última foi a opção que os modeladores da Fundação Pró-Memória adotaram com ousadia, no âmbito da administração pública de um país periférico, já na década de 1980. Apostaram na formação natural de uma federação de "grupos amorosos", como os descreve Irapoan, agregados segundo os desafios próprios da tarefa a ser cumprida. Mais tarde a modelagem ganharia definição retrospectiva, à luz das interpretações de suas virtudes e desatinos.

Quanto à crença de que a modelagem organizacional determina a distribuição de recursos, o caso relatado parece sustentar, embora implicitamente, justo o contrário: a distribuição de recursos determina a modelagem organizacional. Recorrendo à teoria da dependência de recursos, Pfeffer e Salancik argumentam que, "uma vez que a modelagem organizacional tende a formar-se em torno de coalizões que controlam recursos escassos, existem razões para questionar a idéia de que a modelagem determina a distribuição de recursos",[198] sendo o contrário uma descrição mais correta da realidade. Se uma dada coalizão é capaz de atrair recursos e dominar focos de incerteza para a organização, para ela fluirá maior poder e sua ascensão logo estará refletida no desenho organizacional. Entretanto, Weick aprofunda esse ponto, recorrendo à metáfora da *bricolage*.[199] O conceito implicaria que a falta ou a distribuição desigual de recursos, tais como tradicionalmente definidas, não existem, desde que exista a habilidade de identificar e articular recursos potenciais em diferentes partes da organização, de forma que tais recursos possam ser definidos de uma maneira mais ampla, explorando criativamente possíveis substituições, e combinando recursos disponíveis em novas formas. Este ponto desloca a questão da disponibilidade de recursos, para a *resourcefulness*, como indispensável habilidade ge-

---

[197] Weick, 1995:354-355.
[198] Pfeffer e Salancik (1978), segundo Weick, 1995:355.
[199] Weick, 1995:355.

rencial. Embora o caso relatado não revele pormenores dos eventos e seus desdobramentos, ele parece indicar que os "grupos amorosos" que lograram formação, e detiveram a iniciativa de viabilizar projetos subseqüentes, influenciaram determinantemente o desenho organizacional em formação. É de se pressupor, também, que aqueles funcionários menos aptos a compor ou entrar nas coalizões e a improvisar recursos tenham ficado por maiores períodos de tempo na "sacola" comum da inatividade, aliás, situação observável com certa regularidade na administração pública brasileira.

O terceiro mito a que Weick se refere é o mito das grandes causas, que leva a uma visão da modelagem organizacional como algo monolítico, total na sua dimensão e estável.[200] Ao contrário disso, a visão que privilegia a improvisação, a retrospectiva e o ordenamento emergente sugere que a modelagem é constituída gradativamente por pequenas estruturas que se vão legitimando a partir de expectativas confirmadas, na mesma lógica de uma *self-fulfilling prophecy* ou do *bandwagon effect* produzido pelas sucessivas pesquisas eleitorais. Para Weick:

> O evento-chave numa profecia que se cumpre (*self-fulfilling*) envolve uma expectativa que faça com que uma situação prevista se materialize. Profecias se tornam, portanto, ferramentas de modelagem. Elas colocam forças em movimento, produzindo estruturas determinantes que não estavam lá antes. Criam-se novas estruturas porque a profecia altera comportamentos, e os comportamentos alterados são os meios pelos quais as profecias se cumprem.[201]

No caso relatado por Irapoan, é explicitada a confiança no conceito resgatado de patrimônio histórico, tal como formulado por Mário de Andrade, como uma "profecia" que daria vida e forma à emergente Fundação Pró-Memória. Ela seria suficiente, em sua ampla formulação, para orientar ações e processos de difícil, e mesmo indesejável, predeterminação. Projetos efêmeros poderiam ser convertidos em atividades estabilizadas, se bem-sucedidos, se a natureza do empreendimento assim o exigisse, e se confirmassem sua contribuição para a "idéia força" inspiradora da política pública. Weick fundamenta a aparentemente audaciosa e inusitada decisão daqueles modeladores, ao afirmar que:

---

[200] Weick, 1995:356-357.
[201] Ibid., p. 356.

Se uma única expectativa é a fonte de uma modelagem, então uma expectativa autoconfirmativa, que se recicle e se amplifique, deveria produzir uma modelagem mais estável que organizasse um conjunto de recursos cada vez maior. Algo que tenha começado pequeno, na forma de uma simples expectativa, cresce e se transforma numa estrutura complexa de pessoas interdependentes, por conta de uma profecia que se cumpre e que se torna assim em série. Pequenos incrementos iniciais em fundos, pessoas e endossos foram amplificados, tornando-se variáveis mais poderosas que determinaram resultados e efeitos. A profecia que se cumpre e os acontecimentos e eventos que ela disparou tornaram-se a modelagem, embora ninguém pretendesse este resultado. (...) Enquanto for possível modelar uma expectativa que se amplifique, é mais provável que os elementos se combinem com menos deliberação em torno de pontos de partida menores (que são inconstantes, caprichosos). Novamente, a modelagem resultante não é nem menos ordenada, nem necessariamente menos eficaz. Ela, na verdade, é menos presa aos limites da imaginação do modelador, mais sujeita às fantasias da improvisação, mais passível de assumir formas inesperadas.[202]

Aqui reside a essência da modelagem organizacional emergente. Como já dito, o caso relatado por Irapoan magnifica esta visão por seu caráter radical. Esta dinâmica, no entanto, está presente nas contínuas remodelagens que recorrentemente são assumidas como estáveis, por força de abordagens que impedem a captura das sutilezas dos fenômenos humanos, sociais e organizacionais.

---

[202] Weick, 1995:356-357.

Capítulo 4

Estrutura e ação nas organizações públicas: a estratégia de gestão dos dirigentes

Anteriormente, foram descritos esforços subseqüentes de reformas administrativas empreendidas na administração pública federal, dando-se conta de elementos estruturais, do ponto de vista da análise político-sociológica, tais como o clientelismo, o nepotismo e o corporativismo — elementos resilientes e condicionantes dos processos de modernização burocrática da administração pública.

Do ponto de vista das estruturas administrativas e seu funcionamento, buscou-se enfatizar as tensões sistêmicas entre "política de gestão pública (PGP), que envolve as normas institucionais e rotinas organizacionais" de aplicação geral e os arranjos específicos nos "departamentos governamentais individuais, agências e empresas estatais". A análise desenvolvida sugeriu as dificuldades de se encontrarem padrões de "diferenciação" adequados a uma maior flexibilização da administração, em face daquilo que Michael Barzelay chama de PGP, visto anteriormente.[203] O termo envolve "normas e rotinas, de aplicação geral no governo, referentes à despesa, processos de planejamento e administração financeira, gestão do pessoal e das relações de trabalho, compras, 'organização e métodos', auditoria e avaliação".

A análise registrou padrões de avanços e recuos. Os elementos da "política de gestão pública", foco principal das reformas, ainda que apresentando evoluções técnicas no tempo, decorrentes das pressões por resultados, alinhadas a projetos políticos de desenvolvimento eco-

---

[203] Barzelay, 2003.

nômico e social, estiveram sempre sujeitos a duas forças restritivas atuantes nas reformas. A primeira é decorrente dos condicionamentos estruturais da sociedade, já citados, tacitamente presentes no contexto das reformas e definidores de seus limites. Reformas administrativas não são produzidas num vácuo político-social. A segunda é decorrente da natureza íntima dos sistemas de controle público. Nesse sentido, fez-se referência ao caráter burocrático e racionalista das concepções e reconcepções de reformas administrativas, sujeitas sempre a apresentar patologias típicas do comportamento burocrático no transcurso do tempo. Registrou-se, também, a intenção recorrente de buscar a "diferenciação" por meio da criação de novas unidades descentralizadas e vinculadas, mas não subordinadas, à administração central, tendo em vista escapar dos controles uniformes mais rígidos da administração central. Neste sentido, em diferentes períodos criaram-se autarquias, fundações, agências executivas e reguladoras, além de empresas estatais envolvidas com a produção direta de bens e serviços. Os tentáculos das estruturas e processos básicos da gestão pública, no entanto, se deixaram de alcançar a administração indireta em certos momentos, mais cedo ou mais tarde parecem sempre recuperar seu alcance de controle. Tal capacidade, como se viu, é motivada e justificada, discursivamente, por lógicas racionalmente variadas, com conseqüências funcionais, no sentido analítico-sociológico, no que se refere à reprodução dos esquemas de poder da sociedade, sustentados por suas projeções latentes na burocracia pública.

Em conclusão, pode-se afirmar que, em nenhum dado momento, no tempo e no espaço (administração direta e indireta), um administrador público brasileiro gerencia a implementação de políticas públicas contando, a seu favor, com o apoio de uma modelagem organizacional, das estruturas e mecanismos de gestão formais, que atenda minimamente ao requisito da "congruência", como anteriormente visto na literatura da modelagem organizacional.

O requisito estrutural da "congruência", decorrente de estudos e formulações do segmento considerado hegemônico na teoria organizacional, foi anteriormente analisado, quando se focalizaram as manifestações de natureza mais prescritivas da literatura de modelagem organizacional, derivadas do pensamento sistêmico-contingencial firmemente estabelecido na teoria das organizações. Explicitou-se, na análise empreendida, o caráter estrutural-funcionalista daquela tradição. Observaram-se, no entanto, os sinais de uma crescente sensibilidade de significativos estudiosos do campo, para a contribuição teórica dos enfoques mais subjetivistas no estudo das organizações, orientados para uma visão interpretativa da ação humana no contexto organizacional.[204]

No capítulo anterior, foram apresentados depoimentos variados, no tempo e no espaço, de administradores do setor público, que revelaram suas ações, enquanto agentes conscientes da implementação de políticas públicas através das organizações.

As histórias contadas dizem respeito a tempos de autoritarismo político e de democracia. Referem-se a vivências nos espaços distintos da administração direta e da administração indireta. Revelam as experiências vivenciadas dos entrevistados na ocupação de diferentes cargos e funções, no desempenho do papel gerencial de natureza diretiva. À luz de pressupostos interpretativistas, buscou-se um entendimento da ação, sem pretensões explanatórias, de corte lógico-positivista, conducentes a ambiciosas generalizações ou teorização de causalidades.

No entanto, as assumidas orientações gerencial, administrativa e organizacional, em contraste com uma igualmente possível, embora não adotada, orientação sociológica, clamaram por uma reflexão final de caráter teórico-conceitual. Tal reflexão justificou-se não só pelo seu possível caráter indutor de novos estudos, como também pela potencialidade da formulação de um conceito de validade prescritiva. Este é o objetivo deste capítulo, de natureza conclusiva.

Estrutura e ação

Do ponto de vista de qualquer indivíduo inserido no processo de trabalho no contexto organizacional, as estruturas formais parecem ganhar existência própria, por mais precária que seja esta existência, resultante de interpretações subjetivas e intersubjetivas de indivíduos e grupos, aproximados ou apartados no tempo e no espaço, no fluir constante dos acontecimentos.

Neste sentido, em qualquer momento dado, para fins práticos, por um lado "existem" estruturas formais atuantes, no sentido de influenciar e restringir percepções, comportamentos, decisões e mesmo interpretações reflexivas e ações mais conscientemente articuladas; e, por outro lado, são sempre limitadas as condições e as oportunidades de qualquer ator isoladamente, ou mesmo em grupo, modificar formal-

---

[204] Silverman (1971); Weick (1979, 1995); Ranson et al. (1980).

mente estas estruturas, ainda que elas estejam sujeitas, no tempo, a um inexorável e contínuo processo de transformação, pela agência humana, quer informalmente, quer formalmente.

Tanto a formação como os processos de transformação das estruturas sociais e da ação humana pautada em significados têm sido foco de estudo das mais diversas correntes do pensamento humano, nas suas vertentes filosóficas, sociológicas e, mais recentemente (século XX), também organizacional-administrativas.

Deve-se observar, no entanto, que esforços teóricos no sentido da superação da dicotomia ontológica estrutura-ação, considerada esta última na sua qualificação mais subjetivista, encontram expressão sociológica e formulação teórica mais recentes nos trabalhos de Giddens e de Bourdieu.[205]

Ao introduzir sua "teoria da estruturação", referindo-se ao estruturalismo e ao funcionalismo, de um lado, e às sociologias interpretativas de outro, Giddens explicita seu ambicioso projeto intelectual:

> As diferenças entre essas perspectivas nas ciências sociais foram sempre tomadas como sendo epistemológicas, quando são de fato também ontológicas. O que está em causa é como os conceitos de ação, significado e subjetividade devem ser especificados e como eles se relacionariam com as noções de estrutura e restrição. Se as sociologias interpretativas são fundadas, como o foram, sobre um imperialismo do sujeito, o funcionalismo e o estruturalismo propõem um imperialismo do objeto social. Uma das minhas principais ambições com a formulação da teoria da estruturação é pôr um fim em cada uma dessas empreitadas construtoras de impérios. O domínio básico de estudo das ciências sociais, de acordo com a teoria da estruturação, nem é a experiência do ator individual, nem a existência de qualquer forma de totalidade social, mas práticas sociais ordenadas através do espaço e do tempo.[206]

Tanto a preocupação teórico-conceitual como estudos mais empíricos da vertente subjetivista não poderiam deixar de estar presentes no cenário acadêmico brasileiro dos estudos organizacionais.[207] Recorrendo à noção de "estoques de conhecimento" de Schutz, a qual

---

[205] Giddens (1993); Bourdieu (1972, 1984).
[206] Giddens, 1993:89.
[207] Davel e Vergara, 2001.

Giddens prefere chamar de *mutual knowledge*[208] incorporada aos encontros sociais, e inacessível diretamente à consciência dos atores, Junquilho identificou práticas sociais compartilhadas por gerentes do setor público de um estado brasileiro, no sentido de traçar um perfil gerencial que retratasse as experiências por eles vivenciadas, ancoradas na implantação das prescrições da chamada administração pública gerencial.[209] O autor contrasta o perfil gerencial — gerente caboclo — resultante dos dados empíricos coletados por meio de entrevistas semi-estruturadas, com aqueles determinados a partir do tipo ideal weberiano — administrador burocrático — e de concepções da "nova gestão pública" — gerente orgânico. O administrador burocrático preenche o perfil do cumpridor de deveres, apegado às regras formais, e é planejador, metódico, adepto da autoridade formal, zeloso da hierarquia e inflexível à informalidade. O gerente orgânico é empreendedor, atento à competição e ao mercado, criativo e adaptado às mudanças, apto à liderança de pessoas, demonstra gosto por resultados e metas e é autônomo e flexível. O gerente caboclo, tipo ideal sacado das entrevistas feitas por Junquilho, revelou-se contemporizador, dividido entre o "coração" e a "razão", com tendência à centralização, conjugando pessoalidade e impessoalidade, capaz de contornar excessos formais por meio do "jeitinho", e avesso a controles formais e à planificação.

Encaminhando suas conclusões, Junquilho observa que:

> O tipo ideal do "gerente caboclo" aqui proposto reafirma a idéia da gestão e da ação gerencial como inseridas num conjunto de práticas sociais que não podem ser descoladas do contexto histórico-social no qual os gerentes atuam. Dito de outro modo, o cotidiano dos gerentes é marcado por ações que se apóiam em "raízes" e traços marcantes da cultura brasileira, guiando os seus comportamentos, ora facilitando, ora restringindo aquelas mesmas ações. Assim, a "objetividade" das propostas da Administração Pública Gerencial, em particular, a intenção de eleger o "gerente orgânico" como o seu tipo ideal, deve ser conjugada às subjetividades do perfil que aproxima-se ao "gerente caboclo" aqui descrito, isto é, um esforço para a compreensão necessária de significados mais complexos e profundos das ações humanas construídas e reconstruídas, sem cessar, pelos atores organizacionais empíricos.[210]

---

[208] Giddens, 1993:91.
[209] Junquilho, 2002:16.
[210] Ibid., p. 17.

No capítulo anterior, muitos aspectos da ação gerencial, alguns sujeitos à tipificação de "caboclo", no dizer de Junquilho, foram identificados e analisados em seus detalhes e sutilezas, de forma contextualizada histórica, cultural e organizacionalmente, considerando tempo e espaço. Nesta direção, a questão central que este estudo busca tratar se refere à relação estrutura-ação, merecedora de um passo a mais, na construção de um tipo ideal — mais no sentido weberiano de recurso de análise, do que para efeito de metaatributos a serem alcançados, no sentido bresseriano[211] do gerente orgânico, analisado criticamente por Junquilho.

A questão que se coloca é se, numa ação reflexiva de construção de teoria, pode-se imputar um significado comum, largamente compartilhado nos universos acadêmico e prático, às práticas gerenciais catalogadas e analisadas no capítulo anterior. Dito de outra forma: é possível depreender-se daquelas práticas gerenciais, contextualizadas, um significado subjacente a todas elas? Algo como trazer, para a "consciência discursiva" de acadêmicos e práticos da administração pública, um elemento, relevante e compactado, da "consciência prática" do gerente.[212] Um conceito que, como tal, construção ideal com conteúdo fixo repetível, ao permitir à mente retornar aos "mesmos" pontos da experiência para compará-los, associá-los, distingui-los, inseri-los em estruturas lógicas maiores, ajude a estabelecer uma distinção da ação de administradores públicos profissionais, atuantes em realidades estruturalmente restritivas, em face dos demais. Isto é, aqueles que "transgridem em causa própria"; aqueles que "primam pela omissão"; ou aqueles que "dançam conforme a música". Ou mesmo, num sentido mais positivo, mas não necessariamente com melhores conseqüências, aqueles que, com "nobres" intenções, agem por simples reflexo condicionado a estímulos discursivos (não raro ideológicos) que evocam associações emocionais estocadas em suas memórias afetivas,[213] ou ainda aqueles que, aleatoriamente, improvisam ao sabor de um mundo subjetivo.

A partir da consciência e da agência humana, Giddens diferencia os conceitos de "consciência prática" — conjunto de conhecimentos tácitos utilizados em práticas sociais, presente no consciente, e referente à

---

[211] Ver cap. 2, seção "A reforma administrativa gerencial: o retorno da diferenciação".
[212] Giddens, 1993:93.
[213] Devo ao polemista e filósofo Olavo de Carvalho esse ponto: Entre os Cacás e os Gushikens. O Globo, 17 maio 2003.

intencionalidade, mas não se revelando por meio de práticas discursivas — e "consciência discursiva" — referente ao conhecimento que os atores podem expressar por meio de discursos.[214] A distinção entre consciência prática e discursiva não é rígida e impermeável, mas expressa a diferença entre o que pode ser dito e o que é, caracteristicamente, simplesmente feito.[215]

Tais conhecimentos tácitos ("consciência prática"), indutores das práticas gerenciais reveladas nas entrevistas ("consciência discursiva"), e categorizadas e analisadas neste estudo, dizem respeito, é legítimo argumentar, a uma importante resultante do "monitoramento reflexivo da ação"[216] no qual os gerentes estão cotidianamente engajados, qual seja: a "racionalização" de sua interação volitiva com as estruturas sociais e administrativas.

Para Giddens:

> O monitoramento reflexivo da ação é uma característica constante da ação cotidiana e envolve a conduta, não apenas do indivíduo, mas também de todos. Quer dizer, os atores não apenas monitoram constantemente o fluxo de suas ações e atividades e esperam que os outros façam o mesmo por si mesmos; eles também monitoram aspectos, sociais e físicos, dos contextos em que se movem. Por "racionalização da ação", eu quero dizer que os atores — também rotineiramente e, na maior parte, sem rebuliço ou agitação — mantêm uma "compreensão teórica" contínua acerca dos fundamentos e motivos de sua ação. Como já mencionei aqui, ter tal compreensão não deve ser comparado com a fundamentação discursiva de razões para itens particulares de conduta, nem mesmo com a capacidade de especificação de tais razões de forma discursiva. Entretanto, os agentes competentes de outros esperam — e esse é o maior critério acerca da competência aplicada na conduta diária — que os atores, geralmente, sejam capazes de explicar quase tudo o que fazem, se solicitados para tanto.[217]

No seu dia-a-dia os gerentes lidam com condições conhecidas de ação, assim como estão sujeitos a condições desconhecidas. Suas ações estão sujeitas a produzir os resultados pretendidos, assim como resultados não intencionados. O monitoramento reflexivo das ações vivencia-

---

[214] Giddens, 1993:95.
[215] Ibid., p. 94.
[216] Ibid., p. 92-93.
[217] Ibid., p. 92.

das continuamente em contextos expressivos produz a "compreensão teórica" dos gerentes, que se adensa e refaz no tempo e nos espaços de atuação, formando sua consciência prática e sua consciência discursiva. Parece plausível afirmar que, entre as conseqüências não intencionais da ação dos administradores, podem estar tanto a reprodução de mecanismos perversos de dominação social, capturados por análises estruturalistas e funcionalistas mais ou menos críticas, como também os efeitos transformativos e construtivos de novas realidades, em níveis organizacional e social.

Das histórias contadas pelos dirigentes entrevistados, foram catalogadas (denominadas) oito estratégias de ação, assim como as várias práticas gerenciais que as compunham:

- compartilhar quadros de referência;
- explorar os limites da formalidade;
- fazer o jogo da burocracia;
- induzir o envolvimento dos outros;
- promover a coesão interna;
- criar escudos contra as transgressões;
- superar restrições internas;
- permitir o florescimento das estruturas.

Essas estratégias gerenciais expressam as racionalizações dos dirigentes entrevistados, verdadeiras teorias/práticas — em parte de cunho pessoal, pois geradas por indivíduos diferentes em situações diversas; em parte de natureza coletiva, pois todos estiveram situados no mesmo contexto cultural, político e administrativo do setor público brasileiro.

Donos de uma consciência prática que os faz lidar com situações que vão desde as pressões clientelistas, estruturalmente estabelecidas, até os controles formalmente modelados, passando pelos comportamentos burocraticamente patológicos e pelas insuficiências dos sistemas de recompensas, aqueles dirigentes não verbalizam seus conhecimentos tácitos deste universo de relações; simplesmente agem, projetando nas ações individuais e coletivas, tanto quanto possível, seu conhecimento. Agem explorando ao máximo seus graus de autonomia e controle, de acordo com suas consciências e intenções, pois nelas já estão processados e contidos tanto os condicionamentos restritivos quanto os facilitadores da ação, inclusive, e em larga medida, os de natureza estrutural.

Se esta ação gerencial, de cunho eminentemente social, é largamente resultante de uma interação profunda, circunstanciada, no tempo e no espaço, entre indivíduos e estruturas, estas latentes ou manifestas, informais ou formais, expressando-se na forma de pressão corruptora instalada em uma sociedade mais permissiva ou de uma norma de controle burocrático formalizada, faz-se necessário encontrar um conceito que sumarize, qualifique e integre esta relação, promovendo a compreensão da ação gerencial no contexto da administração pública brasileira.

Este conceito integrador deve atender a cinco critérios básicos. Primeiro, o conceito deve refletir a capacidade de "agência" do indivíduo. Segundo, ele deve dar conta da intencionalidade do agente, em termos de sua inteligência teleológica. Terceiro, o conceito deve refletir o pressuposto da autonomia circunscrita do agente. Quarto, ele deve ser moral e eticamente plausível. Quinto, o conceito deve ser ancorado empiricamente.

Agência

O conceito relacional que se busca (indivíduo-estrutura) deve refletir a condição privilegiada do administrador público, na qualidade de dirigente, de conseguir induzir a ação administrativa e imputar significado, mais ou menos compartilhado por outros, a partir do monitoramento reflexivo, a esta ação coletiva, de âmbito organizacional e público. Este é o sentido do seu atributo de agente, munido de autoridade formal definida, e poder variável. Para Giddens:

> A ação se refere não às intenções que as pessoas têm em fazer as coisas, mas, em primeiro lugar, à sua capacidade de fazer tais coisas (o que explica por que a ação implica poder: cf. a definição do *Oxford English Dictionary* para "agente" como sendo "alguém que exerce poder ou produz um efeito"). A ação diz respeito a eventos e acontecimentos que tenham o indivíduo como seu perpetrador e ator, no sentido de que o indivíduo poderia, em qualquer fase de uma dada seqüência de conduta, ter agido de forma diferente. O que quer que tenha acontecido não teria acontecido se esse indivíduo não tivesse intervindo.[218]

---

[218] Giddens, 1993:96.

A agência envolve a capacidade de mobilizar recursos, inclusive os de poder, tendo em vista a aplicação de meios para alcançar resultados. Esta é a essência da ação. Mas, na maior parte das atividades, o escopo do controle do dirigente é limitado aos contextos imediatos da ação ou interação em que esteja envolvido. Este ponto é importante porque a modelagem das "políticas de gestão pública", não obstante seu impacto generalizado, representa algo remoto e, portanto, fora de controle, do ponto de vista do dirigente de qualquer organização focal. Isto não quer dizer, no entanto, que não exista o espaço para o exercício do poder, tomado no sentido da capacidade transformativa contida na agência humana do dirigente.

Giddens distingue e privilegia esta capacidade transformativa do poder daquela que, mais estreitamente, o define como dominação. Esta última pressupõe o conflito de interesses, não necessariamente presente ou enfrentado em todas as interações sociais.

> O "poder", no sentido de capacidade transformativa da agência (do agir) humana, é a capacidade do ator de intervir numa série de eventos de forma a alterar seu curso: assim é o verbo "poder" (*can*, ser capaz), que medeia entre as intenções ou desejos e a realização real (factual) dos resultados visados. O "poder", no seu sentido mais restrito e relacional, é uma propriedade de interação e pode ser definido como a capacidade de assegurar resultados em que a realização dos mesmos dependa da agência (da ação, do agir) dos outros. É neste sentido que os homens têm poder "sobre" os outros: isto é o poder como dominação.[219]

A capacidade transformativa da ação humana como processo automediado do trabalho é elemento-chave da noção de práxis e ponto central das análises sociais das tradições de Hegel e Marx.[220] Assim como é possível referir-se ao trabalho, como o faz Löwith, como "um movimento de mediação (...) modelando ou forjando e, portanto, uma destruição positiva do mundo que está presente na natureza",[221] também parece plausível falar do trabalho gerencial como movimento de mediação, uma modelagem (*designing*) ou improvisação que envolve a destruição positiva das estruturas presentes nas organizações.

---

[219] Giddens, 1993:110.
[220] Ibid., p. 109.
[221] Löwith (1964:321), segundo Giddens, 1993:109.

Neste ponto reside muito da inspiração deste estudo, orientado para a busca do entendimento de "o que" fazem e do "como" fazem, e poderiam não ter feito, ou feito diferentemente, executivos públicos que têm sua passagem pelo setor marcada por resultados. Muitos outros se limitam, burocraticamente, às descrições formais das atribuições de seus cargos e, simplesmente, "empurram com a barriga". Alguns cedem ao "fluxo obscuro das necessidades sistêmicas". Não poucos se rendem às incoerências e inflexibilidades estruturais, optando pela desistência ou inação.

A importância da distinção entre o poder no sentido transformativo da ação e o poder sobre a agência de outros está no que revelam os dirigentes entrevistados. Embora influenciem subordinados, pares e mesmo superiores imediatos, assim como por eles são influenciados, evitam conflitos e confrontações com os guardiões das "políticas de gestão pública" ou outros poderosos guardiões das menos dignas tradições culturais institucionalizadas na sociedade, como o clientelismo. Ao gozar da amizade, respeito e apoio político, mesmo de um presidente da República, o executivo público de alto nível sabe que não pode usar essas prerrogativas para confrontar diretamente as estruturas formais e seus paladinos eventuais, com visão de curto prazo, até mesmo porque muitos deles gozam do mesmo acesso, prestígio ou apoio, por razões diversas embora igualmente importantes no quadro político-institucional. Neste sentido, prevalece "a capacidade do ato de intervir numa série de eventos de forma a alterar seu curso". Para isto, usa os requisitos do poder, traduzidos num apoio presidencial, por exemplo, por vias outras de ação "destruidora positiva de estruturas", ou reconstrutora de estruturas, no seu âmbito organizacional imediato, desde que mantidas "intactas", neste mesmo âmbito, as expressões do poder burocrático ubíquo das "políticas de gestão pública" e suas correspondentes estruturas formais.

Este ponto está intimamente relacionado com o que Weick chamou de "controle pelo paradigma", como um controle de terceira ordem, ao referir-se ao ordenamento de Perrow para os mecanismos de controle.[222] Os controles de primeira ordem incluem a emissão de ordens, supervisão direta e a imposição de regras. Os controles de segunda ordem envolvem controles burocráticos, como a especialização e a padronização. Os controles de terceira ordem dizem respeito aos quadros de referências que os participantes da organização tomam por ga-

---

[222] Weick, 1995:365-366.

rantidas. Tais controles estariam contidos no vocabulário da organização, rotinas informais substantivas e de procedimentos, canais preferenciais de comunicação, critérios não escritos de seleção, agendas de reunião e práticas de socialização. Sua natureza é mais voluntária por ser cognitiva e mais afeta à linguagem.

Como resultante da interação social na organização, a "destruição positiva" ou reconstrução de estruturas, anteriormente mencionada, poderia expressar estruturas ou controles de terceira ordem que fluem do cotidiano, como se viu com Weick, no capítulo anterior. Mas poderia expressar, também, parece válido especular, estruturas de uma quarta ordem, conseqüência da ação gerencial transformativa, plena de intencionalidade, ainda que em nível da consciência prática do agente, tendo em vista resultados.

Intencionalidade

Enquanto a agência se refere ao fazer e à capacidade (poder) para tal, Giddens define o conceito de "intencional" como caracterizando "um ato que seu executante sabe, ou acredita, que terá uma qualidade ou resultado particular e quando este conhecimento é utilizado pelo autor do ato para alcançar esta qualidade ou resultado".[223]

Neste sentido, torna-se fundamental entender o "porquê" da ação organizacional e administrativamente funcional do executivo público. Porque ela envolve este conhecimento, como se viu, que está relacionado à "consciência prática". Não importa aqui, pode-se argumentar, revelar as motivações contidas ou reprimidas no inconsciente do indivíduo. Existem barreiras entre o inconsciente e a consciência prática.[224] Como não importa também identificar motivações definidas ao nível das grandes generalizações do estrutural-funcionalismo, tais como as encontradas nos estudos da *public choice*, como em Gordon Tullock.[225] Ali se revelam as motivações de poder dos burocratas no sentido de avançar seus interesses pessoais, como qualquer outro ator político. Mais importantes para a teoria organizacional orientada para a administração pública, são as ações dos executivos públicos capazes de pro-

---

[223] Giddens, 1993:97.
[224] Ibid., p. 94.
[225] Tullock, 1965.

mover resultados organizacionais satisfatórios, quando não brilhantes, bem como o conhecimento que se possa alcançar de sua consciência prática, a partir de sua consciência discursiva, revelada por suas histórias de vida administrativa. Como Giddens observa:

> A noção de consciência prática é fundamental para a teoria da estruturação (*structuration theory*). É a essa característica do agente (ou sujeito) humano que o estruturalismo tem particularmente fechado os olhos. Mas assim também têm agido outros tipos de pensamento objetivista. Apenas na fenomenologia e na etnometodologia, no âmbito das tradições sociológicas, é que encontramos tratamento pormenorizado e sutil da natureza da consciência prática.[226]

Central ao interesse deste estudo são as intenções dos executivos públicos que relacionam resultados organizacionais com as ações qualificadas por seu conhecimento tácito de causalidades envolvidas nas relações estruturais. Nesse sentido, o conceito integrador da relação indivíduo-estrutura deve dar conta não só da condição de agente do executivo público (primeira condição), como também da inteligência teleológica correspondente às suas intenções (segunda condição). Estas são forjadas em administradores profissionais experientes, a partir da reconstituição consciente e crítica de fatos e realidades, através de monitoração reflexiva, distinguindo-se de meros anseios, medos, picuinhas, idiossincrasias e caprichos.

Limites da ação

A terceira condição a ser satisfeita pelo conceito integrador diz respeito à natureza circunscrita da ação gerencial. Aqui reside a essência da relação indivíduo-estrutura no contexto organizacional-administrativo, bem como a possível compreensão do alcance de resultados. Não só a própria agência é circunscrita, em larga medida, pela autoridade formal estruturalmente conferida ao executivo público, como a ação gerencial tem nas estruturas formais existentes uma referência central inevitável, para a formação da consciência prática inspiradora da ação, como revelam as histórias relatadas. Exatamente neste ponto reside a importância maior do conceito que se busca. Não se trata apenas

---

[226] Giddens, 1993:93.

de escapar de uma ontologia próxima ao solipsismo, mas de qualificar mesmo enfoques como o da modelagem organizacional como "improvisação", de Karl Weick, na vertente interpretativista. Entre o determinismo comportamental das estruturas e o voluntarismo brando da improvisação, como chave do *understanding*, é possível encontrar-se um conceito que, dando conta das estruturas, em seus aspectos restritivos e capacitadores, e da intenção relativamente autônoma do agente, no contexto administrativo, possa melhor promover a compreensão da ação, inclusive no seu aspecto, tão importante e revelador, de improvisação transformadora.

Ética da ação

A quarta condição estabelecida, para validação do conceito ideal, é sua plausibilidade moral, por ser capaz de encontrar justificação normativo-moral mesmo nas instâncias de transgressão, quando o ilícito legal não representa ilícito ético-moral. Evidentemente, tais considerações são pertinentes em nível do exercício da razão ética. Em se tratando da ação do administrador público, a justificação moral não lhe garante salvo-conduto para a transgressão de normas legais e administrativas, prevalecendo seus cálculos de risco, que envolvem recursos de poder, e de custos e benefícios associados à transgressão. As histórias relatadas no capítulo anterior revelam casos cujas ponderações desta ordem levariam a conclusões práticas muito distintas em tempos de regime político autoritário ou democrático. Da mesma forma, as histórias revelam ações cujos resultados benéficos poderiam ser contestados sob o crivo de uma lógica de racionalidade econômica mais estrita. Solicitar e conseguir recursos para investir 100 unidades monetárias, quando a perspectiva incremental é de 10 unidades, pode receber alguma desaprovação em termos de uma racionalidade sistêmica de custos de oportunidade referentes a investimentos alternativos em outros setores de política pública. Moralmente, para o administrador responsável por resultados em sua área de atuação, podem contar tanto a inexistência de um sistema de análise capaz de promover decisões sistêmicas mais racionais, como mesmo o caráter de escala de preferências (*value laden*), em última instância, associado a análises desta ordem, ainda quando quantitativas e multicriteriais. Se a responsabilidade do administrador está na área da política cultural, é moralmente defensável que ele procure avançar seus compromissos com o seu setor ou segmento dele, ainda que em detrimento de outros.

Certamente, a fundamentação moral do conceito ideal em questão se aproxima muito mais de uma ética da responsabilidade do que de uma ética da convicção[227] como vocação. Administradores são "julgados" e auto-avaliados muito mais pelas conseqüências de suas ações, do que pelas intenções que as inspiram — não obstante a presença do utilitarismo contida na ética da responsabilidade e os princípios deontológicos próprios à ética da convicção estejam sempre presentes nas tensões do contraditório humano, onde razão e espírito se digladiam.

A discussão ética se impõe na compreensão da ação do gerente público, seja ele politicamente designado (não eleito), seja ele o burocrata em função não-diretiva, pela dimensão política de sua autoridade. No primeiro caso estão os dirigentes entrevistados neste estudo. Sob inúmeras definições de *politics*, a ação do burocrata é decisivamente política. Rohr observa este ponto, recorrendo à definição de David Easton — "alocação mandatória de valores" —, à definição de Harold D. Lasswell — "quem ganha o quê, quando e como" —, bem como à sua própria, para o trato de questões normativas: "política é o processo pelo qual a sociedade civil alcança seu bem comum mediante a agência do Estado".[228] Somente definições que restringem a "política" ao processo eleitoral e à ação legislativa, hoje inaceitáveis, não dão conta do conteúdo político dos fazeres do burocrata.

Neste sentido, Rohr associa intimamente o termo "discrição administrativa" à atividade política do burocrata, que dificilmente vem a conhecimento público ou mesmo é identificada com clareza pelos próprios participantes do processo. Segundo o autor,

> por "discrição administrativa" entendo a atividade discricionária dos burocratas, por meio da qual eles aconselham, relatam, respondem, aplaudem, desencadeiam, informam, questionam, advertem, reclamam, encorajam, censuram, promovem, retardam, põem obstáculos e medeiam, de uma forma que tem impacto sobre o que vem a se chamar "política de ação ou de agência". Todas estas atividades podem ser altamente discricionárias, embora possam não ser reconhecidas como "discrição administrativa" numa obra sobre direito administrativo.[229]

---

[227] Weber, 1978:212.
[228] Rohr, 1978:27-28.
[229] Ibid., p. 28.

Entre estes fazeres do burocrata é pertinente incluir o *designing*, para efeitos deste estudo, quer no sentido da sustentação de estruturas e mecanismos de gestão formais, quer no sentido da improvisação transformadora. Convém, ainda, observar que o papel de dirigentes públicos politicamente designados é ainda mais salientemente político, quando se consideram os fortes argumentos de Rohr,[230] que constroem seu caso para o burocrata de carreira.

Não será por outra razão que as histórias apresentadas no capítulo anterior estão cheias de referências a valores maiores, como o interesse público e o desenvolvimento econômico e social. Neste sentido, política, moral e gestão se amalgamam na "consciência discursiva" dos dirigentes entrevistados. Sua consciência ética, justificadora de ações por vezes pouco ortodoxas do ponto de vista do direito administrativo, encontra fundamentos não só na realidade político-administrativa do país, como em valores caros, mas não facilmente definíveis, à sociedade brasileira. O fato é que homens de bem, tementes a Deus, ao povo ou a ambos, recorrentemente fazem referências de conteúdo moral, como se viu fluir das histórias de vida gerencial, ao explicarem seus atos. O "julgamento" último dessas justificativas só ganha efetividade em nível secular, pela imputação de plausibilidade por parte do leitor, associada à história de vida particular e pública do gerente. Quanto a um possível temor ao próprio Estado, em sua qualidade de expressão da vontade coletiva, este pode ser maior ou menor, dependendo do regime e de recursos de poder. Mas, guardadas as proporções em relação ao Rei Sol, o agente público é, ele mesmo, e em alguma medida eventualmente não pequena, o próprio Estado, pelo menos em termos das conseqüências práticas de suas ações. Resta como certa a imprescindibilidade da fundamentação ética da ação, ainda que transgressora sobre os critérios de leis, decretos, regimentos, estatutos, instruções ou qualquer outro dispositivo normativo. Hipocrisias e cinismos à parte, é comum a observação de que, na administração pública, só se consegue fazer as coisas acontecerem quando normas são dribladas.

Fundamentação empírica

Finalmente, o conceito que se busca deve ter fundamentação empírica, ainda que o conteúdo que lhe corresponda possa, por estar

---

[230] Rohr, 1978:28.

embebido na ação no decurso do tempo, não permitir a observação direta, como no caso de simples atos e comportamentos. As histórias contadas pelos administradores públicos entrevistados fornecem material suficiente, através de percepções, memórias e justificações, para a ancoragem de um conceito que possa promover a compreensão da ação gerencial no setor público brasileiro e em contextos similares.

Em busca de um conceito pelos caminhos da metáfora

O recurso à metáfora como fonte de inspiração para dar força de expressão comunicativa, emprestar significados e, mais importante, ajudar a revelar e titular fenômenos complexos, esclarecendo lógicas ainda não codificadas adequadamente, constitui prática corrente nas ciências sociais. As analogias com modelos mecânicos e sistemas orgânicos e cibernéticos para explicar a sociedade e as organizações são bem conhecidas. Gareth Morgan explorou oito enfoques das organizações, fazendo uma belíssima compilação da literatura da teoria das organizações, segundo abordagens passíveis de caracterização por expressões metafóricas diferenciadas.[231] Tais abordagens, igualmente reveladoras de nuances importantes do fenômeno organizacional, revelam-se complementares, a despeito de suas forças e limitações particulares. Sua força está, em boa medida, na sintonia das analogias inspiradoras selecionadas pelo pesquisador com a natureza básica do fenômeno que deseja pôr em foco. Certas metáforas se ajustam melhor a certas situações.[232] Morgan, em sua compilação analítica da literatura, mostra as organizações como máquinas, organismos, cérebros, culturas, sistemas políticos, prisões psíquicas, fluxo e transformação e como instrumentos de dominação, para demonstrar que as organizações são muitas coisas a um só tempo. Como o autor esclarece:

> A abordagem global adotada foi a de fomentar um tipo de pensamento crítico que encoraja não só compreender, mas também identificar os múltiplos significados das situações, permitindo enfrentar e gerir a contradição e o paradoxo, em lugar de fingir que estes não existem. O caminho escolhido foi através da metáfora que, acredito, se apresenta central ao modo pelo qual organizamos e compreendemos o nosso universo.[233]

---

[231] Morgan, 1996.
[232] Burrell e Morgan (1980:66); Morgan (1996).
[233] Morgan, 1996:345.

A essência desta abordagem está em nos conduzir a um processo de construção e reconstrução contínuas de nossa "compreensão" das múltiplas facetas de uma mesma realidade, ampliando o conhecimento de cada uma delas e o de suas interações como resultado do próprio processo.

Morgan recorre à funcionalidade da história dos seis cegos e um elefante, mas alerta para a quebra desta analogia como inspiração quando se consideram dois aspectos importantes. Primeiro, diferentemente de nossa noção do que seja um elefante, não existe consenso do que seja uma organização.

> Só é possível conhecer as organizações através de experiências dentro delas. É possível usar metáforas e teorias para expressar este conhecimento e experiência e assim compartilhar as conclusões, mas nunca é possível ter certeza de que se está absolutamente correto. Acredito que é necessário sempre reconhecer esta incerteza básica.[234]

Segundo, um mesmo aspecto da organização pode ser, ao mesmo tempo, muitas coisas diferentes, pois diferentes dimensões estão sempre imbricadas:

> uma organização burocrática é, ao mesmo tempo, não só parecida com uma máquina, mas ainda um fenômeno cultural e político. É também uma expressão de preocupações inconscientes, uma parte não revelada de uma lógica mais profunda de mudança social, e assim por diante. A organização é todas estas coisas ao mesmo tempo. É possível tentar decompor a organização em conjuntos de variáveis relacionadas, tais como variáveis estruturais, técnicas, políticas, culturais, humanas etc. Entretanto, é preciso lembrar que isto não faz justiça à natureza do fenômeno. Isto porque as dimensões estruturais e técnicas de uma organização são também simultaneamente humanas, políticas e culturais. A divisão entre as diferentes dimensões está nas nossas mentes, muito mais do que nos fenômenos propriamente ditos.[235]

Um ponto central que não pode passar despercebido é que, enquanto Weick[236] busca entender como os indivíduos (*practioners*) agem em situações cotidianas, sancionando e ressancionando realidades or-

---

[234] Morgan, 1996:347.
[235] Ibid.
[236] Weick, 1979 e 1995.

ganizacionais na prática administrativa e gerencial, através de suas interpretações, Morgan busca demonstrar como os teóricos das organizações tentam dar conta, por processos análogos, das realidades organizacionais que procuram descrever e explicar. Neste ponto reconhece, afirmando em contraponto, a capacidade interpretativa integrativa do "executivo". Este, que é obrigado a conviver com a multiplicidade de dimensões intrínsecas à realidade organizacional, deve servir como modelo para o analista e o modelador organizacional praticarem a sua imaginação, que é a organização como uma forma de pensar.[237] Morgan ilustra sua análise multimetafórica com a discussão de um caso, para demonstrar a praticidade de sua abordagem para a leitura e compreensão de situações específicas e para orientar a gestão e a modelagem das organizações, em geral.[238] Para Morgan:

> o esquema analítico aqui desenvolvido pode ser compreendido como um processo de sensibilização e de interpretação, muito mais do que um modelo ou, então, um referencial estático. A boa análise consiste não só em identificar "qual metáfora se encaixa onde", ou "qual metáfora é mais adequada", mas também em usar a metáfora para revelar padrões múltiplos de significados, bem como as suas inter-relações. Acredito que as melhores leituras intuitivas feitas por administradores e outros membros da organização possuem a mesma qualidade. Estes indivíduos estão abertos para o tipo de perspectiva que se origina da constatação de que qualquer situação tem a capacidade de ser muitas coisas diferentes ao mesmo tempo.[239]

Este ponto também é firme e claramente estabelecido por Hummel, como vimos anteriormente.[240] Ele observa que os gerentes resistem aos apelos de validação analítica do conhecimento (por desmembramento dos fenômenos) por estarem apropriadamente engajados em sua principal e realista tarefa, que é juntar as peças e assim manter o mundo do trabalho — isto é, a integração.

Neste sentido, a busca de um conceito integrativo das ações gerenciais que este estudo empreende tem, em relação à abordagem de Morgan, aspectos convergentes, mas também complementares. Morgan

---

[237] Morgan, 1996:387-389.
[238] Ibid., p. 327-344.
[239] Ibid., p. 342-343.
[240] Hummel, 1991.

procura trabalhar com várias metáforas representativas de fenômenos organizacionais, buscando uma integração analítica das dimensões organizacionais, mediante múltiplas e simultâneas leituras de uma situação (caso). Este estudo, por outro lado, toma a ação gerencial, em si, como o fenômeno pesquisado, revelador da integração prática das dimensões organizacionais, inerente ao comportamento gerencial, observado através das diversas histórias de vida. Assim, o que se busca é um único conceito capaz de dar conta da ação gerencial nos universos estrutural, técnico, político, cultural e humano da organização. Instâncias desta ação gerencial, amplamente descritas nas entrevistas relatadas no capítulo anterior, podem ser metaforicamente inspiradas num único construto teórico, capaz de descrever a natureza da ação gerencial — tudo isso dentro do contexto das relações entre indivíduos e estruturas, entre volição e objetivações da realidade, entre o subjetivo e o objetivo, entre o conjuntural e o estrutural.

A metáfora da equalização

A partir da "visão de mundo" e das experiências dos gerentes entrevistados, a metáfora contribui para a interpretação da ação gerencial, a despeito das condições estruturais formais restritivas, além de estimular o desenvolvimento de novas idéias acerca do fenômeno gerencial e suas relações com as estruturas administrativas estabelecidas num dado momento político e administrativo.

Tomando como exemplos o escritor e o orador, Collin Cherry afirma que estes não comunicam — através de palavras — seus pensamentos, mas a representação destes.[241] Do mesmo modo, um pintor não reproduz a realidade, mas a representação desta através dos materiais de que dispõe — as tintas. Quando as representações estimulam nos outros indivíduos pensamentos que têm correspondência com os desejos de quem escreve, fala ou pinta, então houve a comunicação. O que se busca, portanto, é fazer a "melhor" representação dentro das restrições dos veículos de comunicação de que se dispõe.

A metáfora desempenha, nesses casos, papel dos mais eficazes, ao importar idéias através de uma linguagem-veículo, estabelecendo associações lingüísticas. Embora, de certo modo, os conceitos importados

---

[241] Cherry, 1966.

sejam artificiais em seus contextos, as metáforas alargam o âmbito das palavras à medida que se acumulam novos conceitos e relações abstratas. Trata-se de um recurso, entre outros, denominados "figuras de linguagem ou de estilo", para comunicar à expressão mais força e colorido, intensidade e beleza. Cegalla a define como "um desvio da significação própria de uma palavra, nascido de uma comparação mental ou característica comum entre dois seres ou fatos".[242] Dado o seu caráter enfático, incisivo, direto, a metáfora produz impacto na sensibilidade; daí, segundo o autor, sua grande força evocativa e emotiva.

Em estudo sobre metáforas, Max Black apresenta uma classificação das mesmas, introduzindo o enfoque interativo.[243]

Segundo o enfoque *substitutivo*, as metáforas são utilizadas em lugar de outras expressões literais equivalentes; assim, para a palavra ou expressão que se use de modo metafórico, equivaleria um significado que poderia ter sido expresso de modo literal. O autor substitui o literal pela metáfora, cabendo ao leitor inverter esta substituição, servindo-se do significado literal desta, como indício do significado literal daquele. Neste caso, a metáfora é tida como um recurso de "decoração", ao qual não caberia outra função mais séria senão "entender".

Segundo o enfoque *comparativo*, a metáfora consiste na apresentação de uma analogia ou semelhança subjacente; admite-se, então, que a expressão metafórica está no lugar de outra expressão literal equivalente, apresentando-se apenas como uma paráfrase mais trabalhada. Este enfoque é contestado por ser bastante vago. Caso a metáfora apresente, em seu uso literal, um significado semelhante àquele representado pelo próprio termo literal, nenhuma informação extra é proporcionada. A metáfora deve ser utilizada justamente para casos em que, no momento, não haja precisão nos enunciados literais disponíveis, constituindo-se, então, numa forma de comunicação própria e peculiar.

Segundo o enfoque *interativo*, a metáfora alcança um sentido novo, que não é o seu significado literal, e não poderia ter qualquer substituto literal. O novo conceito força a palavra ou expressão metafórica a uma extensão do seu significado.

O foco da metáfora seriam as "características comuns" dos termos; o uso da expressão metafórica exigiria do leitor uma "seleção" das características observadas no sentido literal e uma extensão do seu sig-

---

[242] Cegalla, 1990.
[243] Black, 1966.

nificado. Trata-se, deste modo, da interação de dois pensamentos em atividade simultânea. São características deste enfoque:

- a expressão metafórica apresenta dois sujeitos (ou "assuntos") distintos: o "principal" e o "subsidiário";
- o melhor modo de considerar estes sujeitos é, geralmente, como "sistemas" de coisas e não como coisas;
- a metáfora funcionará aplicando-se ao sujeito principal um grupo de "implicações" que acompanham o subsidiário;
- estas implicações consistem em tópicos sobre este subsidiário, porém, em certos casos, podem propositalmente ser divergentes, conforme estabelecido pelo autor;
- a metáfora seleciona, acentua, suprime e organiza as características do sujeito principal, ao lhe atribuir uma expressão que se aplica ao subsidiário;
- este subsidiário absorve o significado de certas palavras pertencentes ao mesmo sistema da expressão metafórica, o que pode muitas vezes consistir em transferências metafóricas;
- não há nenhuma razão para a absorção dos significados necessários, ou seja, não há explicação para o fato de algumas metáforas funcionarem e outras falharem.[244]

De acordo com Black, o uso de metáforas é considerado perigoso, porém a proibição de seu emprego seria uma restrição arbitrária e prejudicial à nossa capacidade de investigação. No entanto, para que estas figuras funcionem, é necessário que se utilizem as *metáforas de interação*, que exigem do leitor uma operação intelectual peculiar que o leva a captar simultaneamente os dois assuntos, sem se limitar a uma mera comparação entre os mesmos. Caso contrário, torna-se necessário captar as implicações comuns, selecionar, acentuar e organizá-las num campo distinto, o que leva ao emprego de um assunto subsidiário para ajudar a compreensão do assunto principal.

O uso da metáfora no contexto da produção do conhecimento assume, de forma contrária às noções básicas do positivismo lógico, que a

---

[244] Black, 1966:54.

cognição é o resultado da construção mental. Como explica Ortony, "o conhecimento da realidade, seja ele ocasionado pela percepção, linguagem, memória, ou por qualquer outra coisa, é o resultado de uma incursão além da informação dada. Ele surge através da interação daquela informação com o contexto no qual ela é apresentada, e com o conhecimento prévio dominado pelo conhecedor".[245] A metáfora pode funcionar, portanto, como um "instrumento cognitivo", na medida em que, ao ser compreendida, algo de novo é criado, permitindo diferentes formas de percepção.[246]

Ao tratar a metáfora como um instrumento para extrair implicações embasadas em similitudes e analogias estruturadas, percebidas entre dois sujeitos pertencentes a diferentes domínios, Black entende a ambigüidade como sendo um necessário subproduto do poder sugestivo da metáfora.[247] Mas sugere também que, em alguns casos, é preciso entender que as metáforas criam as similitudes ou analogias das quais elas mesmas dependem.

Boyd chama a atenção para o fato de que Black vê essas características da metáfora como "indicativas de uma importante diferença entre os usos metafóricos da linguagem e aqueles que têm os atributos da explicitude característicos do uso científico".[248] No seu entender, esta visão pode conduzir à crença de que o emprego da linguagem metafórica num contexto científico limita sua função ao estágio pré-teórico do desenvolvimento de uma disciplina ou ao reino da heurística, da pedagogia ou da exegese, no caso das ciências mais estabelecidas.

Em oposição à perspectiva de Black, Boyd desenvolve toda uma argumentação para respaldar sua própria visão do papel da metáfora no desenvolvimento da teoria, afirmando que:

▼ existe uma classe importante de metáforas que desempenham um papel no desenvolvimento e articulação de teorias em ciências relativamente maduras;

▼ esta função é um tipo de *catacrese* — o que significa dizer que as metáforas são usadas para introduzir terminologia teórica onde nenhuma exista previamente;

---

[245] Ortony, 1979:1.
[246] Black, 1979.
[247] Ibid., p. 30.
[248] Boyd, 1979:357.

▼ o uso da metáfora é um entre muitos artifícios disponíveis à comunidade científica para realizar a tarefa de acomodação da linguagem à estrutura causal do mundo.

> Com isto, eu quero dizer que a tarefa de introduzir terminologia é modificar o uso de terminologia existente, de forma que categorias lingüísticas que descrevam as características causais e explicativas significativas do mundo estejam disponíveis. Falando *grosso modo*, esta é a tarefa de arranjar a nossa linguagem de forma que nossas categorias lingüísticas "promovam um corte epistemológico do mundo nas suas articulações" (...) O que quero argumentar aqui é que o emprego da metáfora serve como uma instância, não definitória, de estabelecer referência que é especialmente bem adequada à introdução de termos que dizem respeito a espécies cujas essências reais consistem mais de propriedades relacionais complexas do que de características de constituição interna.[249]

Nesse sentido, submeto aos leitores que a afirmação metafórica "o gerente é um equalizador" pode trazer valiosos *insights* à pesquisa da gerência no setor público, onde as relações entre gerente e estruturas requerem maior discernimento. A metáfora do "equalizador" permitirá diferentes formas de percepção daquelas relações e fará a introdução teórica de terminologia que previamente não existia.

Como foi visto anteriormente, o caráter sistêmico-contingencial da modelagem organizacional é central, sobretudo no que se refere à necessidade de obtenção de congruência na modelagem das variáveis organizacionais, tendo em vista resultados. Os elementos formais do modelo organizacional atuam, portanto, como uma estrutura de sinalizações, indutoras de comportamentos funcionais dos empregados, quando e se adequadamente modelados.

A sinalização "emitida" pelos componentes (variáveis organizacionais modeladas) é de cunho probabilístico, e não determinístico, em face da própria natureza da pessoa humana, das relações sociais e mesmo da ação da "organização informal".[250] Não obstante o ritmo e a intensidade das mudanças em nossos dias, o caráter artificial das organizações requer estruturas e mecanismos formais de gestão, ainda quando sujeitos a remodelagens em menores espaços de tempo. Estes "sinaliza-

---

[249] Boyd, 1979:358.
[250] Pfiffner e Sherwood, 1965.

dores" do comportamento podem ser comparados aos modernos ILS (*Instrument Landing System*) que orientam o pouso na aviação, em condições de visibilidade limitada. No caso, é simplesmente impensável a possibilidade de distorções no sinal que conduzam o piloto ao desastre. No reino das organizações, no entanto, são comuns as incompatibilidades no desenho de estruturas, políticas e mecanismos de gestão. Muitos dos sinais produzidos anulam-se mutuamente, em vez de se reforçarem de maneira devida. Nessas situações de modelos organizacionais impróprios, a gerência, ao invés de apoio à sua atuação, tem nesses mecanismos fontes de problema e obstaculização ao seu desempenho. As pessoas, por sua vez, sentem-se desnorteadas, com planos que indicam prioridades não observadas no orçamento, por mecanismos de consulta que não correspondem à urgência dos fatos, por recompensas que premiam a incompetência, por normas que obstaculizam a realização de metas programadas.

Do ponto de vista de uma orientação gerencial, é plausível considerarem-se os elementos estruturais de uma organização focal ou os de um sistema organizativo que a contenha, a administração pública, como um conjunto normativo de elementos orientadores da conduta dos agentes públicos. Deste imenso conjunto fazem parte elementos tais como: dispositivos constitucionais; planos e orçamentos; estatutos e regimentos, com suas expressões de estruturas organizacionais e atribuições; sistemas e planos de cargos, salários e benefícios; normas financeiras e contábeis; mecanismos de controle interno e externo; sistemas de comunicação e informação e assim por diante.

Presume-se que o ordenamento, ou modelagem organizacional, deste conjunto de dispositivos formais, que se constituem como uma estrutura de relações sociais em nível amplo embora circunscrito, seja satisfatoriamente funcional. Tal funcionalidade pode ser entendida como a capacidade de induzir, nos agentes do sistema, comportamentos contributivos para a realização dos fins determinados. Trata-se, portanto, numa visão simplificada, de um sistema de sinalizações codificadas, transmitidas por uma variedade de meios para receptores, que as decodificam, e nelas encontram orientações e restrições para suas ações. Sem que se entre no mérito exclusivo da qualidade dos processos de codificação (por exemplo, técnica de redação legislativa), transmissão (por exemplo, *Diário Oficial*) ou decodificação das mensagens (por exemplo, interpretações), seus conteúdos intencionados podem ser consoantes ou dissonantes entre si, no conjunto, para efeito da funcionalidade do sistema. Ao fim e ao cabo, tem-se um complexo conjunto de sinais cujo resultado pode ser claro ou distorcido para os receptores. Quando há distorções, faz-se necessária, nos sistemas eletrônicos, a equalização. Nos sistemas administrativos, como vimos, ocorre a improvisação, mostrada nos relatos dos gerentes entrevistados e nas análises dos mesmos.

Equalização é, portanto, um termo tomado emprestado da eletrônica, que significa a diminuição da distorção de um sinal por meio de circuitos que compensem as deformações, reforçando a intensidade de algumas freqüências e diminuindo a de outras. *Equalizadores*, os dispositivos que permitem a equalização, referem-se a vários tipos de redes elétricas corretivas que são introduzidas em determinados circuitos, a fim de ali se obter uma resposta global desejada. Utilizados em sistemas de comunicação, sistemas de gravação e reprodução de filmes, fitas magnéticas e gravação de discos, os equalizadores se apresentam em forma de redes elétricas que empregam combinações de resistência, capacitação, variação e distribuição de fluxos. Sua ação seria, de acordo com Sell,[251] no sentido de compensar, contrabalançar, equilibrar, igualar, estabilizar.

A importância da metáfora da equalização está em sua capacidade de refletir a lógica subjacente às improvisações dos gerentes, revelando o *substratum* das relações agentes-estruturas no contexto da ação transformadora. A metáfora reafirma a centralidade referencial das estruturas formais e dos elementos culturalmente estruturais da sociedade, ao qualificar a ação de improvisação, resgatando-a de um puro subjetivismo voluntarista de caráter fortuito e ocasional, que não faz justiça ao administrador público profissional. Este administrador, mais do que um "improvisador", é mais bem descrito e compreendido como um "equalizador", uma vez que a equalização é uma práxis do seu repertório de ação gerencial transformativa, formadora do que se ensaiou chamar, anteriormente, de estruturas de quarta ordem.

Os quadros a seguir resumem as ações gerenciais equalizadoras previamente analisadas nos contextos específicos das entrevistas.

---

[251] Sell, 1944.

Quadro 1
Estratégia de gestão 1: compartilhar quadros de referência

Entrevistado	Organização	Fatores situacionais	Fatores estruturais	Ação equalizadora	Realizações
Irapoan Cavalcanti (1) — Compartilhar quadros de referência	Comissão de Energia Nuclear Fundação Casa de Rui Barbosa Secretaria do Patrimônio Histórico e Artístico da União	Limitações de conhecimento, escopo e foco dos atores relevantes envolvidos em nível político-administrativo	Orçamento-programa Regime fundacional	Ampliação e compartilhamento de mapas cognitivos, mediante contato íntimo e discussões	Implementação de orçamento-programa como instrumento de gestão Implantação do regime fundacional na Casa de Rui Barbosa Criação da Fundação Pró-Memória
Ozires Silva (2) — Ampliar os mapas cognitivos	Embraer	Experiências pregressas de produção orientadas exclusivamente para a engenharia	Estruturas orientadas para a engenharia e as operações, como ITA, CTA e Ministério da Aeronáutica	Ampliação e compartilhamento de mapas cognitivos entre colaboradores originalmente limitados à dimensão tecnológica, para envolver marketing e gestão da produção	Estabelecimento de uma rota para o desenvolvimento da indústria aeronáutica no país, mediante marketing e gestão, concepção e implantação da Embraer

Continua

Entrevistado	Organização	Fatores situacionais	Fatores estruturais	Ação equalizadora	Realizações
Paulo Belotti (3)* — Realizar rodízio de cargos e funções	Presidência da República	Falta de empatia entre dirigentes	Interesses conflitantes entre empresas estatais	Rodízio de cargos para ampliação de referências e empatia	Solução de impasse crítico entre empresas estatais

* Paulo Belotti registra uma história pertinente ao estudo, embora referente ao presidente da República.

Quadro 2
Estratégia de gestão 2: explorar os limites da formalidade

Entrevistado	Organização	Fatores situacionais	Fatores estruturais	Ação equalizadora	Realizações
Irapoan Cavalcanti (4) — Explorar os limites da formalidade	Fundação Casa de Rui Barbosa Legião Brasileira de Assistência (LBA)	Insatisfação salarial e desmotivação	Limites salariais impostos por política de gestão pública	Aceleração das promoções no plano de cargos e salários	Maior adesão e motivação dos funcionários

Quadro 3
Estratégia de gestão 3: fazer o jogo da burocracia

Entrevistado	Organização	Fatores situacionais	Fatores estruturais	Ação equalizadora	Realizações
Irapoan Cavalcanti (5) — Tirar vantagem da padronização	Fundação Casa de Rui Barbosa	Recuperação e construção de prédio	Normas e procedimentos para aprovação de projeto e financiamento	Ajuste da dimensão das expectativas aos rigores dos procedimentos burocráticos, valorizando-a	Recuperação histórica de casa-museu e construção de prédio anexo, com destinação às atividades administrativas e de pesquisa
Irapoan Cavalcanti (6) — Utilizar o elemento surpresa das práticas inovadoras	Fundação Casa de Rui Barbosa	Momento de implantação e experimentação com nova fórmula institucional (fundação)	Dispositivos padronizadores da AP referentes a cargos e salários	Exploração da situação nova, antes que os previstos retrocessos ocorressem	Viabilização de quadro funcional especializado e categorizado para a pesquisa
Sérgio Rudge (7) — Varrer a burocracia para o lado	Hospital de Traumato-Ortopedia (HTO)	Desatualização de tabelas para pagamento de procedimentos médicos e conseqüente crise financeira da instituição	Processos burocráticos inacessíveis ao trato da exceção, como crises demandantes de rápidas respostas	Insistência na busca do contato face a face com as autoridades maiores, a fim de atrair sua atenção para o problema e solucioná-lo	Superação de crise financeira

Quadro 4
Estratégia de gestão 4: induzir o envolvimento dos outros

Entrevistado	Organização	Fatores situacionais	Fatores estruturais	Ação equalizadora	Realizações
Irapoan Cavalcanti (8) — Induzir o envolvimento dos outros e promover a integração participativa	Fundação Casa de Rui Barbosa Empresa de Correios e Telégrafos Legião Brasileira de Assistência (LBA)	Desconfiança e relutância em assumir responsabilidades	Mecanismos de controle de custos (*time sheet*), regionalização e *balance sheets*	Estabelecimento do autocontrole Foco nos objetivos, metas e elementos relacionais com proximidade e participação Omissão consciente das questões específicas das áreas	Gestão descentralizada com integração participativa focada
Paulo Vieira Belotti (9) — Compartilhar hierarquicamente decisões democratizadas	Petrobras	Capacidade de as pessoas obstruírem a implementação de decisões Domínio fragmentado de informações relevantes Indisposição à linguagem escrita para temas sensíveis	Hierarquia	Processo decisório participativo, independentemente de hierarquias, compatibilizado com comunicações hierárquicas	Implementação de políticas do setor petrolífero

Continua

Entrevistado	Organização	Fatores situacionais	Fatores estruturais	Ação equalizadora	Realizações
Sérgio Rudge (10) — Descentralizar e informatizar os serviços	Hospital de Traumato-Ortopedia (HTO)	Fragmentação e inacessibilidade a informações do cotidiano operacional	Inexistência de sistemas de controle; cultura chauvinista	Informatização originalmente oportunista Presença ativa nos locais de trabalho "Atuação" da informação informal para a sala da direção	Capacidade de gerenciar o crescimento significativo das operações do hospital

Quadro 5

Estratégia de gestão 5: promover a coesão interna

Entrevistado	Organização	Fatores situacionais	Fatores estruturais	Ação equalizadora	Realizações
Irapoan Cavalcanti (11) — Reiterar o marketing de objetivos	Legião Brasileira de Assistência (LBA)	Organização nacionalmente dispersa com múltiplas ações sociais	Estruturas e processos administrativos burocratizados e desagregados	Incansável insistência em discurso promotor de objetivos e programas para promover convergência de esforços	Implementação de programa orientado para a saúde materno-infantil

Continua

Entrevistado	Organização	Fatores situacionais	Fatores estruturais	Ação equalizadora	Realizações
Irapoan Cavalcanti (12) — Encorajar o associativismo	Legião Brasileira de Assistência (LBA)	Dificuldades de comunicação com grande massa de funcionários, com interesses difusos e coletivos desarticulados Implementação de programas dependente de algum grau significativo de comprometimento do corpo funcional	Plano de cargos e salários sujeito a restrições	Estimulação do associativismo como instrumento coletivo de gestão	Alinhamento de resultados organizacionais com os interesses dos funcionários
Irapoan Cavalcanti (13) — Garantir direitos e estabelecer deveres/metas	Legião Brasileira de Assistência (LBA)	Baixa auto-estima e coesão do funcionalismo Antecedentes de desrespeito aos direitos do funcionário Antecedentes de fragilidade do planejamento e programação	Assimetria normativa na especificação de direitos (detalhados) e deveres (genéricos) do funcionário Cultura burocrática ocupando "espaços" deixados abertos	Exigência na produção de informações referentes a resultados Explicitação de objetivos, programas e metas Recompensa pelo alcance de resultados Respeito aos direitos adquiridos	Comprometimento dos funcionários com objetivos e metas programáticos Implementação de importante programa de saúde materno-infantil

Continua

Entrevistado	Organização	Fatores situacionais	Fatores estruturais	Ação equalizadora	Realizações
Irapoan Cavalcanti (14) — Reconhecer esforços individuais	Legião Brasileira de Assistência (LBA)	Variedade de meios específicos requeridos por operações levadas a efeito em distintas regiões de um país continental	Padronização burocrática	Empatia do dirigente ao conhecer, compreender e atender necessidades específicas, mediante contato pessoal direto com diferentes pessoas e realidades	Interiorização profunda de programas sociais Efeitos de reconhecimento, auto-estima e motivação de profissionais que se sentem recompensados com o acesso aos meios para desempenhar suas tarefas
Paulo Vieira Belotti (15) — Esvaziar o papel dos assessores cortesãos	Ministério de Minas e Energia	Conflitos potenciais entre assessorias ministeriais e dirigentes de órgãos e empresas da administração indireta, atuantes em importantes setores da economia, caracterizados pela ação estatal	Configurações institucionais das administrações direta e indireta operando em ambiência política de regime autoritário	Esvaziamento ministerial das assessorias, privilegiando as visões setorialmente diferenciadas em suas origens (órgãos e empresas)	Implementação de políticas públicas (siderurgia, petróleo, eletricidade, nuclear etc.)

Continua

Entrevistado	Organização	Fatores situacionais	Fatores estruturais	Ação equalizadora	Realizações
Paulo Vieira Belotti (16) — Sintonizar propostas e ações às macropolíticas	Ministério da Indústria e Comércio Ministério de Minas e Energia	Implementação de macropolítica de desenvolvimento industrial em contexto de regime autoritário	Desequilíbrios regionais de ordem econômico-social	Sintonização da aplicação de critérios técnicos de avaliação com preferências de escolha política	Expansão de investimentos produtivos para fora do eixo São Paulo-Rio de Janeiro
Paulo Vieira Belotti (17) — Reconhecer talentos locais	Petrobras	Ocupação de cargo diretivo na Petrobras	Plano de cargos e salários	Estabelecimento de conselho para lidar com exceções	Correção de distorções, inflexibilidades e insensibilidades da aplicação mecânica de instrumento burocrático
Sérgio Rudge (18) — Recompensar através da excelência	Hospital de Traumato-Ortopedia (HTO)	Equipes médicas e paramédicas desmotivadas por baixos salários e inexistência de desafios quantitativos e qualitativos de desempenho	Restrições do plano de cargos e salários	Estabelecimento de parceria para treinamento e desenvolvimento com empresas multinacionais fabricantes e fornecedoras de equipamentos	Uso do treinamento e desenvolvimento como elemento de recompensa e conseqüente aumento significativo do comprometimento com resultados e número de cirurgias efetivadas no hospital

Continua

Entrevistado	Organização	Fatores situacionais	Fatores estruturais	Ação equalizadora	Realizações
Ozires Silva (19) — Apelar para o conceito de interesse público	Ministério da Infra-Estrutura	Interconexão ferroviária entre duas importantes malhas ferroviárias pertencentes a duas empresas estatais — uma, exportadora de minério de ferro; outra, transportadora ferroviária	Empresa estatal de economia mista e empresa pública	Exercício da liderança através de forte apelo ao conceito de interesse público, como de ordem superior aos interesses específicos de ambas as empresas	Complementação da interconexão das malhas ferroviárias

Quadro 6
Estratégia de gestão 6: criar escudos contra as transgressões

Entrevistado	Organização	Fatores situacionais	Fatores estruturais	Ação equalizadora	Realizações
Irapoan Cavalcanti (20) — Projetar uma imagem de correção e eficiência	Legião Brasileira de Assistência (LBA)	Antecedentes de resultados organizacionais insatisfatórios e frouxidão de critérios	Clientelismo, corporativismo, patrimonialismo, práticas corruptas	Construção e projeção de imagem lastreada em resultados e conduta ética	Obtenção de apoios das demais agências governamentais e inibição da aproximação dos

Continua

Entrevistado	Organização	Fatores situacionais	Fatores estruturais	Ação equalizadora	Realizações
		técnicos e condutas administrativas, que geravam atitudes de desapoio à organização, por um lado, e expectativas de vantagens indevidas, por outro			detentores de interesses transgressores
Irapoan Cavalcanti (21) — Garantir critérios técnicos na compra de bens e serviços	Legião Brasileira de Assistência (LBA)	Antecedentes de resultados organizacionais insatisfatórios e frouxidão de critérios técnicos e condutas administrativas, que geravam atitudes de desapoio à organização, por um lado, e expectativas de vantagens indevidas, por outro	Clientelismo, corporativismo, patrimonialismo, práticas corruptas	Recepção de fornecedores como associação Valorização e aplicação de critérios técnicos Rejeição de qualquer gesto de simpatia, por menor que fosse Exploração consciente do efeito simbólico das atitudes e comportamentos, como sinalização exemplar Punição de atos ilícitos comprovados	Afastamento natural de proponentes transgressores, redução de atos ilícitos, extinção de "escândalos" associados à organização e elevação da autoestima organizacional e do reconhecimento público

Continua

Entrevistado	Organização	Fatores situacionais	Fatores estruturais	Ação equalizadora	Realizações
Irapoan Cavalcanti (22) — Neutralizar pressões políticas e ideológicas	Legião Brasileira de Assistência (LBA)	Compatibilização entre honestidade/eficiência com representatividade política em nível estadual, para cargos diretivos cujos ocupantes são indicados por lideranças políticas	Superintendências estaduais, clientelismo, patrimonialismo, práticas corruptas	Fechamento de questão nos acordos políticos em relação à questão da honorabilidade de indicados Insistência na questão da eficiência durante a negociação dos acordos Uso de mecanismos suplementares de controle quando necessário: indicando um adjunto técnico Contato telefônico permanente Revisão centralizada constante de procedimentos comunicados por canal único	Aumento na capacidade de geração e implementação de bons projetos sociais nacionais e estaduais Convivência política democrática tecnicamente respaldada

Continua

Entrevistado	Organização	Fatores situacionais	Fatores estruturais	Ação equalizadora	Realizações
				Persuasão da necessidade de atendimento de projetos gerados por outros grupos políticos estaduais	
				Criação de mecanismos paralelos para atendimento sistematicamente negado em nível local	
Irapoan Cavalcanti (23) — Obstruir o nepotismo através de mecanismos institucionais	Fundação Casa de Rui Barbosa	Pedidos de emprego, formulados por pessoas influentes, para outrem	Nepotismo, clientelismo, patrimonialismo	Uso de dispositivos de admissão previstos em plano de cargos e salários	Construção e manutenção de quadro técnico-administrativo de nível compatível com a missão organizacional
				Exigência de qualificação técnica ou uso do "arabesco lateral" em situações extremas inevitáveis	Preservação da auto-estima profissional e organizacional dos quadros

Continua

Entrevistado	Organização	Fatores situacionais	Fatores estruturais	Ação equalizadora	Realizações
Paulo Vieira Belotti (24) — Utilizar crédito acumulado	Petrobras	Designação política para cargo diretivo e complexidade dos negócios empresariais em setores estratégicos de produção	Corporativismo (tomado o sentido positivo de uma organização altamente profissionalizada) consciente de sua contribuição institucional para o desenvolvimento do país	Uso da combinação: reputação de compromisso com o desenvolvimento nacional; reputação técnico-gerencial alcançada; apoio político da presidência; e rede de conhecimentos nas esferas políticas, técnicas e gerenciais	Aceitação pelo quadro funcional de empresa profissionalizada em contínuo crescimento e intolerante à absorção de quadros externos incompatíveis com padrões de excelência técnico-gerencial
Paulo Vieira (25) — Transformar crédito em reputação	Petrobras	Necessidade de incremento significativo da produção petrolífera com repercussões na balança de pagamentos do país	Clientelismo, Banco do Brasil (estatal), Banco Central, controle ministerial e da Sest sobre tarifas, preços de combustíveis, salários da empresa, empréstimos contratados no exterior	Uso da credibilidade moral/técnica/gerencial adquirida Uso do conhecimento e apoio das autoridades políticas, fundamentado na credibilidade construída, para transmitir a projetos institucionais status de "exceção" das normas e idiossincrasias burocráticas	Obtenção de apoio institucional para aprovação e viabilização de grandes projetos

Continua

Entrevistado	Organização	Fatores situacionais	Fatores estruturais	Ação equalizadora	Realizações
Paulo Vieira Belotti (26) — Evitar o favoritismo	Petrobras Petroquisa	Solicitação de cargos diretivos no sistema Petrobras e subsidiárias	Clientelismo, patrimonialismo, nepotismo	Condicionamento do atendimento da solicitação à escolha própria ou esvaziamento de poderes estatutários e regimentais em casos extremos inevitáveis, lastreados no apoio político e credibilidade pessoal	Proteção da competência e profissionalismo de quadros diretivos
Paulo Vieira Belotti (27) — Ousar transgredir para realizar	Petrobras	Escolha de empreiteiros para implantação de projetos complexos	Normas e restrições legais concernentes a processos licitatórios	Decisão transparente junto ao agregado de concorrentes, sobrepondo critérios da empresa aos critérios e procedimentos da legislação	Viabilização e implantação de projetos em menor tempo e mais baixo custo. Impedimento de "acordos" transgressores entre empreiteiros

Quadro 7
Estratégia de gestão 7: superar restrições internas

Entrevistado	Organização	Fatores situacionais	Fatores estruturais	Ação equalizadora	Realizações
Irapoan Cavalcanti (28) — Superar restrições internas	Legião Brasileira de Assistência (LBA)	Desafios da descentralização, variedade de programas e urgência das necessidades da população	Limitações organizacionais e burocráticas de recursos humanos e financeiros, iniciativa etc.	Transferência da operação de programas para a sociedade civil, através de múltiplas organizações sociais	Aumento significativo da capacidade de implantação de programas sociais
Sérgio Rudge (29) — Construir a base de apoio político suprapartidário	Hospital de Traumato-Ortopedia (HTO)	Restrições financeiras e necessidades variadas	Clientelismo	Troca de facilidades de internação por apoio (lobby) na obtenção de recursos	Significativos avanços na capacidade operacional do hospital
Sérgio Rudge (30) — Relatar resultados	Hospital de Traumato-Ortopedia (HTO)	Descrédito de hospitais públicos. Atenção da mídia com viés para negatividades	Instabilidades financeiras do Sistema Único de Saúde	Divulgação ampla de feitos inusitados e promoção de megaeventos, visando apoio da opinião pública e de decisores políticos	Reconhecimento do hospital como centro de referência nacional em traumato-ortopedia e respeitabilidade internacional na área

Quadro 8
Estratégia de gestão 8: deixar as estruturas "florescerem"

Entrevistado	Organização	Fatores situacionais	Fatores estruturais	Ação equalizadora	Realizações
Irapoan Cavalcanti (31) — Deixar as estruturas "florescerem"	Fundação Pró-Memória	Criação e implantação de uma nova organização para a execução de política cultural inovadora, baseada em conceito mais amplo de cultura, contrastante com os esforços tradicionalmente orientados para a preservação do patrimônio de "pedra e cal"	Herança do pessoal de três diferentes organizações: Instituto do Patrimônio Histórico, Centro Nacional de Referência Cultural e Programa das Cidades Históricas	Administração por projetos; respeito aos "grupos amorosos". Ênfase nos objetivos e na modernização de processos	Avanço na adoção de um conceito mais amplo de política cultural e a experimentação de projetos e atividades para sua implementação

Da modelagem (design) ao modelando (designing) e do improvisando (improvising) para o equalizando (equalizing)

Como se viu nos capítulos anteriores, a teoria das organizações, de fundamentação basicamente objetivista e funcionalista, exerceu total hegemonia no transcurso dos primeiros três quartos do século XX. Na prática das estruturações e reestruturações de organizações e sistemas organizacionais, a modelagem, nela incluídas as reformas administrativas no setor público, alimentou a crença na capacidade de as estruturas e mecanismos estruturais, formalmente e racionalmente estabelecidos, probabilisticamente induzirem os indivíduos a adotarem comportamentos funcionais em suas escolhas. Não obstante a consciência crescente do peso relativo do fator humano nas organizações, e a conseqüente coexistência das estruturas formais com a chamada "organização informal", a crença e a expectativa no quase determinismo das estruturas alimentaram tanto os modeladores clássicos e neoclássicos como os adeptos do contingencialismo sistêmico na busca de formatações racionais que tornassem as organizações mais eficazes. As idéias de "organização" como objeto e como função administrativa encontraram na modelagem, numa perspectiva mais estática, a expressão das intervenções modificadoras, que estabeleciam uma ponte entre as teorias das organizações prevalentes e a prática das reestruturações e reformas administrativas.

No plano gerencial, a predefinição das funções do executivo, hierárquicas e formais, e a identificação do papel, enquanto conjunto de expectativas de atores variados, definiu o chefe como tal ou na qualidade de líder, enfatizando definições de perfis de gerentes (atributos pessoais) e estilos gerenciais, numa perspectiva comportamentalista (comportamento exteriorizado, passível de observação e constatação empírica).

À visão mais estática da "organização" correspondeu a perspectiva da modelagem, como intervenção racional orientada para a engenharia de estruturas e processos administrativos em momentos bem definidos no tempo.[252] A expectativa era de que tais estruturas, racional-

---

[252] Galbraith admite, em prefácio, sua própria reticência em relação a seu modelo no que diz respeito à aplicação no setor público: "Eu tentei reduzir o viés de setor industrial privado que caracterizou meu primeiro livro. Não fui completamente bem-sucedido. Os leitores interessados no setor público precisam ainda fazer traduções para sua realidade" (Galbraith, 1977:XI).

mente constituídas e reconstituídas, tivessem vida longa e, mesmo na ótica do setor público, em países em desenvolvimento como o Brasil, pudessem aos poucos impor sua racionalidade burocrática em contraponto às disfunções estruturais do entorno sociopolítico.

A adesão ao modelo burocrático pela administração pública brasileira, adotada nos anos 1930, viabilizou o processo de industrialização e urbanização do país, ao fortalecer o próprio Estado no desempenho de suas variadas funções. Isto ocorreu a despeito das patologias inerentes ao próprio modelo e dos descompassos, assimetrias e disfunções na sua consolidação, para não mencionar os níveis variados de competência política e administrativa de governantes e administradores.

Os crescentes ritmo e intensidade das mudanças sociais, culturais, tecnológicas e de mercado aceleraram significativamente no mundo, em geral, os esforços de adaptação das organizações a tais transformações. Isto revela o caráter sempre precário das estruturas em termos de produção, comercialização e distribuição de produtos, prestação de serviços e mesmo daquelas projetadas para o exercício das funções governamentais.

Em resposta às circunstâncias, a noção hegemônica, mais estática, de "organização" ganhou nova leitura, como fenômeno em curso relativamente constante de transformação. Tendem a convergir as noções do objeto de estudo (organização como entidade) e a função administrativa (organização como a função gerencial de organizar). O império da mudança inexorável, intensa e contínua, levou os pensadores mais objetivistas a substituir a idéia de modelagem (*design*) pela de modelando (*designing*), mais descritiva das aceleradamente recursivas ações de reestruturação.[253] Os mais subjetivistas negaram ao próprio objeto "organização" o *status* de ente concreto, e entendem o fenômeno em seu fluxo absolutamente contínuo de transformação (em contraste com algo recorrente, a despeito da velocidade de recursividade). Para eles,[254] não existe algo que se possa chamar de "organização"; existe, sim, um fluxo contínuo de um vir-a-ser constante, determinado intersubjetivamente e continuamente pela ação social, e que só "é" enquanto tal: um vir-a-ser em infinito processo de redefinição. O ente em questão só encontraria verbalização descritiva adequada no verbo *organizing*,

---

[253] Por exemplo, Galbraith (2002).
[254] Por exemplo, Weick (1995).

que expressa o exercício da "improvisação" cotidiana e contínua dos agentes na ação administrativa. Isto é distinto do pretensioso racionalismo que ainda estaria contido na noção de *designing*, enquanto comportamento gerencial mais intensamente recursivo, gerador de intervenções na realidade através de mudanças nas estruturas e demais mecanismos estruturais.

O desafio de penetrar e compreender as lógicas da ação e da transformação, e como delas participam administradores responsáveis, induz o pesquisador intuitivo a não subestimar tanto a relevância das estruturas formais, como a natureza criativa do indivíduo, dotado do livre-arbítrio e da vontade de ser o mestre controlador das situações.

A superação das dicotomias estrutura-indivíduo, objetivo-subjetivo, tem encontrado solo fértil, como se viu, em teorias da ação.[255] Para Giddens,[256] como também visto, a natureza estruturante da própria ação, pautada em larga medida na monitoração reflexiva contínua da atividade e de aspectos físicos e sociais do contexto, provê os elementos-chave de sua "teoria da estruturação".

Nesta direção, cabe, portanto, ao estudioso do setor público e de suas organizações considerar de forma dinâmica e interativa:

▼ os elementos estruturais da sociedade, em suas manifestações reprodutivas;

▼ as estruturas e os mecanismos estruturais da administração pública;

▼ os indivíduos engajados na ação social transformadora.

Sólidos argumentos constatam a persistência do modelo burocrático na sociedade e indicam sua condição de promotor da racionalidade, quando não avaliado por critérios reducionistas que se atêm à mera eficiência,[257] ou sob a ótica simplista de um gerencialismo descontextualizado constitucionalmente.[258] Este posicionamento é ainda mais defensável, quando se trata da máquina administrativa do Estado em relação à empresa privada.

---

[255] Por exemplo, Weber (1967); Silverman (1971); Ranson et al. (1980).
[256] Giddens, 1993.
[257] Goodsell (1983); Gajduschek (2003).
[258] Rohr, 2002.

Sólidos, também, são os argumentos em prol da inexorabilidade da mudança, transformação ou flexibilização do modelo, em face das rápidas e intensas dinâmicas ambientais. Neste sentido, a modelagem organizacional deveria ser capaz de gerar estratégia sintonizada com a dinâmica do ambiente e promover as "diferenciações" necessárias no trato das variáveis organizacionais em relação ao todo e às partes da organização, em alinhamento com a estratégia, bem como gerar a necessária "integração" sistêmica, sob a égide do critério da "congruência" do modelo.

Igualmente sólidos são os argumentos que privilegiam a ação social transformadora: uma ação que é reflexiva em sua natureza; que recodifica continuamente a compreensão da realidade a partir das experiências coletiva e individualmente vivenciadas, de forma direta ou indireta (memória histórica, situações arquetípicas); que interpreta realidades intersubjetivamente, assim como as cria e recria continuamente, num esforço cotidiano de construção social de novas realidades.

No seu cotidiano, o gestor público depara-se com uma realidade que se lhe apresenta como possibilidades, oportunidades, restrições e limitações. Isto tanto pode ser gerado como expressão dos padrões estruturais que são reproduzidos na sociedade (por exemplo, clientelismo, nepotismo, corporativismo, autoritarismo); ou como uma conseqüência da predominância das organizações burocráticas em diversas esferas sociais, sobretudo na governamental, onde a hierarquia e a base normativa substituem a prevalência da mera competição; ou, ainda, pela relativa inviabilidade, relacionada aos fatores anteriores, da promoção da "congruência" sistêmica contingencial da modelagem organizacional.

Certamente, no espaço e no tempo, o administrador público responsável contribui, de alguma forma, para o redesenho objetivo das estruturas sociais e administrativas que o cercam, procurando aperfeiçoá-las. Indubitavelmente, também, ele improvisa enquanto interage no seu microuniverso de trabalho. Sua improvisação, no entanto, não é descontextualizada, errática, caótica, eventual ou irresponsável.

O administrador público que conduz sua organização a resultados notáveis é um consciente e sistemático mediador entre as estruturas e as pessoas no trabalho. Privilegiado pela autoridade, ele se "apresenta",[259] cotidianamente, compartilhando e inspirando interpretações da realidade. Consciente das incongruências estruturais, da impossibilida-

---

[259] Arendt, 2003.

de de simplesmente ignorá-las e das suas limitações para transformá-las no curto prazo, ele compensa os sinais distorcidos emitidos por estas estruturas sistêmicas impróprias, através da ação equalizadora. Toma, pois, em conta as estruturas, como um referencial vivo e relevante na configuração de realidades, e entende a congruência sistêmica como um elemento inexistente, porém necessário, para a promoção de resultados. Mas promove, ativamente, níveis mais elevados de congruência sistêmica, para efetivar realizações, através da ação social cotidiana, construtora e reconstrutora de novas "estruturas" latentes. Tais estruturas corrigem as estruturas formais ao compensar os sinais distorcidos emitidos por aquelas, que são indutoras de valores, atitudes e comportamentos disfuncionais. As continuamente renovadas estruturas latentes, sustentadas em larga medida pelo discurso dos indivíduos e, sobretudo, pelo discurso do dirigente, ganham vida na intersubjetividade de suas compartilhadas interpretações cotidianas.

Assim, a despeito das incoerências sistêmicas sociais e organizacionais, mais facilmente observáveis empiricamente, os resultados, teoricamente dependentes da congruência da modelagem organizacional, são efetivamente alcançados pela práxis equalizadora, no fluxo cotidiano das relações sociais.

Isto sugere que bons resultados organizacionais, quando alcançados no setor público, não são fruto de uma modelagem formal coerente, pois em momento algum ela é obtida, por melhor que possam ser as grandes reformas administrativas. Ainda assim, como foi observado anteriormente, tais reformas promovem avanços sempre sujeitos a retrocessos. Neste sentido, um aumento da velocidade de ajustes estruturais, que observasse a sintonia da modelagem com as sucessivas e intensas mudanças ambientais, faz da idéia do *designing* algo implausível no setor público.

Por outro lado, a prevalência do modelo burocrático, constitucionalmente contextualizado em Estados democráticos, ou mesmo sob regimes autoritários mais modernos, não permite entender, explicar, ou muito menos prescrever, a ação do gestor público e demais funcionários como "improvisação", de natureza voluntarista ou simplesmente ignorante ou insensível aos elementos estruturais. Entre as definições mais triviais, o verbete improvisar, no *Dicionário Aurélio*,[260] contém uma cuja conotação nos é de especial preocupação: "Adotar de má-fé, ou por

---

[260] Ferreira, 1993.

necessidade, uma profissão, uma qualidade etc." Contrariamente a este sentido, ainda quando "improvisa", o gestor público responsável está longe de ser um "improvisador" ou de estar "improvisando" numa atividade que não é a sua, seja ele um engenheiro, médico, educador, militar, economista ou administrador profissional. Seu repertório profissional ganha, quando envolvido com a gestão do aparelho de Estado, o espaço público da aparência, que transmuta a mera atividade em "ação", com grande sentido social e histórico. Esta é, evidentemente, uma possibilidade concreta, que depende em larga medida do indivíduo e da sua forma de querer estar no mundo republicano. Um mundo que requer a predisposição à ocupação do espaço público e a aparência consciente dos cidadãos na lida social, não obstante o encolhimento burocrático e omisso de tantos gestores públicos, ou a adesão a um conceito equivocado de aparência, como fama artificialmente obtida, fabricada na mídia.

O gestor público profissional comprometido com resultados, ao lidar com as estruturas e demais mecanismos estruturais, o faz no exercício de sua "consciência prática", capturada nas entrevistas e suas análises apresentadas no capítulo anterior, e sintetizada no termo *equalizing*, que ainda não faz parte de sua "consciência discursiva".

Quando, sistematicamente, confrontados com limitações de conhecimento, escopo e foco de atores relevantes envolvidos, por força de mecanismos de recrutamento, seleção, indicação ou mesmo formação, treinamento e experiências anteriores, administradores como Ozires Silva e Irapoan Cavalcanti "compensaram" disfunções mediante consciente e sistemática ação equalizadora: intercambiando quadros de referência e expandindo mapas cognitivos capazes de promover os resultados almejados.

Quando os procedimentos burocráticos das rotinas de comunicação e os escalões de comando intermediários serviam para amortecer o significado e intensidade de crises financeiras que afetavam a própria existência da organização, Sérgio Rudge contornava estruturas e, pessoalmente, com contundência, colocava a crise na mesa de quem com ela devia lidar, encontrando solução, ainda que temporária. Assim, compensava distorções, provocadas por estruturas e procedimentos cujos desenhos não davam conta de situações particulares de extrema gravidade.

Ciente do poder de técnicos e burocratas na obstrução da implementação de políticas e projetos não adequadamente assimilados, Paulo Vieira Belotti alargava, sistematicamente, o fórum de discussão e participação, independentemente de simetrias hierárquicas ou do eventual contexto autoritário de um dos governos a que serviu com brilhantismo. Assim equalizava, também, o notório corporativismo presente nas empresas estatais.

Os quadros anteriores apresentaram 32 exemplos que ilustram o fenômeno gerencial imerso na ação social transformadora, cuja lógica subjacente pode ser considerada equalizadora.

Pode parecer pretensioso aos formuladores das grandes teorias e historiadores dos grandes feitos humanos, merecedores de densos compêndios e notáveis biografias ou mesmo autobiografias, o estabelecimento de uma relação entre ação gerencial no setor público e o que se entende, a despeito de variações teóricas, nos sentidos político, sociológico e histórico, como "ação". No último caso, ressaltam como focos monarcas, grandes políticos, estadistas, bravos generais, elites econômicas, classes sociais.

Aqui, trata-se de focalizar abelhas-mestras de colmeias que compõem o apiário do Estado. Pessoas que, como agentes, negociam competentemente a gradual e progressiva transformação da máquina do Estado, com todas as implicações que isso tem para a sociedade em que estão inseridos.

Neste sentido, Norma Riccucci está correta em seu *Unsung heroes*, ao classificar seus *execucrats* como heróis.[261] Contudo, uma compreensão mais aprofundada da práxis desses *execucrats* faz-se necessária aqui, isto é, um entendimento que vá um pouco além de rótulos comportamentalistas que envolvam atributos e habilidades pessoais, ou mesmo estratégias de caráter instrumental, captando, assim, a essência da imersão dos executivos no processo da ação. Desta outra forma, valoriza-se o entendimento da pluralidade humana que caracteriza e condiciona a "ação", a singularidade do gestor entre as demais singularidades e seu ato libertário maior, que é a decisão de engajamento comprometido no processo da ação, independentemente de intenções, motivos, objetivos e conseqüências. Como Arendt observa: "A conotação de coragem, que hoje reputamos qualidade indispensável a um herói, já está, de fato, presente na mera disposição de agir e falar, de inserir-se no mundo e começar uma história própria".[262]

---

[261] Riccucci, 1995.
[262] Arendt, 2003:199.

Ao identificar a própria vida como valor maior, fazendo coincidir sua leitura secular com a cristã, Arendt aponta o nascimento, a renovação das novas gerações, como o fundamento da esperança na humanidade. Cada um, a despeito das estruturas e teias de relações preexistentes, traz em si a vocação da liberdade, para inserir-se em processos de conseqüências imprevisíveis e conclusão indeterminada, ou até mesmo iniciá-los. De toda forma, a simples inclusão de mais um indivíduo no processo significa um novo "começar".

Da dinâmica sucessiva das atuações e reações, desdobram-se novos processos. E é mister entender que, como Arendt observa:

> Os limites e fronteiras que existem na esfera dos negócios humanos jamais chegam a constituir estrutura capaz de resistir com segurança ao impacto de cada nova geração que vem ao mundo. A fragilidade das leis e instituições humanas e, de forma geral, de todo assunto relativo à coexistência dos homens decorre da condição humana da natalidade, e independe inteiramente da fragilidade da natureza humana.[263]

Pelas mesmas razões, caem os mitos do "homem forte" isolado dos outros, do governante iniciador e construtor de leis e estruturas, e do governado executor, bem como de todas as dicotomias correlatas: política-administração, governar-gerenciar, planejar-executar, poder-saber, saber-fazer, ensinar-fazer. Todas constituem-se de:

> mera superstição baseada na ilusão de que podemos "fazer" algo na esfera dos negócios humanos — "fazer" instituições ou leis, por exemplo, como fazemos mesas e cadeiras, ou fazer o homem "melhor" ou "pior" (...) A força de que o indivíduo necessita para qualquer processo de produção, seja intelectual ou puramente física, torna-se inteiramente inútil quando se trata de agir. A história está repleta de exemplos da impotência do homem forte e superior que é incapaz de angariar o auxílio ou a cooperação de seus semelhantes — fracasso que é freqüentemente atribuído à fatal inferioridade da multidão e ao ressentimento que os homens eminentes inspiram aos medíocres.[264]

---

[263] Arendt, 2003:203-204.
[264] Ibid., p. 201.

A potência do homem, seu poder,[265] enquanto argamassa fundamental para apresentar-se, inserir-se, relacionar-se e iniciar processos na "teia de relações" que caracteriza a ação na esfera dos negócios humanos, tem outra lógica que não a da força física, da superioridade intelectual ou da sagacidade. Arendt descreve o poder, vigorosamente, como algo que não pode ser armazenado ou mantido em reserva, como os instrumentos de violência, e que só existe em sua efetivação cotidiana, pois que é sempre um potencial independente de fatores materiais, à exceção única da convivência próxima entre os homens, que faz sempre presente a potencialidade da ação. Quando não efetivado, o poder perde-se, sendo algo que se efetiva:

> enquanto a palavra e o ato não se divorciam, quando as palavras não são vazias e os atos não são brutais, quando as palavras não são empregadas para velar intenções, mas para revelar realidades, e os atos não são usados para violar e destruir, mas para, criar relações e novas realidades.[266]

Como visto nos relatos dos administradores públicos entrevistados, é muito significativo apontar, não apenas a sua negação vivenciada das dicotomias antes mencionadas, mas também sua clara noção de poder na esfera dos negócios humanos, independentemente do segmento, espaço e tempo do engajamento na ação.

Esta ação relacionou-se a processos no setor público que foram desde o desenvolvimento de uma indústria aeronáutica no Brasil, digna do nome sob critérios internacionais, até a introdução pioneira de transplantes ósseos no país, passando pela institucionalização de orçamen-

---

[265] Em sua vigorosa análise crítica da sociedade moderna, Hannah Arendt observa que o mundo do trabalho reduziu o espaço de aparência pública e, conseqüentemente, comprometeu o indivíduo na formação e expressão de sua identidade e dignidade, na pluralidade humana, condição básica da ação e do discurso. A hegemônica lógica instrumental da produção econômica inibiu a apresentação do cidadão, com o trabalho repetitivo e alienado e sob a autoridade disposta pelo sistema produtivo, modelado em um universo político esvaziado e empobrecido. Conseqüentemente, reduziu as possibilidades do exercício do verdadeiro poder, condição necessária à efetivação da ação, que "não nos é imposta pela necessidade, como o labor, nem se rege pela utilidade, como o trabalho" (Arendt, 2003:189).
[266] Arendt, 2003:212.

tos-programas e de fundações públicas e pelo desenvolvimento industrial de base, regionalmente orientado.

Sob a ótica profunda do poder, ressalta claramente das entrevistas a ação agregadora de todos os entrevistados. A consciência de dependerem "do acordo frágil e temporário de muitas vontades e intenções" de que nos fala Arendt, sem o que a "onipotência seria uma possibilidade humana concreta".[267]

Das oito estratégias de gestão categorizadas neste estudo, três dizem respeito, diretamente, a esta noção de poder: compartilhar quadros de referência, induzir o envolvimento dos outros e promover a coesão interna. As três juntas somam 15 das 31 ações equalizadoras catalogadas. Assim, esta concepção de poder sugere, alternativamente, a convergência das três categorias em questão em apenas uma, o que reduziria o total de oito categorias para apenas cinco. Mais importante, porém, é ver ratificadas, uma vez mais, as verdadeiras bases do poder, bem como seu papel articulador de tudo o mais quando se trata da ação, na esfera dos negócios humanos. Como Arendt afirma: "O que mantém unidas as pessoas depois que passa o momento fugaz da ação (aquilo que hoje chamamos de 'organização') e o que elas, por sua vez, mantêm vivo ao permanecerem unidas é o poder".[268]

É esta nutrição cotidiana do poder, capacitadora das ações coletivas, de construção e reconstrução contínuas, e não espasmodicamente sucessivas, de realidades, que dá sentido ao conceito de *organizing*, cunhado por Weick,[269] que foi ricamente ilustrado pelas experiências dos gestores públicos entrevistados. Vivências que podem ser encaradas como dedicadas ao exercício do poder que depende da condição humana da pluralidade. Nesse sentido, suas estratégias de compartilhar quadros de referência, induzir o envolvimento dos outros e promover a coesão interna revelam o verdadeiro exercício do poder. Como Arendt constata, "é possível dividir o poder sem reduzi-lo; e a interação de poderes, com seus controles e equilíbrios, pode, inclusive, gerar mais poder, pelo menos enquanto a interação seja dinâmica e não resultado de um impasse".[270]

---

[267] Arendt, 2003:213.
[268] Ibid.
[269] Weick, 1979.
[270] Arendt, 2003:213-214.

Cabe explorar, ainda, outra questão, referente à inserção do gestor público na ação. Seu caráter é, em muitos sentidos, conservador, embora potencialmente transformador, em termos incrementais e nos limites da manutenção da ordem, da estabilidade e do equilíbrio sistêmico. Certamente, as organizações são sistemas, tão abertos na dinâmica de suas interações externas e internas, sempre sujeitas a incertezas, a ponto de requererem conceptualizações que apelam a gerúndios (*desining, organizing, improvising, equalizing*). Não obstante este fato, é atávica ao mais moderno e ousado administrador a utopia do gerenciamento de um sistema fechado, em que senão todas, mas tantas variáveis quanto possíveis estivessem sob controle, para a promoção satisfatória dos resultados sistêmicos. Neste sentido, ao equalizar disfunções estruturais de origem social, institucional ou administrativa, o administrador, como tal, está atuando nos limites de suas possibilidades, e explorando os possíveis graus de liberdade de sua cidadania, enquanto agente do Estado. Não sem grandes riscos, embora nada fazendo de revolucionário. Em contraste, os arremedos de administradores, tementes a qualquer espécie de risco, a começar pela sua mera aparência na ação, tentam impingir, burocraticamente, normas, estruturas e procedimentos à realidade dos fatos, ou, inversamente, manipulam informações sobre realidades, no sentido de ajustá-las às formalidades, para que delas possam dar conta a si próprios e ao chefe.

Finalmente, cabe uma última especulação, ainda seguindo Arendt. De certa forma, o administrador, como os demais envolvidos em um processo por ele iniciado ou capitaneado, que jamais termina inequivocamente num único ato ou evento, não sabe exatamente o que está fazendo; o verdadeiro significado do processo em que se está inserido "jamais se revela ao ator, mas somente à visão retrospectiva do historiador, que não participa da ação".[271] Em geral, com o temor de se ver enredado em processos infinitos e teias complexas e envolventes de relações, sob o véu do anonimato e sujeito às vicissitudes da irreversibilidade de seus atos e à incerteza das conseqüências dos mesmos, o homem vê menos liberdade justamente no gozo daquelas capacidades "cuja essência é precisamente a liberdade, e naquela esfera que deve sua existência única e exclusivamente ao homem",[272] a esfera da ação. Em função disso, muitos se negam a se entregar à ação, não sendo pou-

---

[271] Arendt, 2003:245.
[272] Ibid., p. 246.

cos os administradores públicos que dela se retiram. Nesse sentido, como na concepção grega do herói, apresentar-se, por si só, já constitui um gesto de heroísmo, independentemente de atos específicos e suas conseqüências. Pois se engajar (apresentar) no processo é a expressão maior de liberdade, intrinsecamente humana. Esta é a condição básica que precede a gerência equalizadora, que requer mais do que conhecimentos e habilidades, do que o simples exercício da autoridade formal ou mero desempenho de papéis, ou, ainda, o aprisionamento acrítico reprodutor de estruturas, não obstante sua importância condicionadora de intenções e gestos.

A revelação do significado gerencial do processo — ação equalizadora —,[273] desconhecido pelos próprios atores, feita a partir das histórias de vida gerencial, e das análises interpretativas à luz de abordagens sociológicas e filosóficas da ação, poderá estimular aqueles que "começam", no sentido da renovação inexorável dos processos sociais pelas novas gerações. Estimular pela força das histórias de vida gerencial daqueles que perderam o anonimato e ganharam o respeito de outros. Estimular para ajudá-los a ver sentido e significado em coisas do setor público, onde tudo, à primeira vista, parece insensatez. Estimular para que acreditem em si próprios e na vida, que só vale quando os espaços de expressão da liberdade individual e coletiva são preenchidos. Estimular para que sejam proativos, pacientes e perseverantes na vivência dos processos, e por eles tomem gosto, para que eventualmente sonhos, objetivos e resultados possam ganhar alguma forma e fazer alguma diferença. Ainda assim, descobrirão que o melhor resultado do jogo está no próprio jogo e no fato de podermos estar conscientemente nele envolvidos.

---

[273] Além da contribuição para a formação e treinamento de administradores públicos, ao trazer para a "consciência discursiva" elementos centrais da "consciência prática" de experientes administradores públicos, este estudo talvez encoraje também novas pesquisas. Pesquisas que ampliem as instâncias de gerência equalizadora, que levem a uma melhor compreensão do fenômeno e a um refinamento do conceito. Pesquisas que, na esfera empresarial privada, investiguem sua pertinência e relevância.

Referências bibliográficas

ALBERTI, Verena. *História oral: a experiência do Cpdoc*. Rio de Janeiro: FGV, 1990.

ARENDT, Hannah. *A condição humana*. 10. ed. Rio de Janeiro: Forense Universitária, 2003.

ASHKENAS, Ron et al. *The boundaryless organization: field guide*. San Francisco: Jossey Bass, 1999.

BANDURA, A. *Social foundations of thought and action: a social cognitive theory*. Englewood Cliffs, NJ: Prentice-Hall, 1986.

BARNARD, Chester. *The functions of the executive*. Cambridge: Harvard University Press, 1968.

BARZELAY, Michael. *Designing the process of public management policy change: practical implications of case studies on Brazil and Peru*. 2003. ms.

BENEVIDES, Maria Victoria de Mesquita. *O governo Kubitschek: desenvolvimento econômico e estabilidade política: 1956-1961*. Rio de Janeiro: Paz e Terra, 1976.

BERGER, Peter L.; LUCKMANN, Thomas. *A construção social da realidade*. 20. ed. Petrópolis: Vozes, 2001.

BLACK, Max. *Modelos y metáforas*. Madrid: Tecnos, 1966.

———. More about metaphor. In: ORTONY, Andrew (Ed.). *Metaphor and thought*. Cambridge: Cambridge University Press, 1979.

BOBBIO, Norberto. *Dicionário de política*. Brasília: Universidade de Brasília, 1986.

BOGDAN, Robert; TAYLOR, Steven. *Introduction to qualitative research methods: a phenomenological approach to the social science*. New York: John Wiley, 1975.

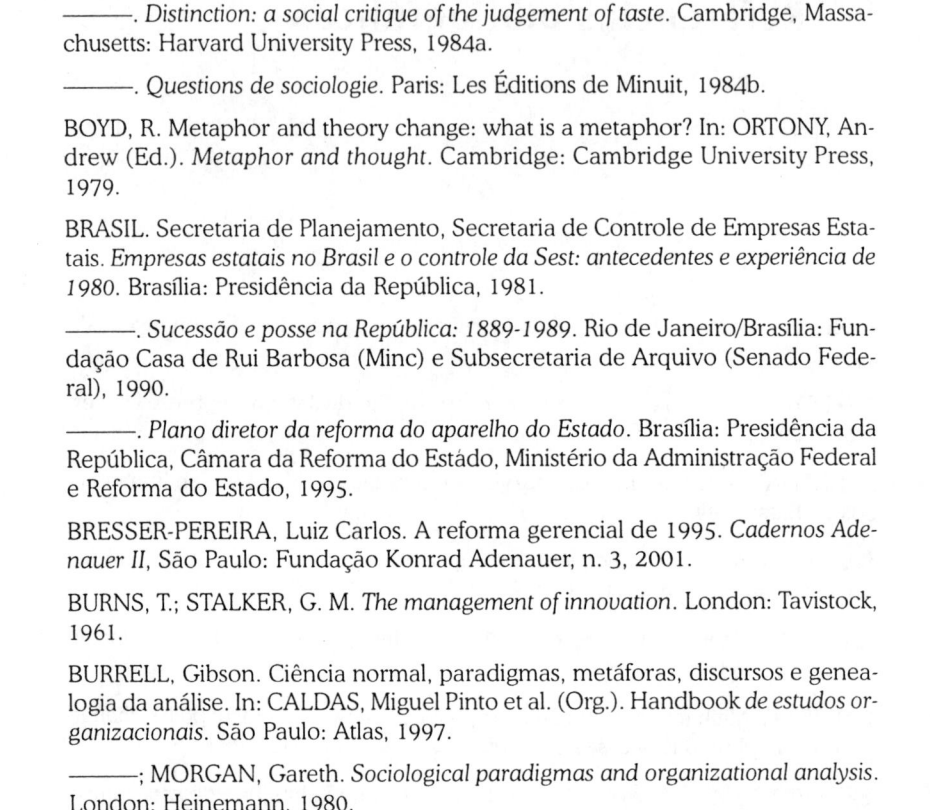

BOURDIEU, Pierre. *Esquisse d'une théorie de la pratique: précéde de trois études d'ethnologie kabyle*. Genève, Paris: Droz, 1972.

———. *Distinction: a social critique of the judgement of taste*. Cambridge, Massachusetts: Harvard University Press, 1984a.

———. *Questions de sociologie*. Paris: Les Éditions de Minuit, 1984b.

BOYD, R. Metaphor and theory change: what is a metaphor? In: ORTONY, Andrew (Ed.). *Metaphor and thought*. Cambridge: Cambridge University Press, 1979.

BRASIL. Secretaria de Planejamento, Secretaria de Controle de Empresas Estatais. *Empresas estatais no Brasil e o controle da Sest: antecedentes e experiência de 1980*. Brasília: Presidência da República, 1981.

———. *Sucessão e posse na República: 1889-1989*. Rio de Janeiro/Brasília: Fundação Casa de Rui Barbosa (Minc) e Subsecretaria de Arquivo (Senado Federal), 1990.

———. *Plano diretor da reforma do aparelho do Estado*. Brasília: Presidência da República, Câmara da Reforma do Estádo, Ministério da Administração Federal e Reforma do Estado, 1995.

BRESSER-PEREIRA, Luiz Carlos. A reforma gerencial de 1995. *Cadernos Adenauer II*, São Paulo: Fundação Konrad Adenauer, n. 3, 2001.

BURNS, T.; STALKER, G. M. *The management of innovation*. London: Tavistock, 1961.

BURRELL, Gibson. Ciência normal, paradigmas, metáforas, discursos e genealogia da análise. In: CALDAS, Miguel Pinto et al. (Org.). *Handbook de estudos organizacionais*. São Paulo: Atlas, 1997.

———; MORGAN, Gareth. *Sociological paradigms and organizational analysis*. London: Heinemann, 1980.

CAEMA, Roberto et al. *Rumo à nova transdiciplinaridade: sistemas abertos de conhecimento*. São Paulo: Summers, 1993.

CAMARGO, Aspásia. O CPDOC e a redescoberta do Brasil contemporâneo. In: D'ARAUJO, Maria Celina de. *Fundação Getulio Vargas: concretização de um ideal*. Rio de Janeiro: FGV, 1999.

CASSEL, Philip (Ed.). *The Giddens reader*. London: Macmillan, 1993.

CASTOR, Belmiro Valverde Jobim. *O Brasil não é para amadores: Estado, governo e burocracia na terra do jeitinho*. Curitiba: Ebel/IBQP-PR, 2000.

———; FRANÇA, Célio. Administração pública no Brasil: exaustão e revigoramento do modelo. *Revista de Administração Pública*, Rio de Janeiro: FGV, v. 20, n. 3, 1986.

CAVALCANTI, Bianor Scelza. *DO*: considerações sobre seus objetivos, valores e processos. *Revista de Administração Pública*, Rio de Janeiro: FGV, v. 13, n. 2, 1979.

CEGALLA, Domingos Pashoal. *Novíssima gramática da língua portuguesa*. 33. ed. São Paulo: Companhia Editora Nacional, 1990.

CHANDLER, A. *Strategy and structure*. Cambridge: MIT, 1962.

CHERRY, Colin. *A comunicação humana: uma recapitulação, uma vista de conjunto e uma crítica*. 2. ed. São Paulo: Cultrix, 1966.

COSTA, Frederico Lustosa da; CAVALCANTI, Bianor Scelza. Mudança organizacional no setor público. *Revista de Administração Pública*, Rio de Janeiro: FGV, v. 25, n. 1, 1991.

DaMATTA, Roberto. *Carnavais, malandros e heróis: para uma sociologia do dilema brasileiro*. 5. ed. Rio de Janeiro: Guanabara, 1990.

DAVEL, Eduardo; VERGARA, Sylvia Constant (Org.). *Gestão com pessoas e subjetividade*. São Paulo: Atlas, 2001.

DILTHEY, W. *Selected writings*. London: Cambridge University Press, 1976.

DERRIDA, Jacques. *Gramatologia*. São Paulo: Perspectiva, 1973.

———. *Margens da filosofia*. São Paulo: Papirus, 1991.

DINIZ, Eli. *Voto e máquina política: patronagem e clientelismo no Rio de Janeiro*. Rio de Janeiro: Paz e Terra, 1982.

DRAIBE, Sônia. *Rumos e metamorfoses: um estudo sobre a constituição do Estado e as alternativas da industrialização no Brasil: 1930-1960*. Rio de Janeiro: Paz e Terra, 1985.

DUTRA, Pedro Paulo de Almeida. *Controle de empresas estatais: uma proposta de mudança*. São Paulo: Saraiva, 1991.

ECCLES, R. G.; CRANE, D. B. *Doing deals*. Cambridge, MA: Harvard Business School, 1988.

FERREIRA, Aurélio Buarque de Holanda. *Minidicionário da língua portuguesa*. Rio de Janeiro: Nova Fronteira, 1993.

GAJDUSCHEK, G. Bureaucracy: is it efficient? Is it not? Is that the question? *Administration and Society*, v. 34, n. 6, p. 700-723, 2003.

GALBRAITH, Jay. R. *Organization design*. Massachusetts: Addison-Wesley, 1977.

———. *Designing organizations*. San Francisco: Jossey-Bass, 2002.

———; LAWLER III, Edward. *Organizando para competir no futuro.* São Paulo: Makron, 1995.

GARFINKEL, Harold. *Studies in ethnomethodology.* Englewood Cliffs, NJ: Prentice-Hall, 1967.

GIDDENS, A. Problems of action and structure. In: CASSEL, Philip (Ed.). *The Giddens reader.* London: Macmillan, 1993.

GOODSELL, Charles. T. *The case for bureaucracy: a public administration polemic.* New Jersey: Chatham, 1983.

GRAEN, G. B.; SCANDURA, T. A. Toward psychology of dyadic organizing. In: CUMMINGS, L. L.; STAW, B. M. (Eds.). *Research in organizational behavior.* Greenwich, CT: JAI, 1987. v. 9. p. 175-208.

GULICK, L.; URWICK, L. (Eds.). *Papers on the science of administration.* New York: Institute of Public Administration, 1937. p. 3-13.

GUERREIRO RAMOS, A. *A redução sociológica: introdução ao estudo da razão sociológica.* 2. ed. Rio de Janeiro: Tempo Brasileiro, 1965.

———. *A nova ciência das organizações: uma reconceituação da riqueza das nações.* Rio de Janeiro: FGV, 1981.

HALL, R. H. Intraorganization structure variation: application of the bureaucratic model. *Administrative Science Quarterly,* v. 7, n. 3, p. 295-308, 1962.

———. *Organizações: estrutura e processos.* 3. ed. Rio de Janeiro: Prentice-Hall do Brasil, 1984.

HARDY, Cyntia. *Managing strategic action: mobilizing change, concepts, readings and cases.* London: Sage, 1994.

HARMON, Michael; MAYER, Richard. *Organization theory for public administration.* Boston: Little, Brow and Company, 1986.

HUBER, G. P. The nature and design of post-industrial organizations. *Management Science,* v. 30, n. 8, p. 928-951, 1984.

———; GLICK, W. H. *Organizational change and redesign: ideas and insights for improving performance.* New York: Oxford University Press, 1995.

HUMMEL, Ralph. Stories managers tell: why they are as valid as science. *Public Administration Review,* Jan./Feb. 1991.

HURST, D. K.; RUSH, J. C.; WHITE, R. E. Top management teams and organizational renewal. *Strategic Management Journal,* v. 10, p. 87-105, 1989.

JONES, Gareth R. Life history methodology. In: MORGAN, Gareth. *Beyond method.* Newbury Park, CA: Sage, 1983.

JUNQUILHO, Gelson Silva. Cultura nacional e o "gerente caboclo" frente os desafios da reforma do Estado no Brasil. In: CONGRESSO INTERNACIONAL DEL CLAD SOBRE LA REFORMA DEL ESTADO Y DE LA ADMINISTRACIÓN PÚBLICA, 7., 2002, Lisboa. *Anais...* Lisboa, 2002.

LAFER, Celso. O planejamento no Brasil: observações sobre o Plano de Metas (1956-1961). In: LAFER, Betty Mindlin (Org.). *Planejamento no Brasil.* São Paulo: Perspectiva, 1987.

LAMBERT, Francis. Tendências da reforma administrativa no Brasil. *Revista de Administração Pública*, Rio de Janeiro: FGV, v. 4, n. 1, 1970.

LATOUR, B. *The promises of construtivism.* 2002. Disponível em: <www.ensmp.fr/~latour/articles/article/087.html>. Acesso em: 20 jul. 2004.

LAWRENCE, P. R.; LORSCH, J. W. *Organization and enviromment.* Boston: Division of Research, Harvard Business School, 1967.

_____; _____. *O desenvolvimento de organizações: diagnóstico e ação.* São Paulo: Edgard Blucher, 1972.

LEAL, Victor Nunes. *Coronelismo, enxada e voto: o município e o regime representativo no Brasil.* São Paulo: Alfa-Ômega, 1975.

LORSCH, J. W.; LAWRENCE, P. R. *Organization design.* Illinois: Richard D. Irwin, 1970.

LÖWITH, Karl. *From Hegel to Nietzsche.* London: Constable, 1964.

MARCH, J. G.; OLSEN, J. P. *Rediscovering institutions: the organizational basis of politics.* New York: Free, 1989.

_____; SIMON, Herbert A. *Organizations.* New York: John Wiley, 1959.

_____; _____. *Teoria das organizações.* 5. ed. Rio de Janeiro: FGV, 1981.

MARTINS, Paulo Emílio Matos. *A reinvenção do sertão: a estratégia organizacional de Canudos.* Rio de Janeiro: FGV, 2001.

McGRAW-HILL. *Encyclopedia of Science and Technology.* New York: McGraw-Hill, 1960.

MINTZBERG, H. The design school: reconsidering the basic premises of strategic management. *Strategic Management Journal*, v. 11, p. 171-195, 1990.

MITRAUD, Alysson Darowish; MATTOS, Custódio Antônio; ZAIDMAN, Luiz. Panorama da administração federal brasileira e reforma administrativa. *Revista de Administração Pública*, Rio de Janeiro: FGV, v. 11, n. 4, 1977.

MORGAN, Gareth. *Imagens da organização.* São Paulo: Atlas, 1996.

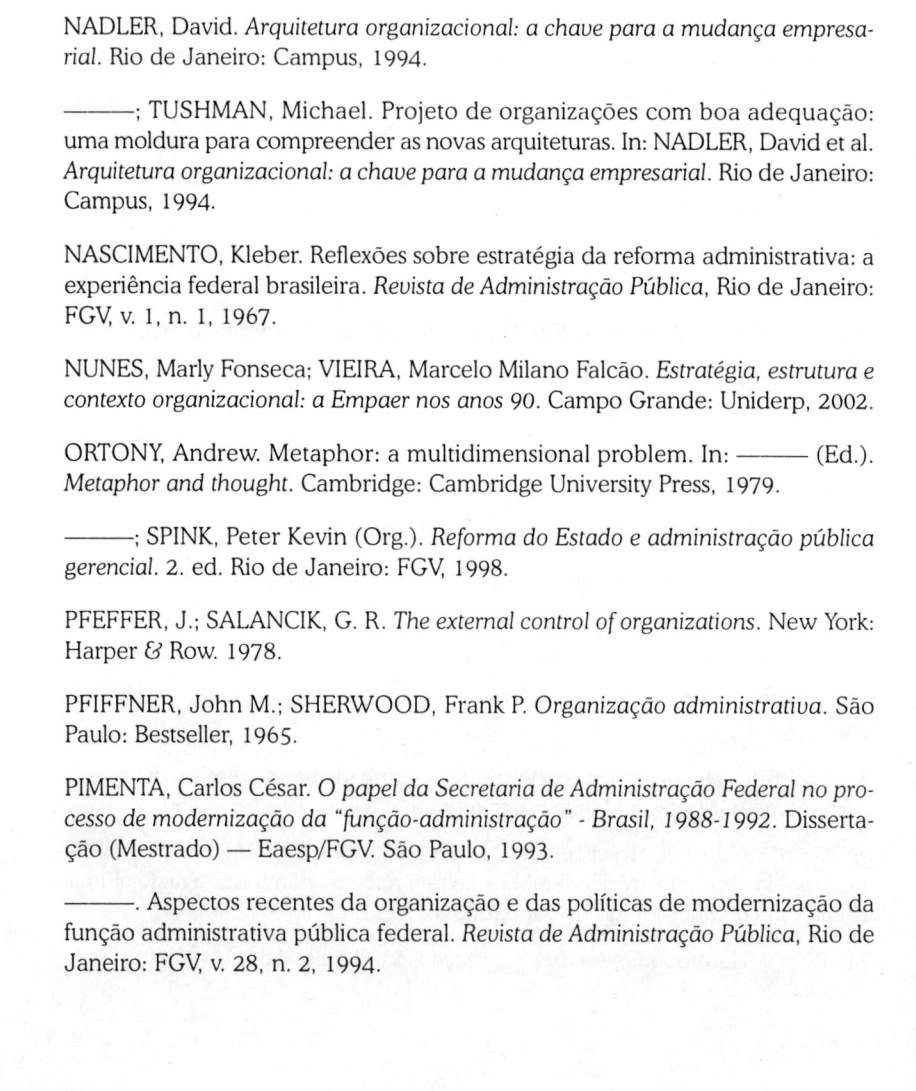

MOTTA, Paulo Roberto. O controle de empresas estatais no Brasil. *Revista de Administração Pública*, Rio de Janeiro: FGV, v. 14, n. 2, 1980.

―――. Modernização administrativa: propostas alternativas para o Estado latino-americano. *Revista de Administração Pública*, Rio de Janeiro: FGV, v. 21, n. 4, 1987.

―――. Participação e descentralização administrativa: lições de experiências brasileiras. *Revista de Administração Pública*, Rio de Janeiro: FGV, v. 28, n. 2, p. 179-194, 1994.

NADLER, David. *Arquitetura organizacional: a chave para a mudança empresarial*. Rio de Janeiro: Campus, 1994.

―――; TUSHMAN, Michael. Projeto de organizações com boa adequação: uma moldura para compreender as novas arquiteturas. In: NADLER, David et al. *Arquitetura organizacional: a chave para a mudança empresarial*. Rio de Janeiro: Campus, 1994.

NASCIMENTO, Kleber. Reflexões sobre estratégia da reforma administrativa: a experiência federal brasileira. *Revista de Administração Pública*, Rio de Janeiro: FGV, v. 1, n. 1, 1967.

NUNES, Marly Fonseca; VIEIRA, Marcelo Milano Falcão. *Estratégia, estrutura e contexto organizacional: a Empaer nos anos 90*. Campo Grande: Uniderp, 2002.

ORTONY, Andrew. Metaphor: a multidimensional problem. In: ――― (Ed.). *Metaphor and thought*. Cambridge: Cambridge University Press, 1979.

―――; SPINK, Peter Kevin (Org.). *Reforma do Estado e administração pública gerencial*. 2. ed. Rio de Janeiro: FGV, 1998.

PFEFFER, J.; SALANCIK, G. R. *The external control of organizations*. New York: Harper & Row. 1978.

PFIFFNER, John M.; SHERWOOD, Frank P. *Organização administrativa*. São Paulo: Bestseller, 1965.

PIMENTA, Carlos César. *O papel da Secretaria de Administração Federal no processo de modernização da "função-administração" - Brasil, 1988-1992*. Dissertação (Mestrado) — Eaesp/FGV. São Paulo, 1993.

―――. Aspectos recentes da organização e das políticas de modernização da função administrativa pública federal. *Revista de Administração Pública*, Rio de Janeiro: FGV, v. 28, n. 2, 1994.

PORTER, Michael. *Competitive strategy: techniques for analyzing industries and competitors.* New York: Free, 1980.

POWELL, Walter W.; DIMAGGIO, Paul. J. (Eds.). *The new institutionalism in organizational analysis.* Chicago: University of Chicago Press, 1990.

QUEIROZ, Maria Isaura Pereira de. *O mandonismo local na vida política brasileira e outros ensaios.* São Paulo: Alfa-Ômega, 1976.

RANSON, Stewart; HINNINGS, Bob; GREENWOOD, Royston. The structuring of organizational strutures. *Administrative Science Quaterly,* v. 25, n. 1, 1980.

RICCUCCI, Norma M. *Unsung heroes: federal execucrats making a difference.* Washington, DC: Georgetown University Press, 1995.

RIGGS, F. W. *Administration in developing countries: the theory of prismatic society.* Boston: Houghton Mifflin, 1964.

ROHR, John Anthony. *Ethics for bureaucrats: an essay on law and values.* New York: Marcel Dekker, 1978.

──────. *Civil servants and their constitutions.* Kansas: University Press of Kansas, 2002.

SCHON, Donald A. *Beyond the stable state.* New York: Norton, 1973.

SCHVARSTEIN, Leonardo. *Diseño de organizaciones: tenciones y paradojas.* Buenos Aires: Paidós, 2000.

SELL, Lewis L. *Comprehensive technical dictionary.* New York: McGraw-Hill, 1944.

SILVERMAN, D. *The theory of organizations.* New York: Basic, 1971.

SIMON, Herbert A. Comments on the theory of organization. *American Political Science Review,* v. 46, p.113, 1952.

──────. *The new science of management decision making.* New York: Harper & Row, 1960.

SMIRCICH, L.; MORGAN, G. Leadership: the management of meaning. *Journal of Applied Behavioral Science,* v. 18, p. 257-253, 1982.

SOARES, Gláucio A. D. In: ──────; D'ARAUJO, Maria Celina (Orgs.). *21 anos de regime militar: balanços e perspectivas.* Rio de Janeiro: FGV, 1994.

STAW, B. M. Counterforces to change. In: GOODMAN, P. S. et al. (Eds.). *Change in organizations.* San Francisco: Jossey-Bass, 1982.

THOMPSON, Victor A. *Modern organization.* New York: Alfred A. Knopf, 1961.

TULLOCK, G. *The politics of bureaucracy.* Washington, DC: Public Affairs, 1965.

VAN DE VEN, A.; DELBECQ, A. A task contingent model of work unit structure. *Administrative Science Quarterly,* v. 19, n. 2, p. 183-197, 1974.

————; FERRY, Diane L. *Measuring and assessing organizations.* New York: John Wiley, 1980.

VILAÇA, Marcos Vinicius; ALBUQUERQUE, Roberto Cavalcanti de. *Coronel, coronéis.* 2. ed. Brasília: Ed. Universidade de Brasília, 1978.

WAHRLICH, Beatriz M. de Souza. Institucionalização da reforma administrativa: a atuação do Conselho do Serviço Público Civil e da Comissão Permanente. *Revista de Administração Pública,* Rio de Janeiro: FGV, v. 10, n. 4, 1976.

————. *Reforma administrativa na era de Vargas.* Rio de Janeiro: FGV, 1984.

WAINER, Samuel. *Minha razão de viver: memórias de um repórter.* 6. ed. Rio de Janeiro: Record, 1988.

WAMSLEY, Gary L.; ZALD, Mayer N. *The political economy of public organizations.* Massachusetts: Lexington, 1973.

WEBER, Max. *A ética protestante e o espírito do capitalismo.* São Paulo: Pioneira, 1967.

————. *Selections in translation.* Cambridge: Cambridge University Press, 1978.

WEICK, Karl. *The social psychology of organizing.* 2. ed. Reading, MA: Addison-Wesley, 1979.

————. Organizational redesign as improvisation. In: HUBER, G. P.; GLICK, W. H. *Organizational change and redesign: ideas and insights for improving performance.* New York: Oxford University Press, 1995.

WILLOUGHBY, W. F. *Principes of public administration.* Washington: The Brookings Institution, 1927.

————. *The government of modern states.* New York/London: D. Appleton Century, 1936.

WILSON, Woodrow. The study of administration. *Political Science Quarterly,* v. 21, n. 1, June 1887. In: SHAFRITZ, Jay M.; HYDE, Albert C. *Classics of public administration.* Illinois: Moore, 1978.

WOOD, Stephen J. Buscando a renovação: a nova onda administrativa. *Revista de Administração de Empresas,* São Paulo: FGV, v. 30, n. 4, 1990.

WOODWARD, J. *Industrial organization: theory and practice.* London: Oxford University Press, 1965.

Anexo 1

Procedimentos metodológicos: processamento e edição das entrevistas

Os procedimentos adotados na pesquisa fundamentam-se na metodologia qualitativa de investigação.

O método qualitativo caracteriza-se, no entender de Bogdan e Taylor,[274] por produzir dados descritivos — palavras escritas ou faladas da pessoa que permitem entender o comportamento humano a partir do próprio ator, dentro de uma perspectiva fenomenológica. Possibilita-se, assim, a análise holística,[275] ou seja, não examinando o comportamento isoladamente, mas captando-o no contexto de inserção do indivíduo — sua época, seu grupo político, sua família, organizações em que exerceu suas funções.

O método recorre, nesta pesquisa, a histórias gerenciais que fluem em depoimentos orais, obtidos através de entrevistas semi-estruturadas, concedidas por administradores públicos selecionados.

As entrevistas basearam-se na metodologia de história oral adotada pelo Centro de Pesquisa e Documentação de História Contemporânea do Brasil, da Fundação Getulio Vargas (Cpdoc/FGV). A metodologia escolhida pelo Centro representa, para uma de suas fundadoras, uma ruptura epistemológica, provocada pela FGV, na forma de se fazer ciências sociais, em geral, e história, em particular, no Brasil.[276]

---

[274] Bogdan e Taylor, 1975.
[275] Caema, 1993:139.
[276] Camargo, 1999:285.

A história oral não é, no entender de Alberti, um fim em si mesma, mas um meio de conhecimento, cujo emprego "só se justifica no contexto de uma investigação científica, o que pressupõe sua articulação com um projeto de pesquisa previamente definido".[277]

Nesta pesquisa, tal projeto contempla a versão "temática" da história oral, em contraste com a de "história de vida". A vivência gerencial do ator é amplificada, a partir dos estímulos da entrevista, em face de outras dimensões da sua vida.

A pesquisa de campo baseia-se em procedimentos expostos por Alberti e observa determinados passos.

O primeiro passo consiste na identificação de administradores públicos e convite para concessão de entrevistas. Opta-se por um número reduzido de entrevistas (quatro), considerando-se a natureza qualitativa do estudo, as exigências da entrevista de profundidade, a intenção de transcrição completa das mesmas, por razões epistemológicas, e o custo elevado das transcrições, a partir das suas gravações.

Adota-se um critério básico na identificação dos entrevistados: seu reconhecimento público como gerentes bem-sucedidos no contexto do setor público — considerando-se os resultados, em uma visão "impressionista", de suas organizações em seus períodos de gestão e uma satisfatória relação estabelecida entre esses resultados e o papel proativo dos gerentes selecionados. Não se pretende, com o estudo, revelar pretensos heróis ou super-homens e suas realizações grandiosas, mas simplesmente relatar as experiências vivenciais administrativas de indivíduos que, embora certamente dotados de atributos especiais, são pessoas representativas do estamento diretivo da administração pública brasileira. Trata-se de pessoas que tiveram suas carreiras profissionais, sistemática e recorrentemente, associadas ao setor público.

Como decorrência fortuita dos convites aceitos, diferentes segmentos e dimensões do setor público são contemplados, a saber:

▼ administração direta, que inclui os órgãos da administração central, responsáveis pela parcela indelegável das atividades típicas de governo (administração pública *stricto sensu*), referentes à formulação e implementação de políticas públicas;

---

[277] Alberti, 1990:12.

- administração indireta, que inclui as autarquias, as empresas estatais (públicas ou de capital misto) e as fundações. Na qualidade de pessoas jurídicas de direito privado ou público, estas organizações são, supostamente, dotadas de maior autonomia financeira e operacional, integrando o setor público;
- esferas federal e estadual de governo;
- atividades-meio, fim e de administração geral.

O quadro A-1 indica, *ex post factum*, os segmentos e dimensões da administração pública vivenciados pelos entrevistados, bem como seus nomes, a duração das entrevistas, as datas e os locais de realização.

Quadro A-1
Segmentos organizacionais por entrevistados

Segmentos organizacionais		Irapoan Cavalcanti de Lyra (2-12-1992) Rio de Janeiro/RJ	Paulo Vieira Belotti (30-3-1992) Rio de Janeiro/RJ	Sérgio Rudge (4-10-1992) Rio de Janeiro/RJ	Ozires Silva (6-3-1992) São José dos Campos/SP
Administração	Direta	X	X		X
	Indireta	X	X	X	X
Nível federativo	Federal	X	X	X	X
	Estadual			X	
Área	Meio	X			
	Fim	X	X	X	
	Geral	X	X	X	X

Os passos seguintes da pesquisa de campo consistem em:

- coleta de informações públicas acerca do passado e presente profissionais dos dirigentes selecionados, suas realizações e créditos de responsabilidades nos cargos exercidos, bem como informações sobre as organizações em que atuaram, para composição de dossiê;

▼ sondagem inicial para obtenção de colaboração e concordância em formalização de consentimento para uso do material das entrevistas;

▼ envio de correspondência para formalização do convite e marcação de entrevista;

▼ processamento (*transcrição*) das entrevistas.

Uma vez gravadas, as entrevistas passaram pela etapa de processamento, que inclui a transcrição das fitas gravadas e a conferência de fidelidade da transcrição. O resultado dessa primeira etapa constitui um texto que mantém a dinâmica do diálogo oral, apresentando repetições e digressões. Tais elementos muitas vezes afetam a informação, dificultando a leitura, razão pela qual é indispensável o trabalho de edição dos depoimentos. Este último passo, a edição, visa a ressaltar as informações trazidas pelos depoentes, através de sua condensação e ordenação, o que inclui a eliminação das repetições, a condensação das informações e a ordenação dos depoimentos, a partir de marcos cronológicos ou temáticos.

As atividades que compõem as etapas de processamento e edição das entrevistas são:

▼ *transcrição* — a primeira etapa da passagem das entrevistas de sua forma oral para a escrita é sua transcrição integral, de que resulta um material bruto e extenso, base de todo o trabalho subseqüente. Para a execução dessa tarefa, é necessária a contratação de transcritores, responsáveis pela transcrição de cerca de sete horas e trinta minutos de fitas gravadas, correspondente a aproximadamente uma hora e trinta minutos por entrevista;

▼ *conferência de fidelidade da transcrição* — esta etapa é essencial na metodologia de história oral. Afinal, uma transcrição bruta nunca está livre de erros, omissões, acréscimos indevidos, que podem alterar o conteúdo do que foi dito. Assim, é necessário escutar a gravação, verificando se a versão transcrita corresponde efetivamente ao conteúdo das fitas;

▼ *edição do texto transcrito e conferido* — ordenamento das entrevistas em itens, de acordo com estrutura temática, condensando seu conteúdo e eliminando repetições;

▼ *elaboração de notas* — a menção, no decorrer das entrevistas, a fatos, instituições ou pessoas cuja significação nem sempre é conhecida recomenda o recurso às notas de pé de página. Estas têm como objetivo enriquecer o material apresentado e subsidiar pesquisas futuras sobre o tema tratado, fornecendo ao leitor as informações necessárias para a compreensão efetiva de seu conteúdo. A elaboração de notas é precedida de pesquisa em diferentes tipos de fonte (obras de referência, livros, periódicos, documentos de arquivo etc.);

▼ *índice onomástico* — a inclusão de índices onomásticos ao final das entrevistas editadas é de grande utilidade, pois permite uma rápida e eficiente recuperação das informações. O trabalho de edição das entrevistas compreende, portanto, a elaboração das listagens dos nomes citados nos depoimentos, que constituirão a estrutura do índice onomástico.

▼ *introdução* — os textos das entrevistas editadas são precedidos de *introdução* (breve história de vida), contextualizando historicamente os temas abordados e especificando a metodologia utilizada tanto na produção quanto na edição das entrevistas.

Após as etapas descritas, as entrevistas estão prontas para serem incorporadas.

Interpretação reflexiva da ação gerencial

Após a apresentação de cada um dos oito conjuntos de blocos de história, o estudo apresenta interpretações reflexivas referenciadas à literatura interpretativa, para revelar o sentido da ação gerencial. Busca-se, nesse sentido, o *understanding* da ação, a partir das situações, interações e significados mais ou menos compartilhados e atribuídos aos elementos do mundo organizacional. Não obstante a figura do gerente assuma proeminência no contexto situado dos atos, estes são interpretados em sua essência social, quando atos isolados ganham a dimensão de ação, no decurso do tempo (*durée*), vale dizer, da historicidade administrativa.

Anexo 2

Roteiro das entrevistas

Roteiro geral

Nesta conversa, vamos enfatizar sua experiência na administração pública. Antes, porém, gostaríamos de conhecer alguns aspectos relacionados à sua formação, sua família, seus amigos, à época em que você viveu.

Conte-nos, então, um pouco sobre:

- sua formação intelectual e profissional (estudos, leituras, viagens e quaisquer outros aspectos que você considere importantes para esta formação);
- a cultura política de sua região e de sua geração; sua tradição familiar e possíveis influências que tenha sofrido;
- sua carreira na área privada (se houver) e na área pública.

Quais os fatores que o levaram a escolher a administração pública?

Como foi seu ingresso nela?

Em quais locais exerceu suas atividades?

Mudou de local de moradia?

Pode-se dizer que você pertencia a algum "grupo" especificamente?

Em seguida, um roteiro específico, em termos de pontos focais do projeto, também foi providenciado. Neste item, procura-se enfatizar aspectos relevantes para a pesquisa, em termos de experiências profissionais e habilidades gerenciais.

Roteiro específico

1. Você concorda com a afirmação de que: "A eficiência e a eficácia organizacionais dependem em grande parte da compatibilização entre:
   - natureza da atividade, missão e objetivos da organização;
   - estrutura;
   - processos decisórios e de informação;
   - políticas de recursos humanos e
   - sistemas de recompensa?"

2. Que fatores dificultam, no setor público, esta compatibilização?

3. Quais as estratégias, comportamentos e ações, formais e informais, que você adotou para lidar com estas distorções?

ANEXO 3

Informações históricas

Mandatos presidenciais	
Período	Presidente
1930-45	Getúlio Vargas
1945/46	José Linhares
1946-51	Eurico Dutra
1951-54	Getúlio Vargas
1954/55	Café Filho
1955	Carlos Luz
1955/56	Nereu Ramos
1956-61	Juscelino Kubitschek
1961	Jânio Quadros
1961	Ranieri Mazzilli
1961-64	João Goulart
1964-67	Castello Branco
1967-69	Costa e Silva
1969	Junta Militar
1969-74	Emílio Médici
1974-79	Ernesto Geisel
1979-85	João Figueiredo
1985-90	José Sarney
1990-92	Fernando Collor de Mello
1992/93	Itamar Franco
1994-98	Fernando Henrique Cardoso
1999-2002	Fernando Henrique Cardoso

Fonte: Brasil, 1990.

Constituições e/ou mudanças de regime político

Data da alteração	Tipo de alteração
1891	*Constituição republicana:* primeiro documento jurídico da República recém-instaurada; muito influenciada pela Constituição norte-americana (1787).
1926	*Emenda:* trouxe grandes mudanças para o texto original; entre elas, aumentou a possibilidade de intervenção federal nos estados.
1934	*Constituição:* instaura a Segunda República, influenciada principalmente pela Carta de Weimar (1919).
1937	*Constituição:* é uma das duas constituições outorgadas do Brasil, juntamente com a de 25 de março 1824. Foi outorgada por Getúlio Vargas, marcando o início do Estado Novo, e sequer o plebiscito que a legitimaria aconteceu. Não há, nesta Carta, nenhuma referência à harmonia e independência dos poderes, com a afirmação da "prevalência" do Poder Executivo.
1946	*Constituição:* representou o fim do Estado Novo.
1967	*Constituição:* regeu todo o período do regime autoritário.
1967	*Decreto-lei nº 200:* direciona toda a trajetória administrativa do Estado brasileiro durante do regime autoritário.
1969	*Ato institucional nº 5:* principal marco da fase de maior repressão aos direitos políticos e individuais durante o regime autoritário.
1988	*Constituição:* marca a volta ao regime democrático, após o longo período de governo autoritário. Traz em sua letra grandes conquistas sociais, das quais grande parte não foi atingida.

Períodos históricos: centralização/descentralização

Período	Descrição
1889-1930	República Velha
1930-45	**Regime político:** governo de Getúlio Vargas — ditadura do Estado Novo (1937-45) **Aspectos administrativos:** criação do Departamento Administrativo do Serviço Público (Dasp) ▼ Racionalidade burocrática ▼ Ênfase nos meios (pessoal, compras e orçamento público) ▼ Fortalecimento do poder central
1945-64	**Regime político:** democrático **Aspectos administrativos:** enfraquecimento do Dasp ▼ Diferenciação através da administração paralela ▼ Período desenvolvimentista, principalmente no governo JK
1964-85	**Regime político:** governo autoritário **Aspectos administrativos:** Decreto-lei nº 200 ▼ Diferenciação através da flexibilização da administração indireta ▼ Surgimento da Sest
1985-89	**Regime político:** democrático – Nova República **Aspectos administrativos:** Constituição de 1988 ▼ Fortalecimento da Sest no controle das estatais ▼ Limitação da flexibilização obtida pela administração indireta, principalmente após a Constituição de 1988
1994	**Regime político:** democrático — governo de Fernando Henrique Cardoso **Aspectos administrativos:** reforma administrativa sob comando do Mare ▼ Propostas de novas formas de gestão, agências executivas reguladoras e organizações sociais ▼ Privatizações

Anexo 4

Breve biografia de algumas pessoas públicas

Adriano da Gama Kury

Um dos maiores especialistas brasileiros em filologia. Livre-docente pela UFF, professor emérito, autor de várias das mais importantes obras sobre língua portuguesa, especialista na área de filologia românica, pesquisador da Fundação Casa de Rui Barbosa.

Alceni Guerra

Médico formado pela UFPR, com especialização em pediatria, foi ministro da Saúde (governo de Fernando Collor de Mello — 1990), duas vezes deputado federal, prefeito de Pato Branco na época da construção do Cetis, chefe da Casa Civil (governo de Jaime Lerner — PR) e coordenador do Programa Tecnológico do Paraná (governo de Roberto Requião).

Aloísio Magalhães (1927-82)

Nascido em Pernambuco, formou-se em direito. Foi coordenador do projeto do Centro Nacional de Referência Cultural (CNRC, 1975-80). Atuou como membro do Conselho de Cultura do Distrito Federal (1976-80). Foi nomeado diretor do então Instituto do Patrimônio Histórico e Artístico Nacional (1979). Presidiu a Fundação Nacional Pró-Memória (1979). Participou como membro do Bureau do Comitê do Patrimônio Mundial da Unesco (1981/82). Foi membro do Conselho Superior da

Fundação Brasileira para Conservação da Natureza (1981/82) e secretário da Cultura do MEC (1981).

Américo Jacobina Lacombe (1909-93)

Professor, historiador, biógrafo e ensaísta. Foi diretor da Casa de Rui Barbosa de 1939 até 1967, ocasião em que se dá a transformação desse órgão do antigo Ministério da Educação e Cultura em fundação, para cuja presidência foi nomeado e em cujo exercício permaneceu até 1993. Durante esse período, só se afastou em duas ocasiões: de 1959 a 1960, para exercer o cargo de secretário de Educação e Cultura do antigo Distrito Federal, na administração do prefeito Sá Freire Alvim, e de 1962 a 1963, quando foi chamado a dirigir a Casa do Brasil de Civilização Brasileira na École des Hautes Études de l'Amérique Latine, da Sorbonne.

À frente da Casa de Rui Barbosa, sua atuação foi das mais profícuas, tendo sabido transformar essa instituição de simples museu — destinado a preservar a antiga residência, os móveis, a biblioteca e o arquivo do grande brasileiro, e publicar-lhe os escritos — num centro cultural ativo e dinâmico. Ainda nessa condição, cumpre destacar o seu papel como orientador e coordenador da publicação das obras completas de Rui Barbosa, um dos mais arrojados empreendimentos editoriais do país, que já chegou a 125 tomos publicados.

Astrogildo Pereira (1890-1965)

Fundador do Partido Comunista Brasileiro (PCB) em 1922. Foi jornalista e escritor, tendo concentrado sua vida em atividades políticas em favor do movimento bolchevista no Brasil. Publicou em 1931 artigos sobre Rui Barbosa. Como grande apreciador da obra de Machado de Assis, pertenceu à Comissão Machado de Assis, encarregada pelo governo federal da preparação das edições críticas modelares da obra machadiana.

Aureliano Chaves (Antônio Aureliano Chaves de Mendonça)

Foi deputado federal pelo estado de Minas Gerais (1967-75). Foi eleito governador de Minas Gerais de 1975 a 1978. Exerceu o cargo de vice-presidente da República (1979-85) no governo de João Batista de Oliveira Figueiredo. No governo de Sarney, foi ministro de Minas e Energia (1985-88).

Benedita da Silva

Natural do estado do Rio de Janeiro, foi eleita a primeira senadora negra do Brasil. Trabalhou à frente da Federação das Associações de Favelas do Estado do Rio de Janeiro e do Centro de Mulheres de Favelas e Periferias, até eleger-se vereadora pelo Partido dos Trabalhadores, na Câmara Municipal do Rio de Janeiro, em 1982. Reelegeu-se para a Câmara dos Deputados em 1990, tornando-se a mais votada do PT no Rio de Janeiro. Tornou-se vice-governadora e governadora (mandato) do estado do Rio de Janeiro. Exerceu cargo de ministra no governo de Lula.

Carlos Drummond de Andrade (1902-87)

Poeta, nasceu em Itabira (MG) e ingressou no serviço público em 1934, tornando-se chefe de gabinete do ministro da Educação Gustavo Capanema. Considerado o poeta mais influente na literatura brasileira contemporânea, suas obras foram traduzidas para o espanhol, inglês, francês, alemão e sueco.

Delfim Netto (Antônio Delfim Netto)

Economista, foi ministro da Fazenda (1967-74) e embaixador do Brasil na França (1975-78). No governo de Figueiredo, assumiu o Ministério de Estado da Secretaria de Planejamento da Presidência da República (Seplan) de 1979 a 1985. Foi eleito membro da Constituinte (1987/88).

Ernesto Geisel (1908-96)

Presidente da República (1974-79), foi articulador do projeto de abertura "lenta, gradual e segura", rumo a uma indefinida "democracia relativa". Seu governo foi marcado por momentos de abertura e de medidas repressivas, levando para o Congresso e os partidos políticos os debates populares e, ao mesmo tempo, pela retirada da censura à imprensa. O resultado dessas medidas aparece nas eleições de 1974, com uma grande vitória da oposição. Assumiu a presidência logo após a crise do petróleo, que encontrou um Brasil otimista e despreparado para enfrentá-la. Mesmo assim, manteve a construção de obras gigantescas, como a ponte Rio-Niterói, a usina nuclear em Angra dos Reis e Itaipu. Mesmo com todas as crises políticas e econômicas, conseguiu eleger seu sucessor, o general João Batista de Oliveira Figueiredo.

Ézio Cordeiro

Médico sanitarista da área social, foi presidente do Inamps. Exerceu o cargo de secretário da Saúde do estado do Rio de Janeiro na década de 1990.

Fernando Collor (Fernando Affonso Collor de Mello)

Jornalista, foi o primeiro presidente eleito pelo voto popular, depois de 25 anos de regime militar. O mais jovem presidente da República (tinha 40 anos quando foi eleito, em dezembro de 1989), venceu as eleições passando a imagem de político renovador: empreender a modernização administrativa, privatizando empresas estatais, combatendo os monopólios e abrindo o país à concorrência internacional, desregulamentando a economia etc. Sua primeira medida de impacto, em 1990, foi o Plano Collor. Idealizado com a equipe da ministra Zélia Cardoso de Mello, o plano extinguiu a moeda vigente (cruzado), restabelecendo o cruzeiro, e, por meio de um pacote com 17 medidas provisórias, criou um plano de choque, bloqueando por 18 meses todo o dinheiro existente nas contas correntes e de poupança dos brasileiros (com exceção de Cr$50 mil — equivalentes a US$50 —, que podiam ser sacados de imediato); confiscou cerca de 80% do dinheiro circulante no país, entre outras medidas econômicas e burocráticas, para reduzir a inflação e incentivar o livre mercado. Denúncias de corrupção foram apresentadas contra assessores do governo e o próprio presidente. Em agosto de 1992, foi autorizada, pelo Congresso, a abertura de um processo de *impeachment*. Essas denúncias de corrupção, em 1992, levaram o Congresso à instalação de uma Comissão Parlamentar de Inquérito (CPI), que afastou o presidente. Em 29 de dezembro, o presidente Collor de

Mello encaminhou sua renúncia, diante da ameaça de condenação. Foi substituído pelo vice-presidente Itamar Franco e proibido de ocupar cargos públicos durante oito anos.

Hélio Beltrão (Hélio Marcus Penna Beltrão — 1916-97)

Advogado, foi ministro de Estado do Planejamento e Coordenação Geral (1967-69) no governo do general Arthur da Costa e Silva. Ficou conhecido como ministro da Desburocratização, atuando de 1979 a 1983. Ocupou o cargo de presidente da Petrobras (1985/86).

José Sarney (José Sarney Ribamar Ferreira de Araújo)

Presidente da República (1985-90), tendo sido antes deputado federal, senador e governador do Maranhão. Presidiu o Congresso Nacional em dois períodos. Entrou para a história como o presidente da redemocratização, o homem que provocou uma imensa mobilização nacional em torno de um pacote econômico, o Plano Cruzado. Implantado em fevereiro de 1986, o Plano Cruzado mudou a moeda de cruzeiro para cruzado, congelou preços, criou o gatilho salarial (reajuste automático dos salários sempre que a inflação atingisse 20%), extinguiu a correção monetária e criou o seguro-desemprego e o vale-transporte. Embora sofrendo muitas críticas políticas, o Plano Cruzado recebeu o apoio da população. Lançou também o Plano Cruzado II, com reajuste das tarifas públicas, combustíveis e outros produtos. Esse plano não contou com o apoio da população. Depois implantou o Plano Bresser, em 1987, e o Plano Verão, em 1989, que fracassaram. Foram relevantes os programas sociais de seu governo. Na área externa, estabeleceu as bases do Mercosul. Senador e membro da Academia Brasileira de Letras.

Lúcio Costa (1902-98)

Nascido em Toulon (França) e considerado líder do movimento de implantação da arquitetura moderna no Brasil, foi consagrado como o criador do Plano Piloto de Brasília. Deu fundamental contribuição à preservação do nosso patrimônio artístico e à renovação arquitetônica. Trabalhou com Rodrigo Melo Franco de Andrade na criação e organização do Serviço do Patrimônio Histórico e Artístico Nacional (1937).

Elaborou também o plano de urbanização da Barra da Tijuca (1969), no Rio de Janeiro. Sua obra teórica é composta de numerosos ensaios, alguns definitivos para a formação da cultura arquitetônica brasileira, como *Razões da nova arquitetura* (1930) e *O arquiteto e a sociedade contemporânea* (1952), além de sua autobiografia, *Lúcio Costa: registro de uma vivência* (1995).

Márcio de Souza e Mello (1906-92)

Ministro da Aeronáutica (1965) no governo de Castello Branco, permaneceu no cargo (1967) no governo de Costa e Silva. Participou da criação da Embraer (1969) e permaneceu exercendo o cargo de ministro da Aeronáutica (1969-71) no governo de Emílio Garrastazu Médici.

Marcos Vinicius Rodrigues Vilaça

Ministro do Tribunal de Contas da União desde 1988, tendo sido seu presidente no período 1995/96. Professor da Faculdade de Direito da Universidade Federal de Pernambuco; ocupante da cadeira nº 26 da Academia Brasileira de Letras; sócio correspondente da Academia de Ciências de Lisboa e correspondente estrangeiro da Academia Internacional da Cultura Portuguesa; membro do Instituto Histórico e Geográfico Brasileiro e sócio do Pen Clube do Brasil e da Academia Brasileira de Ciência da Administração, entre outras entidades. Ocupou diversos cargos públicos relevantes, tanto no estado de Pernambuco quanto na esfera federal, tais como secretário da Cultura do Ministério da Cultura, presidente da Fundação da Legião Brasileira de Assistência (LBA), diretor da Caixa Econômica Federal, chefe da Casa Civil do Governo de Pernambuco e secretário de Estado do Governo de Pernambuco. Autor de mais de 30 livros, alguns traduzidos e editados em inglês, espanhol, francês, italiano e alemão.

Mário de Andrade (Mário Raul de Morais Andrade, 1893-1945)

Professor de história e música, poeta, romancista, crítico de arte, ensaísta, epistológrafo e musicólogo. Em 1934 dirigiu o Departamento de

Cultura da prefeitura de São Paulo. Mudando-se para o Rio de Janeiro, foi nomeado em 1938 diretor do Instituto de Artes da Universidade do Distrito Federal, sendo ao mesmo tempo colaborador do MEC. De regresso a São Paulo em 1940, passou a trabalhar no Serviço do Patrimônio Histórico Nacional. Sempre preocupado com a identidade cultural do país, da música à literatura, fomentou e resgatou nossas riquezas culturais.

Moreira Franco (Wellington Moreira Franco)

Prefeito de Niterói (1976) e deputado federal pelo Rio de Janeiro (1967-75), elegeu-se governador do estado do Rio de Janeiro (1987-91). Foi novamente deputado federal pelo Rio de Janeiro (1995-99).

Nélson de Carvalho Seixas

Médico fundador da Apae e seu primeiro presidente de 1964 a 1973 e novamente de 1980 a 1986. Membro da Constituinte (1987/88), foi eleito deputado federal pelo estado de São Paulo de 1987 a 1991 e reeleito em 1995. Foi nomeado presidente da Federação Nacional de Apaes (1987-91).

Oscar Niemeyer (Oscar Niemeyer Soares Filho)

Engenheiro e arquiteto, formado pela Escola Nacional de Belas-Artes do Rio de Janeiro (1934), sua vida profissional se iniciou com Lúcio Costa e Carlos Leão, participando do projeto da construção do Ministério da Educação e Saúde. Em 1945 ingressou no Partido Comunista Brasileiro e em 1947 viajou para Nova York, a fim de desenvolver o projeto da sede da ONU. Em 1956 foi encarregado de organizar o concurso para escolha do plano piloto de Brasília, participando também da comissão julgadora, projetando o Palácio da Alvorada e os principais prédios da nova capital. Foi nomeado membro honorário da Academia Americana de Artes e Letras e do Instituto Nacional de Artes e Letras.

Raphael de Almeida Magalhães

Governador do estado da Guanabara (1965) e deputado federal pelo mesmo estado (1967/68), foi ministro da Previdência Social (1986/

87) e exerceu o cargo de secretário da Cultura do Rio de Janeiro (1988) no governo de Moreira Franco.

Roberto Burle Marx (1909-94)

A história do paisagismo brasileiro se confunde com a vida de Roberto Burle Marx. Ele integrou o grupo de notáveis que contribuiu para modificar, a partir de 1930, as artes, a arquitetura, a engenharia e o paisagismo no país. A arquitetura brasileira passou a utilizar materiais alternativos, como o aço, o vidro e o concreto, o que, praticamente, obrigou mais arrojo no entorno de suas obras. O paisagismo precisou acompanhar a tendência inovadora. Burle Marx passou, então, a percorrer o país em busca incessante de novas espécies da flora brasileira. O "homem jardim", por força de suas pesquisas, transformou-se em botânico autodidata. Foi o primeiro a chamar a atenção para a necessidade de o homem preservar o meio ambiente. A natureza passou a ser sua religião e o verde, uma obsessão.

Rubem Carlo Ludwig (1926-89)

Militar de carreira, ocupou o Ministério da Educação (1980-82) e a chefia do Gabinete Militar da Presidência da República (1982-85).

Salatiel Carvalho

Deputado federal por Pernambuco (1987/88), reeleito em 1990.

Santos Dumont (Alberto Santos Dumont, 1873-1932)

Conhecido como Pai da Aviação, em julho de 1901 circundou a Torre Eiffel com seu dirigível nº 5. Em 1906 começou as primeiras experiências com o 14-Bis; após algumas tentativas, em 23 de outubro o 14-Bis levantou vôo, percorrendo 60m em 7s.

Vinicius de Moraes (1913-80)

Nascido no Rio de Janeiro (RJ), é considerado um dos maiores poetas do Brasil e um dos pais da bossa nova. Formado em direito, em

1936 substituiu Prudente de Moraes Neto como representante do Ministério da Educação junto na Censura Cinematográfica. Em 1943, ingressou na carreira diplomática, assumindo, em 1946, o posto de vice-cônsul do Brasil em Los Angeles, Califórnia (EUA). Em 1955 iniciou a carreira de músico profissional com o LP "Canção do amor demais", em parceria com Antônio Carlos Jobim e cantado por Elizete Cardoso. Foi o lançamento da batida da bossa nova, no violão de João Gilberto, que acompanhava a cantora em algumas faixas, entre as quais o samba "Chega de saudade", considerado o marco inicial do movimento. Em 1959 lançou o LP "Por toda a minha vida", parceria com Tom Jobim, cantado por Lenita Bruno. Em 1961, retornou à Secretaria de Estado das Relações Exteriores, até ser exonerado do Itamarati (1969).

Zélia Cardoso de Melo

Nascida em São Paulo (1953), economista e professora universitária, exerceu o cargo de ministra da Economia (1990/91) no governo de Fernando Collor de Mello, quando, como mentora do pacote econômico com objetivo de combater a inflação e reduzir o déficit público, confiscou o dinheiro da população, efetuando um bloqueio, durante 18 meses, de contas corrente e de poupança com saldos superiores a Cr$50 mil. Em 1991, participou do Plano Collor II (novo congelamento de preço, deflator e outras medidas no mercado financeiro). Foi demitida em 1991 por problemas políticos, sendo acusada de corrupção e vazamento de informações.

Anexo 5

Perfis institucionais

BNDES

O Banco Nacional de Desenvolvimento Econômico e Social é uma empresa pública federal, vinculada ao Ministério do Desenvolvimento, Indústria e Comércio Exterior, que tem como objetivo financiar a longo prazo empreendimentos que contribuam para o desenvolvimento do país. Desde a sua fundação, em 20 de junho de 1952, opera como órgão financiador de grandes empreendimentos industriais e de infra-estrutura, sendo fundamental no apoio aos investimentos na agricultura, no comércio e serviços e, mais recentemente, nas micro, pequenas e médias empresas.

O BNDES objetiva o fortalecimento da estrutura de capital das empresas privadas e o desenvolvimento do mercado de capitais. Destaca-se, também, no apoio aos investimentos sociais direcionados para a educação e saúde, agricultura familiar, saneamento básico e ambiental e transporte coletivo de massa. É de fundamental importância na execução de política de crédito e assume o compromisso com os princípios do desenvolvimento sustentável.

Cnen

A Comissão Nacional de Energia Nuclear é uma autarquia federal criada em 10 de outubro de 1956 e vinculada ao Ministério de Ciência e Tecnologia. É o órgão responsável pela fiscalização e controle da atividade nuclear no Brasil. Sua principal função é o estabelecimento de normas e procedimentos em radioproteção. É o órgão que visa à segurança daqueles que lidam com radiações ionizantes e do meio ambiente, planejando, orientando, supervisionando e fiscalizando o cumprimento e adequação das normas em radioproteção. A Cnen é também responsável pelo desenvolvimento de pesquisas na utilização de técnicas nucleares em benefício da sociedade.

Sua missão — "Garantir o uso seguro e pacífico da energia nuclear, desenvolver e disponibilizar tecnologias nucleares e correlatas, visando o bem-estar da população" — traduz a preocupação com a segurança e o desenvolvimento do setor, orientando sua atuação pelas expectativas da sociedade, beneficiária dos serviços e produtos. Com essa função, atua no licenciamento de instalações nucleares e radiativas; na fiscalização de atividades relacionadas à extração e à manipulação de matérias-primas e minerais de interesse para a área nuclear; na fiscalização das condições de proteção radiológica de trabalhadores nas instalações nucleares e radiativas; no atendimento a solicitações de auxílio, denúncias e emergências que envolvam fontes de radiações ionizantes; no desenvolvimento de estudos e na prestação de serviços em metrologia das radiações ionizantes. A fim de garantir seu uso somente para fins pacíficos, o controle do material nuclear existente no país é de responsabilidade da Cnen.

Embraer

A Empresa Brasileira de Aeronáutica foi fundada em 1969 como empresa estatal de capital misto. Atua no setor de projeto, fabricação, comercialização e pós-venda de aeronaves. Em 1994, a empresa foi incluída no programa de privatização do governo.

Em 1999, a empresa formalizou uma aliança com um grupo formado pelas maiores empresas aeroespaciais européias — Dassault Aviation, EADS, Snecma e Thales —, que detém atualmente 20% do capital da empresa, objetivando capacitação tecnológica.

A Embraer foi a maior exportadora brasileira entre 1999 e 2001, e a segunda maior empresa exportadora no ano de 2002, com produção total de mais de 5.500 aviões. Atualmente, ocupa a posição de quarta maior fabricante de aeronaves comerciais do mundo, empregando mais de 12 mil funcionários.

Fundação Casa de Rui Barbosa

O primeiro museu-casa do Brasil, funcionando no bairro de Botafogo, na cidade do Rio de Janeiro (RJ), na mesma casa em que residiu o jurista e intelectual Rui Barbosa (1895-1923). Após sua morte, o governo brasileiro adquiriu o imóvel, a biblioteca, os arquivos e a propriedade intelectual, inaugurando em 1930 o museu. A Fundação Casa de Rui Barbosa preserva e divulga acervos de interesse nacional, por constituírem patrimônio cultural importante. O museu também prioriza o atendimento diário ao visitante e ao usuário dos serviços, desde a simples visita ao jardim até o pesquisador empenhado em complexo trabalho acadêmico.

As principais atividades da Fundação Casa de Rui Barbosa são:

- manutenção, preservação e difusão do Museu Casa de Rui Barbosa e respectivo parque;
- formação, preservação e difusão do acervo bibliográfico e documental, destacando-se os laboratórios técnicos;
- desenvolvimento de estudos e pesquisas em suas áreas de atuação (estudos ruianos, de política cultural, história, direito e filologia) e em cultura brasileira em geral;
- publicação dessas pesquisas e participação de pesquisadores em eventos acadêmicos e científicos;
- formação e qualificação de pesquisadores;
- uso de outras dependências para a realização de exposições de acervo ou relacionadas a trabalhos em andamento e de cursos, congressos e seminários.

Hoje a Casa de Rui Barbosa homenageia a memória do patrono publicando as *Obras completas*, estudando sua vida e divulgando suas idéias como intelectual. Rui Barbosa foi um dos mais importantes nomes da história do Brasil, atuando em várias áreas de atividade profissional: advogado, diplomata, jornalista, deputado, senador, ministro, candidato à presidência da República, presidente da Academia Brasileira de Letras e autor de inúmeras publicações.

A Casa de Rui Barbosa mantém, ainda, um arquivo-museu de literatura e um atuante centro de pesquisa nas áreas de direito e filologia.

Fundação Nacional Pró-Memória

Em 17 de dezembro de 1979, pela Lei no 6.757, o Ministério da Educação e Cultura criou a Fundação Nacional Pró-Memória, uma fundação pública de direito privado com função de classificar, inventariar, conservar, proteger, restaurar e revitalizar os bens de valor cultural e natural existentes no Brasil.

A Fundação Nacional Pró-Memória absorveu o acervo do Patrimônio Histórico e Artístico do Brasil. Em abril de 1981, foi criada a Secretaria da Cultura do Ministério da Educação. A Secretaria do Patrimônio Histórico e Artístico Nacional, vinculada a ela, se transformou em subsecretaria. Em março de 1985, foi criado o Ministério da Cultura e, em julho do mesmo ano, restabelece-se a Secretaria do Patrimônio Histórico e Artístico Nacional.

Durante sua existência, a Fundação Nacional Pró-Memória era também responsável pelos bens tombados, atuais e futuros.

Com a reforma administrativa promovida pelo governo federal em 1990, a Fundação Nacional Pró-Memória e a Secretaria do Patrimônio Histórico Nacional foram extintas, sendo criado o Instituto Brasileiro do Patrimônio Cultural, ao qual foram transferidas as atribuições e os acervos daquelas duas instituições e que, em dezembro de 1994, passou a ser Instituto do Patrimônio Histórico e Artístico Nacional (Iphan).

Em 12 de abril de 1990, a Lei nº 8.029 extinguiu a Fundação Nacional Pró-Memória e transferiu todos os bens sob a sua responsabilidade ao Instituto do Patrimônio Histórico e Artístico Nacional (Iphan). Por transformação, o Iphan volta a integrar a estrutura básica do MEC e denominar-se Secretaria do Patrimônio Histórico e Artístico Nacional (Sphan), cuja competência passa a ser responsável por uma das finalidades intrínsecas do Ministério da Cultura.

O Iphan existe desde 1937, tendo tido, portanto, várias denominações. É um dos mais antigos órgãos de preservação do mundo.

HTO

O Hospital de Traumato-Ortopedia, maior hospital público especializado em ortopedia da América Latina, inaugurado em 1973, é pioneiro e responsável por modernos recursos e técnicas cirúrgicas: próteses de fixação biológica de quadril e joelho, próteses de joelho unicompartimentais e o revolucionário instrumental de coluna Cotrel Debussy, para fixação das fraturas de coluna. É uma referência nacional em medicina ortopédica. Em 1987, o HTO criou o primeiro banco de enxertos ósseos para transplante público no Brasil, possibilitando a recuperação de pacientes com câncer nos ossos. Em 1990 foi ali realizada uma cirurgia inédita no país, o transplante de osso cadavérico.

Iphan

O Instituto do Patrimônio Histórico e Artístico Nacional, criado em 13 de janeiro de 1937 no governo de Getúlio Vargas, integrando a estrutura básica do Ministério da Educação e Saúde, é atualmente um órgão do Ministério da Cultura. Tem por finalidade pesquisar, promover, fiscalizar e proteger o patrimônio cultural, nos termos da Constituição. Seu acervo foi constituído pelos acervos das extintas Secretarias do Patrimônio Histórico e Artístico Nacional (Sphan) e Fundação Nacional Pró-Memória (Pró-Memória).

O Iphan foi responsável pela fiscalização, proteção, identificação, restauração, preservação e revitalização dos monumentos, sítios arqueológicos e bens móveis do país, através de uma legislação específica, preparando técnicos, realizando tombamentos, restaurações e revitalizações, que asseguraram a permanência da maior parte do acervo arquitetônico e urbanístico brasileiro, bem como do acervo documental e etnográfico, das obras de arte integradas e dos bens móveis.

O trabalho de preservação do patrimônio cultural nacional efetuado pelo Iphan pode ser reconhecido nos mais de 16 mil edifícios tombados, 50 centros e conjuntos urbanos, 5 mil sítios arqueológicos cadastrados, mais de 1 milhão de objetos, incluindo acervo museológico, cerca de 250 mil volumes bibliográficos, documentação arquivística e registros fotográficos, cinematográficos e videográficos. Atualmente, o Brasil conta com nove monumentos culturais e naturais considerados pela Unesco patrimônio mundial.

Em novembro de 1979, o Iphan voltou a integrar a estrutura básica do MEC e denominar-se Secretaria do Patrimônio Histórico e Artístico Nacional (Sphan), cuja competência passa a ser responsável por uma das finalidades intrínsecas do Ministério da Cultura. Em abril de 1990, pela Lei nº 8.029, é constituído o Instituto Brasileiro do Patrimônio Cultural (IBPC), ao qual são transferidos as competências, o acervo, as receitas e dotações orçamentárias do Sphan. Couberam ao IBPC todos os direitos, obrigações e atribuições. O instituto, cuja personalidade jurídica foi determinada pelo Decreto nº 99.492, de setembro de 1990, teve posteriormente sua denominação alterada para Instituto do Patrimônio Histórico e Artístico Nacional (Iphan), convolada na Lei nº 9.649, de maio de 1998.

LBA

A Legião Brasileira de Assistência foi criada em 28 de agosto de 1942 pelo presidente Getúlio Vargas — uma fundação com objetivo de prestar assistência social à população carente. Através dos seus programas voltados à redução de mortalidade infantil, ao desenvolvimento físico e psicossocial da criança na faixa de zero a seis anos, à reintegração do idoso ao meio social, ao apoio da pessoa portadora de deficiência, à inclusão social para o exercício da cidadania, ao incentivo de iniciativas empresariais, transformou-se, na segunda metade da década de 1980, na maior agência de desenvolvimento social da América Latina. Em 1995, após conviver com uma sucessão de desgastes gerenciais a partir de 1990, a LBA foi extinta. Hoje (2003), no entanto, a implementação de uma política social se ressente da falta da estrutura e capilaridade daquela agência para cumprir os objetivos do governo na área.

Petrobras

A Petróleo Brasileiro S.A., fundada em 1953, iniciou suas atividades com o acervo recebido do antigo Conselho Nacional do Petróleo (CNP). Ao longo de cinco décadas, tornou-se líder em prospecção, exploração e distribuição de derivados no país, colocando-se entre as 20 maiores empresas petrolíferas mundiais.

O governo instituiu em 1962 o monopólio da importação de petróleo e derivados, com objetivo de reduzir o custo das importações. Essa medida permitiu que a Petrobras realizasse negociações que resultaram em grande economia de divisas para o país, nos anos seguintes. Em 1997, com a Lei nº 9.478 foram abertas as atividades da indústria petrolífera para a iniciativa privada e criada a Agência Nacional do Petróleo (ANP), órgão regulador do setor.

A Petrobras é detentora da tecnologia mais avançada do mundo para a prospecção, exploração e produção de petróleo em águas profundas, título conferido pela Offshore Technology Conference (OTC). Desde 1997 a Petrobras participa de um seleto grupo de 16 países que produzem mais de 1 milhão de barris por dia.

Sest

A Secretaria de Orçamento e Controle de Empresas Estatais, atualmente denominada Departamento de Coordenação e Controle de Empresas Estatais (Dest), é órgão público vinculado ao Ministério do Planejamento. Sua função é coordenar a elaboração do Programa de

Dispêndios Globais do Governo e o orçamento de investimento das empresas estatais. Também faz a execução orçamentária e controla os resultados das empresas estatais com as metas prefixadas.

O Dest foi um órgão de fundamental importância no auxílio ao ministro de Estado do Planejamento, Orçamento e Gestão nos assuntos concernentes ao Programa Nacional de Desestatização. A disponibilização de informações econômico-financeiras sobre as empresas estatais e o estabelecimento de parâmetros para atuação das empresas estatais também são de competência do Dest.

Esta obra foi produzida nas
oficinas da Imos Gráfica e Editora na
cidade do Rio de Janeiro